U0940136

华文教学研究丛书

总主编 郭 熙

副总主编 李嘉郁

华文听说教学研究

主编 张锦玉

副主编 刘召兴

商务印书馆

总主编 郭　熙

副总主编 李嘉郁

主　　编 张锦玉

副主编 刘召兴

编　　者 张锦玉　刘召兴　周丽君

作　　者 （按音序排列）

蔡明宏　蔡　薇　陈成志　陈嘉静
陈　轩　陈育焕　陈志锐　侯　良
胡月宝　黄黛菁　黄恕宁　李善邦
林季华　林佩玉　林子薇　刘　渼
刘增娇　罗平立　潘霖妮　沈　力
沈淑华　王玮愉　吴宝发　吴福焕
夏明菊　谢瑞芳　张春红　张曦姗
张永慧　周　健　朱湘燕　卓慧敏
邹速庭

前　　言

郭　熙

一直以来,汉语教学被简单地两分:一是国内的语文教学,二是对外国或外族人的第二语言教学。近年来,华文教学被逐步地单列出来,无论是教学还是研究方面都取得了不小的进展。华文教学以华侨华人子女为对象,以语言文化传承教育为目标,旨在比较全面地培养这些"祖语生"使用母语文的能力。在世界各地非母语环境下开展母语教学,有各自的特殊情况,因此,华文工作者在勤力教学的同时,也围绕华文教学开展了大量的研究工作,发表了一大批研究成果。这些成果内容丰富,涵盖面广,它们源于不同的华语区,也发表在不同的华语区,表现出不同的风格和特点。它们有的重在理论,有的重在实践,针对性、目的性很强。

另一方面,随着华文教学事业的发展和队伍的扩大,对华文教学研究成果的借鉴和吸收也成了华文教学工作者的迫切需求。但是这些文章发表在不同时期和地点,查找起来比较困难。我们觉得有必要把相关的文献搜集起来,进行编辑整理,于是就有了这套《华文教学研究》丛书。

这套丛书共10册,分别为:《华文教学理论研究》《世界华文教育现状研究》《华文教学方法研究》《华文听说教学研究》《华文读写教学研究》《中华文化教学研究》《华文教师培养与培训研究》《华文教材编写研究》《华语习得研究》《华文测试与教学评估研究》。

这次编选的总体思路是将相关论文的主要观点、研究方法、材料和结论集中起来,并尽可能地形成一定的框架,篇幅上则对原作尽量压缩,以便多选录一些。为了使读者对各册所涉领域的研究有一个总体的认识,我们请各册的主编分别进行了综述,希望这些综述能够反映该领域的实际。

选文尽可能考虑了不同观点的吸纳,但种种原因,未必能都照顾到,盼读者和作者谅解。

文献来自各个华语区,术语、行文风格和语言习惯都有差异。考虑到反映各地的实际面貌,除了一些技术性更动,语言方面大体保持原貌,必要时也加了一些注释。

这是我们第一次对世界各地华文教学研究进行梳理和总结,加之经验不足,时间紧迫,材料搜集困难,丛书一定有许多问题和不足。我们期待着读者的批评指正,更期待着更多的人关心华文教学研究。

目　　录

综　述

张锦玉

语言教学的目标是培养学习者的交际能力。交际是双向的，是交际双方"听"和"说"的同步互动。听与说不仅关系密切，而且是言语交际的基础，因此，在各种语言教学中，听和说都被视为重要的言语技能。华文教学的对象是华裔学生，他们在听说方面与非华裔学生有着很大差异[①]，但较之华文教学的其他领域，听说课相关研究较少，这值得我们深入关注。

一　华文听说教学研究概述

(一) 理论研究

迄今为止，国内外尚未形成系统、专门的华文听说教学理论，这里所说的理论主要是指对华文听说教学及其课程在性质、目标、原则、特点等方面的研究。

胡月宝(2008)对华文听说教学的本质、重点、目标、作用做了讨论。她认为聆听和说话具有技能、产品、过程三个本质，因此华文听说教学在课程设计上就应该注意这三种本质对教学所产生的意义和影响。在教学重点上，小学听说教学应该遵循"流

① 朱志平《美国华裔学生在汉语课堂中的优势和问题》，载《北京师范大学学报(社会科学版)》2009年第6期。

利、准确、适当”的规律,且在不同阶段要有不同的重点和目标:初级阶段是流利理解、表达语义;中级阶段是准确运用语言知识,配合生活语境(对象)的需要表达语义;而高级阶段则是适当应用语言知识,配合社会、文化语境(场合、文化)的需要适当理解、表达语义。在此基础上,她对听说教学的原则做了归纳,我们将其简化为:“先已知后未知”原则,“先流利后准确”原则,“先语义后知识”原则,“做中学”原则和“充分练习,因材施教”原则。周健(2004)探讨了华语语感的培养问题。他认为,语感在语言学习中具有重要作用,它可以帮助人们理解和产出全新的语句。因此,培养语感是对培养语言能力的发展和深化,应作为语言教学的目标。对于培养语感的原则,周健将其概括为“输入”(扩大华语的有效输入)、“交际”(在交际活动中培养语感)、“转化”(促进“消极语言”向“积极语言”的转化)、“建构”(总结汉语规律,自觉建构汉语表达方式)、“记诵”(继承语文教学传统,加强记诵)五大原则。

(二)现状研究

自20世纪80年代以来,受西方语言流派和新兴教学法的影响,语言课教学也从传统的综合型逐渐向技能型转变,并逐步衍生出专门的听力课、口语课等等。相应地,华文教学在课程设置、教材编写、技能培养等方面也发生了巨大变革。但我们仍应看到,在实际教学中,听说课并未受到应有的重视,这表现在听说课的课时量偏少、教师的教法存在欠缺、学生积极性不高、针对听说课的研究在质上和量上都不够等等。因此,不少学者开始转向对听说教学状况的关注和研究,而专门针对海外听说教学现状的研究则成为一大亮点。这方面的文章有新加坡林佩玉

(2011)对新加坡小学低年级听说教学的研究，有夏明菊(2006)对菲律宾华校学生听说能力现状的分析，有罗平立(1998、2002)对国内华文听力教学现状与问题的剖析，有吴宝发等(2011)对新加坡中学华语口语教学现状的阐释。纵观以上研究，我们发现，华文听说教学的发展趋势是良好的，但是存在的问题也不容忽视，主要表现在以下几点:(1)听说课未被足够重视，课时量少，听说技能在课堂中所占的比重小;(2)缺乏专门针对华裔学生的听说教材;(3)教师教学方法单一，不能调动学生交际的积极性;(4)在听说课上，学生学习兴趣不高，缺乏动力和主动性，听说能力不足;(5)在海外，以英语为家庭用语的学生比例不断增加，华语使用空间进一步缩小，学生缺乏语言环境，语言背景差异大。

针对以上现状，学者们分别提出了富有建设性的意见。如林佩玉(2011)针对新加坡小学低年级听说教学的困境提出了整合现行教材中的听说教学教材，创造大量可理解的输入，以及提供大量有意义的输出等对策。罗平立(1998、2002)针对听力教学中教材、教法和不同水平间词汇量衔接等方面的问题，提出了发挥教师主导作用、合理安排教学内容、加强听说结合训练以及适当补充生动有趣、适合学生听力水平的材料等建议。吴宝发等(2011)则发现目前新加坡中学口语教学活动仍存有一些问题，如:话题具有随机性，无法确定学生的参与度;应考性较强，仰赖学校教师的自觉和参与度。对此，他们认为口语教学活动应摆脱应试性，提倡生生互动和学习情境的创设，并在此基础上重视校本口语教材的开发。

(三)影响华文听说教学的相关因素研究

教学活动一般包含三个方面,即施教者、受教者和教学内容。这三方面是影响教学的三个关键因素,它们相互作用,共同决定着教学活动的成败。目前,华文听说教学相关因素的研究集中于受教者,即集中于华裔学生主体特征的研究上,而对施教者和教学内容本身研究较少。具体来看,在对受教者——华裔学生的研究上,学者们注重考察华裔背景因素对华文听说教学的影响,主要包括华裔学生的语言背景、文化背景、家庭背景、年龄背景、性格背景、教育背景、态度背景、认知背景、经验背景等等。

朱湘燕(2001)在研究华裔背景对听力教学的影响时提到,有华裔背景的学生从小生活在华人家庭甚至华人社区中,他们在不知不觉中吸收了汉语(方言)的语言图式,他们即使不会说汉语,但都会对汉语及汉文化有一定的认同感和亲切感。他们大脑中被动吸收的大量汉语(方言)语言图式使他们在听力上能触类旁通、联想求证,比纯粹的外国留学生提高得更快。但是华裔学生的多语背景也会对听力教学产生负迁移作用,特别是语音方面。李善邦(2002)从语言背景、年龄性格、经验潜能、心态动机等角度对华裔学生的口语教学做了考察。他发现,华裔学生具有多语融合、年龄偏小、性格内向、潜能巨大、动力不足、心态复杂等特点。这些因素对华文口语教学产生了显著影响,同时也给我们的教学提供了有益的启示,比如:在口语教学中,要尽量避免多语思维给学生带来的干扰,充分发挥汉语方言的正迁移作用,要善于调动学生积极性,营造轻松、愉快、活跃的课堂气氛,要重视成段表达的训练等等。

（四）难点研究

相对于汉语课、综合课等知识型课程来说，听力课、口语课这样的技能型课程比较难教，且学生对这类技能课的积极性和满意度也较低，甚至有学者把听力课称为语言技能课中的"灰姑娘"。[①] 听说课难教的原因是多方面的，学者们也从不同角度研究了华文听说教学的难点，它包括主观和客观两部分，主观难点主要是由学生自身因素引起的，客观难点主要包括课程任务、听说材料、语言环境等。就目前的研究情况看，对华文听说教学难点的研究主要集中在对学生自身因素导致的主观难点上（罗平立1998、2002、2009，李善邦 2002 等），而对客观难点的研究则较少。

罗平立（1998、2002）在对 40 名华裔学生的听力进行调查后发现，华裔学生在听力上有一定基础，但生词、语法结构、文化与社会背景知识仍是华裔学生听力的难点与障碍。词汇量偏小，语法、语篇分析能力差，文化知识不丰富是导致华裔学生听力进步慢的主要因素。罗平立（2009）通过分析华裔学生的学习特点，指出了华裔学生口语教学中的难点。她认为，华裔学生学习口语的难点体现在语音、语法、语用和成段表达四个方面：受父母方言和居住国语言的影响，华裔学生往往在语音、语法上出现系统性的偏误；在语用和成段表达上，虽然华裔学生不会在交际中出现"文化冲突"和"文化休克"，但面对复杂的汉语语用规则和富有逻辑性的成段表达，华裔学生仍难于应付，以至于常出现"初级阶段口语水平提高迅速而明显，到了中高级反而停滞不

① Nunan, D. Listening in Language Learning. In J. Richards and W. A. Renandya (eds.), *Methodology in Language Teaching: An Anthology of Current Practice*. Cambridge: Cambridge University Press, 2002.

前”的现象。(李善邦 2002)

(五) 教学策略与方法研究

从目前华文听说研究的情况来看，针对听说课具体策略和方法的研究是最多的，这些研究大概可以归为以下几大类：

1. 教学模式研究

教学模式是在一定教学思想或教学理论指导下建立起来的较为稳定的教学活动结构框架和活动程序。科学教学模式的构建能够有效地指导课堂教学过程，使学生最大限度地发挥语言习得的潜能，从而达到有效习得目的语的目标。目前，二语习得领域中出现了很多教学模式，但总体来看，口语教学模式远多于听力教学模式；而在口语教学模式中，更多的是对外汉语领域的教学模式，而专门针对华裔学生的教学模式则比较少。针对这种现状，张春红(2013)和陈育焕等(2009)从不同角度积极探索了口语教学的新模式。

张春红(2013)针对华裔留学生的特点，提出了“写说一体化口语教学模式”的教学模式。该模式基于建构主义学习观、维果斯基的“最近发展区”理论、克拉申的可理解性输入假说、口语的产生过程、基于内容的第二语言教与学等理论，尝试运用“写说”综合、关注过程的方法提高学生的口语表达能力。她指出，“写说一体化口语教学模式”的实施过程包括“写话阶段”“教师时刻”“学习与记忆”“说话阶段”四个基本教学环节，它们环环相扣，构成一个完整的教学过程，从而达到口语表达“准确、流利、得体、多样”[①]的核心教学目标。通过实践与评估，“写说一体化

① 赵雷《对外汉语口语教学目标的实现》，载《汉语学习》2008 年第 6 期。

口语教学模式”也显示出良好的教学效果。

陈育焕、陈成志、张永慧(2009)从元认知理论出发,结合了“有声博客”的信息科技手段,对新加坡中二华裔学生的口语教学进行了研究,结果显示,参与研究的学生在命题说话能力的成绩上取得了显著的进步,其元认知知识和元认知意识在近3个月以博客为中心的交流之后都有所进展,主要表现为:在该教学模式中,“有声播客”的活动有助于改变学生的元认知知识和元认知意识,学生们不仅对所使用的元认知知识都有所偏重,而且也在不知不觉中交换彼此的元认知知识,同时也凸显了群体参与协作学习和教师的重要性。因此,他们认为,相较于传统课堂教学,以元认知为主导、信息科技为辅的口语教学模式很大程度地提升了学生的参与性、自学的机会以及元认知意识。

2. 听说策略研究

听说策略包括学习者自身的学习策略和教学者使用的教学策略。蔡薇、黄恕宁(2010)研究了加拿大华裔与非华裔学习者在汉语听力学习上的策略以及二者间的差异。结果发现,受试使用元认知策略远低于认知策略,其中使用最多的策略是翻译、联想发挥、问题识别。而华裔与非华裔听力策略的使用有同有异:相同点在于二者都使用认知策略,特别是翻译策略;差异则表现在华裔学生使用的策略类型更多,他们更多地使用了感知阶段的计划策略。对于口语教学策略,蔡明宏(2009)提出了“从跃进到渐进”的策略。她认为“零到十”的跃进是汉语初学者在学习中的第一个重大转折,教师在这个过程中应以旁观者和倾听者的身份出现,鼓励学生多说。而当学生达到一定水平后,就应使用“群体性渐进”策略,即学生应以群体的身份在口语活动中合作完成任务，教师则应恢复到指导者的身份进行纠错。在这两种大策略的指导下，作者还提出了八种具体训练方式。

3. 能力训练研究

在对听力教学的研究中，陈轩(2004)强调了对学生交际能力的培养。她认为，交际活动是听力课所必需的，并非口语课专有。交际活动不仅有助于提高学生交际能力，而且能缓解听力训练的紧张与疲劳，增加课堂趣味性。她认为，听力课的交际活动体现在课前、课中和课后等一系列环节上。如课前备课、预习是师生的隐性交流，听前辅导可起到文化交流作用，课上听力训练实则是围绕相关知识与技能的交流，听后讨论则是真实性与开放性相融合的交际活动。因此，教师应抓住听力课上的每个环节培养学生的交际能力。在对口语交际能力的训练上，王玮愉等(2011)从动脑、动心、动手三方面设计了口语交际训练的框架并应用于课堂教学中。实验发现，该训练框架使实验组学生的听说能力、语用能力和社会语言能力等方面的得分显著高于比照组，说明"以生生互动的方式让学生在'做中学'能有效加强学生在口语交际中运用沟通策略的能力及应付社交情景的能力"。此外，王玮琦、李嵩(2011)也采用教学干预、全方位评估、行动研究等手段对口语课中交际能力的培养和交际活动的设计做了报告。结果表明，运用直接法的口语教学策略，让学生在熟悉的环境中接受教育，并制定合乎学生实际程度的评量方式，给出明确的指导方向，能够提升学生的口语交际能力。①

---

① 王玮琦、李嵩《在生活中捕捉口语交际的火花——提升口语交际能力的经验分享》，载《第二届华文作为第二语言之教与学国际研讨会论文集》2001年版。

4. 情景教学研究

情景教学、任务教学、交际教学实际上都可以算作语境化输入(situated input)的教学。它是指把学生在二语习得中的输入放到它合适的语境中去,使学生既接触到要输入的语言,同时还感受到这些材料出现的合适语境。[①] 20世纪中后期,随着系统功能理论的兴起,语境教学逐渐被重视起来,华文听说教学也受到了这种教学法的影响,产生了一批关注语境化输入教学的研究文章。其中郭秀芬等[②]和沈力(2011)分别就华裔小学生和中级华裔大学生的口语情景教学进行了研究。

郭秀芬等(2011)认为,与针对成人的情景教学不同,小学低年级华裔学生的口语教学一定要注意情景设计须适合学生程度,同时要采取多种适合少年儿童的教学手段来推进口语教学,如采用实物布置课堂,设计语言游戏,以多媒体动画、音乐、图像等呈现教学材料,利用丰富夸张的表情和动作进行演示和角色扮演等等。通过对课堂话语量的监测以及对实验前后的访谈结果分析,作者发现上述设计达到了预期效果,说明情景创设对低年级小学生口语教学具有积极意义。[③] 沈力(2011)以中级口语教学的目标、原则为依据,结合北京华文学院中级华裔学生的具体特点,探讨了中级口语教学中的情景设计。她认为,情景设计的原则有交际性、合理性、趣味性和可操作性四点,在设计中要注意难度适中、贴近生活、抓共性话题。此外,她还从词汇、句式

---

① 杨连瑞、张德禄等《二语习得研究与中国外语教学》,上海外语教育出版社2007年版。

②③ 郭秀芬、刘增娇、杨斯琳《情境教学模式下的口语教学策略初探——以新加坡小二导入班口语课堂为例》,载《第二届华文作为第二语言之教与学国际研讨会论文集》2011年版。

结构、成段表达等角度论述了情景设计的内容和形式。

5. 方法技巧研究

其实，上述三方面的研究中都涉及课堂各种具体方法、技巧的说明，这里所说的方法技巧，实际上是更加具体、微观的东西。如听力课上如何充分利用教材、如何发挥教师的作用、如何排除学生的心理障碍、如何创造情景语境等等。[①] 又如，李善邦(2002)对华文口语教学的方法手段进行了梳理和归纳。他认为，口语课课堂训练的基本程序应该是：语音训练——单句训练——情景训练——实际运用。在此过程中，口语课的课堂教学必须要以学生的操练为主，且课堂训练形式应活泼多样，不拘一格，如：带说、改说、完句问答、扩展、复述、会话、辩论、演讲等等。在此基础上，他还总结出口语课课堂训练的基本规律：课堂操练应从语言运用的实际出发，最高目标是自由表达，都必然地要经历一个由"死"而"活"的过程。此外，陈嘉静(2001)还从游戏以及与各种课程的结合方面针对华裔幼儿的听说教学方法做出了论述，其中包括利用角色、教学、音乐、体育、表演等游戏以及将华语作为媒介语，通过其他课程的教学来达到学习华语的目的等方法。

（六）多媒体听说教学研究

在现代教育中，网络、多媒体等科技手段的应用越来越广泛，这已成为信息时代教育变革中最为显著的特点。华文教育，特别是在华文教学的听说领域内，现代教育技术为听说课程提供了直观、形象的多种符号信息，为学生创设了更接近真实的语

---

① 刘永山《关于听力课教学》，载《华文教学通讯》2002年第85期。

言情境，激活了学生对事物、语言的原认知，提高了学生学习华语的兴趣，形成主动参与语言实践的意识。[①] 因此，如何在听说教学中最大限度地利用多媒体网络技术来改进教学手段和提升教学效果，就成为众多华文研究者所关注的问题。目前对华文听说教学的多媒体研究主要是通过教学实践进行的实证性研究，这些研究一般是以某种语言教学理论为基础，采用观察、问卷、对比、访谈讨论、自评互评、统计分析、反馈总结等方法研究实验班与对照班或同一班级前、后测结果的不同来论证多媒体的使用是否有助于激发学生兴趣以及提高学生的听说能力。从研究角度上看，目前的研究有多媒体应用于任务型听说课的研究，有以多媒体进行口语句式教学的研究，有开发口试网络平台的研究[②]，有融入多媒体的学习理论的研究[③]，也有基于校园网的多媒体华文视听说教学研究[④]等等。

沈淑华等(2011)研究了播客对任务型听说课的成效。研究通过对使用播客的实验班和使用传统听说教法的对照班进行对比，发现实验班学生在口语能力、学习华语的兴趣以及互动应对能力上都有所提升。在此结果上，作者还提出了播客融入华文听说课程的交际沟通模式——“校园小导游”实作任务，以期能有效提升学生的学习兴趣和听说能力。陈志锐等(2011)以

---

① 贾益民、熊玉珍《现代教育技术应用与华文教育变革》，载《中国电化教育》2008年第1期。

② 张薇、廖登丽《口试网上训练平台——利用资讯科技进行口试教学》，载《第二届华文作为第二语言之教与学国际研讨会论文集》2011年版。

③ 胡诗薇、黄珮孜《体验学习与自我决定理论加强沟通能力之实效“多媒体教学”行动研究报告》，载《第二届华文作为第二语言之教与学国际研讨会论文集》2011年版。

④ 芦洁《基于校园网的多媒体华文视听说教学》，载《华文教学研究》，彭俊主编，暨南大学出版社2009年版。

CLB团队开发的网络资源为例，对多媒体在口语课显性句式教学中的应用进行了研究，通过从教师、学生、观察员三个角度的分析，发现采用多媒体教学资源后，学生在自我语言习得、学习难点、学习习惯等方面都得到了正面的反馈；而师生对课程的评价以及个人对口语学习效果的反思也是正面的、积极的。因此，研究者认为显性句式教学与多媒体资源、课堂任务相结合，对于强化实现多样化的操练都有显著的作用。张薇、廖登丽（2011）结合教学示范，从学习的主导方向、教学方法和效应以及评鉴方式三个角度研究了新加坡口试网上训练平台。通过架设该平台，她们发现，口试网上训练平台能提高教师工作效率，提升学生学习的主动性和乐趣，同时也强化了学生在口试中的技巧。胡诗薇、黄珮孜（2011）根据 Kolb 的体验学习模式（Experiential Learning Model）和 Deci 与 Ryan 的自我决定理论（Self-Determination Theory）的框架，将戏剧元素、科技手段等教学方式融入教材和教学中，使学生增强了沟通技能；同时，以“阅读教育”搭建学习的平台，为学生营造了许多用华语表达的机会，建构了多元化的学习经验。此外，芦洁（2009）还从校园网设计应用等角度讨论了华文教学中多媒体视听说教学的作用。

二 华文听说教学研究存在的问题

如上所述，海内外华文听说教学已初具规模且取得了一些成果，但与外语听说教学以及对外汉语听说教学研究相比，华文听说教学研究起步晚、规模小、成果少，在发展中还存在一些问题，主要表现在以下几个方面：

(一) 研究发展不平衡

所谓"不平衡"可以从三个方面来理解。一是地域性的不平衡。从我们搜集到的文章来看,其作者多半来自于中国、新加坡、泰国、菲律宾、印度尼西亚、马来西亚等亚洲国家,欧美地区的文章较少,非洲国家的华文听说研究更是一片空白。这虽然与世界华人华侨分布的特点有关,但也从另一方面反映了欧美、非洲等地区在华文教学,特别是在华文听说教学方面与亚洲的差距。二是研究领域的不平衡。在丛书编写过程中我们发现,相对于教学现状、教材、文化、习得、读写等华文教学的其他领域来说,听说教学的研究较少;而在听说领域之内,对"听"的研究又远远少于对"说"的研究。实际上,据教师们反映,听力课是技能课中最难上好的课程,他们急需这方面研究的指导,但目前的情况尚不能满足教师们在这方面的需要。三是听说领域内具体研究内容的不平衡。根据掌握的资料我们发现,目前学界对于听说教学领域内的研究多数集中在具体的方法策略上,而对华文听说教学理论、因素、现状等的宏观研究性文章较少。

(二) 研究的理论性不强,质量尚需提高

总的来看,华文听说教学的研究可分为两大类,即经验性的研究和实证性的研究。在经验性研究中,研究者通过归纳总结自己或他人的教学经验,为听说教学提供参考与借鉴;在实证性研究中,研究者则就某一问题采用调查、统计等手段设计研究框架,进行实证研究,从而得出教学结论。从目前情况看,经验性研究仍占多数,但实证性研究的数量也在迅速增长,这说明华文听说教学研究正朝着客观化、科学化的方向发展。但同时我们也注意到,不少研究的质量还有待提高,它们多半是经验式的、

泛论式的，缺乏实验、数据或事实的支持，且未能升华到理论层面。一些研究虽是基于某种理论或以某种理论来解释现象，但仍是对旧有理论的照搬或硬套，缺乏新意；还有些文章则只是简单的经验总结，虽对教学有借鉴价值，但毕竟不能站在理论的高度对相关现象进行论证解释，缺乏普适性和指导性。当然，造成研究中这一缺陷的原因是多方面的，如华文教学起步和发展较晚，国内语言习得理论发展缓慢，海内外科研型华文教师较少。

(三) 研究缺乏系统性和持续性

在目前的华文听说教学研究中，不乏观点鲜明、实用性强、让人耳目一新的文章，但这些文章却有一个共同的问题，即研究缺乏系统性和持续性。绝大多数的文章仍是打“游击战”，往往是打一枪换一个地方，就事论事，未能把研究的问题置于宏观的听说教学系统中去做系统性的研究。同时，目前的研究也缺乏后续研究的跟进和深入，经常是浅尝辄止、流于表面，致使一些有价值的课题半途而废，难以形成系列性、持续性、全面性的研究。针对这种情况，我们主张进行“兵团站”和“持久战”，即针对一项有价值的课题，采取团队集体协作研究的方式做持续的、系列的研究，这样才能从根本上解决研究不深入的问题。

(四) 尚未形成富有华文特色的听说研究模式

近十几年来，随着华文教育的不断发展，构建独立的华文教育学科被众多学者所提出。① 独立的学科要有独立的研究体系和方法，华文教育学科亦如是。它作为一门新兴学科，理应在研究体系和方法上形成自己的特色。但是在听说教学的研究中，

---

① 贾益民《华文教育学学科建设刍议——再论华文教学是一门科学》，载《暨南学报(哲学社会科学版)》1998 年第 4 期。

我们发现不少研究仍套用对外汉语听说教学的一些研究模式。虽然华文教学与对外汉语教学有很多相似之处,但二者毕竟有差别,对外汉语的研究理论和模式并不完全适合华文教学。因此,要研究华文听说教学的问题,就要形成具有华文特色的研究模式。研究模式的形成和改进,也是华文听说教学研究今后应特别重视的方面。

第一章

总论

第一节 听说教学概述[①]

长期以来，华语文教学都有重文轻语的倾向，新加坡也不例外。近年来，随着学生背景的改变[②]，语文教学越来越重视第二语言[③]教学的概念。语言学家普遍认为，儿童习得语言的开始在于口语形式上的聆听和说话，因此儿童第二语文学习应该遵从儿童习得语言的规律，以听说领先。在重视听说教学意识的影响下，2007年新加坡小学新教材开始引入听说教学的设计，为课堂教学准备了基本听说教学的教材。新加坡教育部所编制的中央教材具备了听说教学的设计，语文老师自然也就需要具体掌握听说教学的概念。下面，笔者尝试举例介绍听说教学的一些基本概念：

---

① 本节选自胡月宝《浅谈聆听与说话教学的一些基本概念——以新加坡小学教学为例》，原载《新加坡华文教学论文五集》，新加坡华文研究会编，EPB 教育出版社2008年版。

② 新加坡教育部《华文课程与教学法检讨委员会报告书》，2004年11月。

③ 所谓的第一、第二语言，其区分主要有二：习得语言的时间、方法、过程不同，而非目标不同。首先，儿童在出生以后，在自然的环境中，主要是家里，所习得的语言就是第一语言，第一语言是终生不忘的；儿童在入学后，主要在非自然的环境（课堂），通过有机的课程学习而获得的语言是第二语言。其次，第二语言学习与母语学习最大的不同便是缺乏自然的语言环境和学习时间起步晚，因此，主要在课堂里进行的第二语言教学必须有系统化（由浅入深、由易入难）的课程编制，以功能性、交际性目的为教学目标，刻意制造的听、说、读、写的环境和任务。

一　听说技能和儿童的关系

语言研究学者按儿童学习母语的经验总结出来的普遍意见是，儿童学习语言的方法主要是通过“习得”(Acquisition)来获取的。而且，听说必须领先读写，主要的原因有：

(一) 语言学习的起点在语音的掌握

儿童学习语言，先从口语开始。简言之，相对于书面语，口语是儿童直接掌握的第一种言语形式。语音是口语的物质外壳，因此语音的学习至关重要。按语言学家的分类，语言学习有两种过程：第一语言习得和第二语言学习。第一语言习得从婴儿时期的前言语阶段开始，从听辨、区分语音开始，逐渐学会把音段组成言语系列的规律，并在4岁半左右就能学会运用某些语音规则来区分音节组合。① 儿童掌握母语语音的过程是自发、无意识、分阶段的辨认，语音的掌握主要是经由模仿而来的；儿童在成长过程中，逐步、有阶段地发展起对“非语言的声音”与“语言的声音”，“非母语的声音”与“近似于母语的声音”，“不符合母语语音规范的声音”与“符合母语语音规范的声音”的感知和辨别能力，以及对母语语音的理解、运用能力。②

(二) 儿童掌握语音的能力比成人准确

第二语言学习理论研究指出，成人第二语言学习在目的语语音掌握过程上所遇到的障碍有二：发音能力已经定向发挥，发音器官的活动已成相应的“定势”；语音感知能力也已定向发挥，

---

① 桂诗春《新编心理语言学》，上海外语出版社2000年版。

② 王魁京《第二语言学习理论研究》，北京师范大学出版社1998年版。

缺乏目的语语音"范畴知觉"的敏感性。[①]

和语音发展已成定势的成人学习比较，儿童二语学习者的年龄越小，耳听能力越强，嘴舌肌肉越灵活，掌握口音越能接近母语学习者。语言学家很早就意识到年龄是影响发音的要素，越早开始学习，发音越接近母语习得。相对而言，第二语言学习者在理性、抽象的语法规则掌握上则相反，年纪较大的学习者语法学得较好。

现将儿童习得语言的基本规律总结如下：

1. 儿童的语言发展是先从口语开始，从单词、名词开始；

2. 儿童语言习得的手段是从模仿开始，特别是语音的模仿、选择性的模仿以及结构、功能上的模仿[②]，而非具体内容的模仿，儿童通过选择性模仿可以习得句法结构的框架和功能，并将示范句的语法结构用于新的情景以表达新的内容，或者通过选择性模仿所习得的语法结构重新组合成新的结构，这样便产生了儿童自己的话语。[③]

总括上述所言，语言教学设计应该遵照儿童习得语言的基本规律，在语言学习初阶段强调听说技能的教学，在听说技能教学中，制造足够、适当的时空让儿童通过语言结构的模仿来创造属于自己的言语内容。

二　聆听、说话的本质[④]

聆听和说话具有以下三种本质：技能、产品、过程。

---

① 王魁京《第二语言学习理论研究》，北京师范大学出版社 1998 年版。

②③ 周有光、王葆华《儿童句式发展研究和语言习得理论》，北京语言文化大学出版社 2001 年版。

④ 本节资料主要根据梁荣源老师 MLC813"聆听说话教学：理论与应用"整理而成。

（一）听、说都是技能

按语言的工具意义来分类，听说都是技能。简单地说，聆听、说话技能是有对象、有目的和有一定的功能，并根据一定的对象、目的和功能应用听说的技能。

聆听技能的主要功能是接收性、理解性的。聆听理解的基本技能包括：

1. 理解言语的大意

2. 理解言语的细节

3. 推断隐含或省略的信息

4. 选择性地聆听

5. 预测信息

说话技能的主要功能是生成性、表达性的。说话的基本技能包括：

1. 提问

2. 回应

3. 表达自己的感受、要求、愿望和意见（通过陈述、祈求、说明、议论等手段）

4. 发出指示传达信息①

（二）听、说都有产品

听说的结果都是一种产品，按听说的成果来分类：

1. 按指示做出非语言类反应，如肢体、动作；

2. 语言类反应（口头或书面回应）：回答选择题/自由回答题、归纳信息、摘录要点、将信息转化为图表、借助图画的辨认来

① 新加坡教育部课程规划与发展司《小学华文课程标准》，2007年版，17页。

证明信息的理解、用自己的话复述内容等等。

(三)听、说都有过程

所谓过程,就是聆听者或说话者在聆听或说话前、中、后的反应。研究证实:“聆听是一种对注意力、理解和记忆听觉符号做出选择性的过程”;“聆听是一种收听、理解、统合(integrating)和反应的活动过程,也就是当你听到语言后,转译为信息,确定看法后,就会做出反应。这个过程,只需要几秒钟。”①听、说的过程可细分为三种:聆听理解的过程、说话表达的过程、聆听说话的过程。根据这三种过程,笔者将听说的过程粗略归纳为两类:

1.“刺激—反应”线形过程

主要是单向聆听/说话的过程:意识到信息—集中聆听—接受/理解信息—确定看法—组织新信息—做出反应/发出新信息。

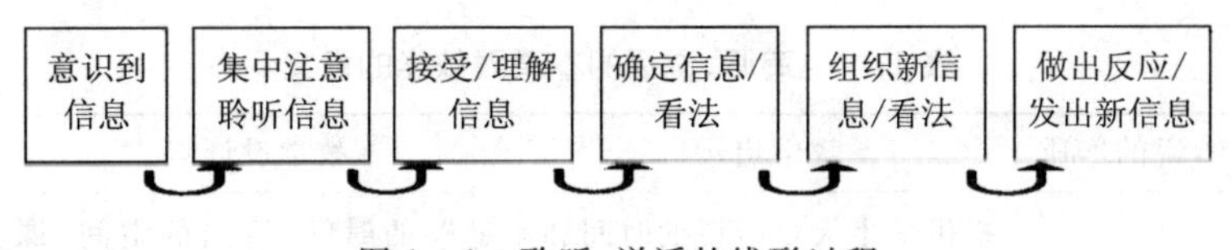

图1-1　聆听、说话的线形过程

2.“刺激—反应—刺激—反应”环形过程

主要是双向听说的过程:意识到信息—集中聆听—接受/理解信息—确定看法—组织信息—做出反应—意识下一个信息……

---

① 何子煌《听力测试的探讨与编制》,新加坡华文教师总会2001年版,23-24页。

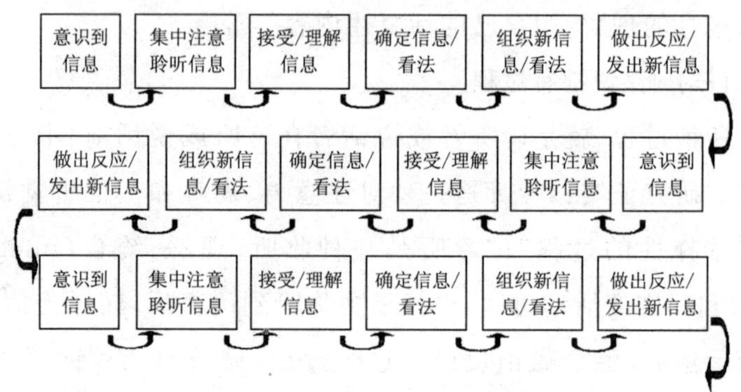

图1－2　听说口语交际的环形过程

(四)听说教学的重点

根据聆听、说话的三大本质——技能、产品和过程，听说教学在课程(目标、教学法、教材、教学活动、评估)设计上应该注意这三种本质对教学的意义。以下，笔者将聆听、说话的本质对教学所产生的意义进行简单的归纳：

表1－1　聆听、说话的本质对教学的意义

听说的本质	教学启示	教学设计点
技能本质	提供学生大量听说的时间和空间	足够的时间、适当的空间(课室安排：小班制、小组协作)
	指导聆听和说话的技巧	教学内容一：重视运用各种技巧的指导方法
产品本质	重视学生听说的产品，这些产品是教师评估教学成败的依据	录制下课堂学习过程中的学习成果：录像、录音、文字转录
	让学生听说的产品“具象化”，变成可保存、可分析、可讨论的“形式”	评估中的学习成果：录像、录音、文字转录

（续表）

听说的本质	教学启示	教学设计点
过程本质	重视训练聆听和说话的过程（例如：注意力、集中力、思考力、反应力）	教学内容二：态度、习惯
	听说的过程需要一定的时间	足够的练习时间

三　听说教学的目标

语言的主要功能在于交际沟通，因此，能否流利地交际沟通是衡量语言教学成功与否的第一个关键。概括而言，从第二语言学习的角度来看，语言教学目标有三个不同层次：

1. 流利理解或流利表达语义（Fluency）

2. 正确应用语言知识、语言技能来理解或表达语义（Accuracy）

3. 在不同的语境中适当理解或表达语义（Appropriateness）①

以下，笔者尝试将语言教学三层次目标进行简单地归纳和对比：

表 1－2　正确与流利目标的要素对比

要素	正确	流利
语言成分	语音/语形、语法、词汇	理解、表达语义
目标	语言功能 正确应用	语义功能 能够理解、表达语义 无阻地理解、表达语义 流畅地理解、表达语义 （不强调逐字逐句的准确理解或表达）

① Penny Ur《语言教学教程：实践与理论》，外语教学与研究出版社 2000 年版，第 103 页。

（续表）

要素	正确	流利
训练方式	局部：字、词、句的教学	整体：段、篇
思维策略	分析	综合
教学重点	语言/言语知识	听说读写技能
教学内容	分散语言知识点（字、词、句）	整体话语（如对话、故事等）
评估	错误的多寡	理解、表达的成败

表 1－3　适当理解/表达的要素

要素	具体情况与例子
交际对象	身份：1.长辈、平辈、小辈；2.上司、下属 关系：熟人、陌生人 性别：男、女 年龄：老人、成人、青少年、儿童
社会语境	族群：华人社会、马来社会、印族社会 国家：新加坡、中国、美国
文化语境	文化习俗：东方文化、西方文化 生活习惯：中餐、西餐的餐具（筷子、刀叉）、餐桌礼仪（合食、分食） 语言习惯：问候语“吃饭了？”（华人）；“你好吗？”（英美人）；“日安”（日本人）；日期顺序、姓名顺序、语法顺序等
交际目的	沟通、聆听、表达、礼貌、功能
交际手段	直接、婉转

语言教育学者普遍认为语言学习的过程是漫长的。要能流利、正确并适当地应用语言来交际沟通需要经过长时间的学习，而非一蹴而就。Paul Davies 和 Eric Pearse 就将语言学习的过程视为一个“应用—练习—成果”的循环（PPP cycle：Presentation-Practice-Production）①，见图 1－3：

---

① Paul Davies & Eric Pearse《英语教学成功之道》，上海外语教育出版社 2002 年版。

沟通交际communication ——→ 目标goal

图 1－3　语言学习高速公路

在 Paul Davies 和 Eric Pearse 的概念中，语言学习是一个“沟通”高速公路，语言教学便是一个“应用—练习—成果”攀爬陡坡的过程（图 1－4）：

图 1－4　语言学习陡坡“流利交际沟通”

在语言初学阶段，说话和写作上的一些基本错误很可能会长时间存在，因为初学者在学习新概念、新技能时并不可能立刻做到准确无误。他们往往需要经过长时间的应用和练习后才能把错误纠正过来（图 1－5）。因此，在教学上，教师应该容忍暂时错误的存在，把目标先放在语言的流利应用上。

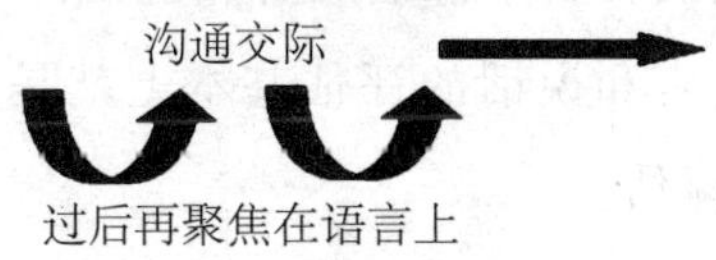

图 1－5　语言应用基本流利后，过后再处理语言的准确与适当度

语言初学阶段以能流利沟通交际为重点，不过，“语言陡坡之应用与练习”“应用情况反思与错误纠正”（准确、适当应用语言知识）的教学需要便会产生（图 1－6），在这一阶段里，教师先处理沟通交际的教学。

因此，第二语言学者认为，“流利、准确、适当”这三大教学目标必须有阶段性的考虑，按不同的阶段来分配不同课堂语言教

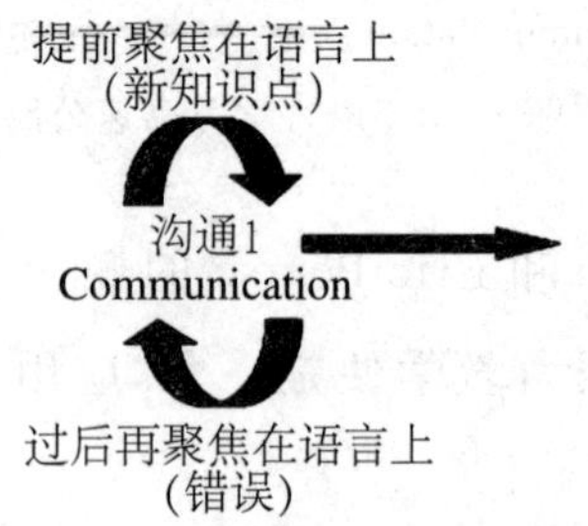

图 1-6　处理语言学习上的新知识点与纠正错误

学的阶段与重点。总结如下：

1.第一阶段:流利理解、表达语义(初级)。

2.第二阶段:准确运用语言知识、基本配合生活语境(对象)的需要表达语义(中级)。

3.第三阶段:适当应用语言知识,配合社会、文化语境需要(场合、文化)适当理解、表达语义(高级)。

因此,小学听说教学也应该遵循语言教学的规律,先让学生流利聆听说话,然后再要求准确聆听和说话。以 2006 年的考试评估设计而言,聆听和说话的评估基本上就是以流利为目标的综合理解能力的评估。

四　课堂听说教学的基本概念

(一) 课堂教学类型

听说、阅读和写作教学经常并列在一起,是语言教学中的三种语言技能课型。细分之,听说教学可以分成三种：

1.单向聆听

纯理解(可结合非语言形式,如图片、手势等辅助性理解手段,或书面阅读来辅助聆听);对聆听之后的反应,有两种考查方法：

(1)不通过语言表达(说、写)来考查理解的结果：

例如：小二第二课，第 17 页："听故事，排一排，再用自己的话说一说"。

(2)要求通过简单的语言(单句、词)来考查理解的结果，例如：

a.第四课，第 33 页"听听说说"：听故事回答问题(1.有几个朋友在聊天？2.他们的愿望是什么？)

b.第八课，第 33 页"听听说说"：听故事回答问题(开始的时候，丁丁觉得字写不好是因为什么？后来，丁丁明白了什么？)

c.第十一课，第 92 页"听听说说"：听故事回答问题(公鸡是怎么说鸭子的？公鸡是怎样掉到河里的？听了这个故事，你有什么想法？)

2. 说话(纯表达的独白体说话)

主要训练将思考(内部语言)过程、结果转化为外部的表述能力；一般从语句开始，以语段为基本的训练点。训练点包括说话的基本技巧(声音处理、语音、语调)以及语句、语段和语篇的表达方式。

例如：

(1)各课文的理解提问在经过有机的布置之后，都可以成为很好的"说话训练"。

(2)小二第二课，第 17 页"听故事，排一排，再用自己的话说一说"中的"用自己的话说一说"。

(3)第六课，第 49 页"听听说说"：听故事，用自己的话说一说，再和同学演一演。

(4)第九课，第 75 页"说一说"：下面的几幅图，哪些是好习惯？哪些不是好习惯？你会怎样劝他们养成好习惯？

(5)第十课，第84页“说一说”：说一说自己住的地方。

(6)第十一课，第99页“说一说”：根据提示，说一说你的好朋友：a.你的好朋友是谁？b.他长得怎样？c.他喜欢什么？d.你们常常一起做什么？

3.聆听和说话（双向聆听和说话；功能性口语交际）

聆听者在聆听了一些信息之后，便会通过语言表达来作出适当的反应。这也就是实际生活中听说的主要沟通功能。现实生活中的双向听说主要是以对话体的形式出现，具有沟通的目的和语境。换言之，听说教学不应该停留在缺乏目的和语境的机械型句型训练之上。在目前的小学教材中，具有口语交际功能型的设计不太明显，教师可以在“句型”的训练上加工，然后进行有功能的口语交际训练。

(二) 听说教学的意义与作用

1.听说教学的意义

听说教学的意义十分重大，影响深远。

首先，听说是实际生活中的最普遍运用的语言技能。根据东西方专家学者调查后得出的数据显示，以口语形式进行的聆听和说话技能是人们在日常生活中普遍应用的两大语言技能：

表1－4 日常生活中言语技能的应用比例①

资料出处	听(%)	说(%)	读(%)	写(%)
Rankin(1926)	45	30	16	9
Brieter(1957)	48	35	10	7

① 何子煌《听力测试的探讨与编制》，新加坡华文教师总会2001年，第29—39页。

（续表）

资料出处	听(%)	说(%)	读(%)	写(%)
Verderber(1976)	50	22	20	8
Rivers(1977)	45	30	16	9
Sperry(1983)	46	30	16	8
林华君(1998)	45	30	16	9

其次，听说是课堂学习的主要语言技能。Wilt 认为，聆听所占课堂时间的百分比，小学生占 57.5%，中学生占 90%；Markget 发现，中学生在校时的聆听时间占 46%，其中 66%的时间在听老师讲课；Verderber 等认为，在学院学生的交际中，聆听约占 50%的时间。① 研究也发现，聆听能力和学业成绩有密切的关系。以新加坡学生的情况来说，何子煌的调查研究也证实了这一点。②

第三，现代社会对听说能力的质和量都有很高的要求。在现代社会中，随着现代科技的迅速发展，传播和记录有声语言的工具，如电脑、电话、手机、电视、电影、电台等媒介大量普及，工商业社会的节奏不断加快，对聆听和说话的要求因此更高：听说要准确（而且是一次听准）、理解表达快、记得牢。语言教学因此必须正视这一改变。

第四，受到过去重文轻语观念的影响，一般人的听力能力都不理想。另外根据西方学者的调查，50%的成人对于平常说到、听到的报告式谈话(informational talk)，理解和记住得很少；学院的学生听课，对基本的事件，平均也只能理解一半或更少。

第五，以新加坡的情况来说，学生说话和写作上出现词汇贫

①② 何子煌《听力测试的探讨与编制》，新加坡华文教师总会 2001 年，第 29—30 页。

乏、用词不当和句子结构不完整的情况①，其实和听说教学，尤其是聆听及输入的语料不足有着密切的关系。

2.听说教学的作用

在语言课堂上，有目标的听说教学是十分重要的，而且是每一个年级、每一个阶段都必须重视的。按学生学习的需要来划分，听说教学的作用如下：

(1)输入性作用：

①大量输入词语，建立心理词汇(Lexicon Bank)。

②输入语法结构，培养语言的语法习惯(语感)。

③输入言语结构，培养言语的表达习惯(如致谢语“谢谢/不客气”、问候语“你好吗/我很好，谢谢。你呢”、致歉语“对不起/没关系”等)。

(2)输出性作用：

①为说话做准备。

②为写作做准备。

(3)理解性作用：

①训练各种理解能力，如：字面理解主要、具体信息，推论隐藏性的主要、具体信息，评价、批判信息的能力，综合、创意运用信息的能力。

②训练基本的理解策略，如：上位下行策略(top-down approach)、上行策略(bottom—up approach)和互动策略(interactive approach)。

(4)态度/习惯性作用：

主要训练口语交际中的正确态度，如注意聆听、聆听时不打

---

① 潘文光《报章新闻与华文第二语文教学》，新加坡《教总会讯》1985年5月。

岔、边听边记、边听边思考、聆听后立刻反应等态度和习惯。

(5)交际性作用：

①功能性的沟通需要，包括各种口语交际功能(详见表1-7)。

②情感性的沟通需要，包括肯定性的情感表达，如赞美与回应；否定性的情感表达，如批评与反驳。

(6)过渡性作用：

①为说话表达而聆听。

②为培养书面语能力而做铺垫，例如：先听后读，先说后写。

(三)听说教学的重点

1.听说技能的语言形式是口语，是通过语音层次来完成的

听说技能是在语音(内含语法、词汇)层面上进行的，因此语音教学往往也就是听说教学的基础。华语口语特征的音节特色包括：

(1)单音节：

①音节成分：包括声、韵、调，具有辨别意义的声调更是汉语的特色。

②同音异义的字词多。

一般公认，学习华语有三大难点：难读、难认和难写。其中，造成难读的原因主要是同音词太多。华语只有410个音节，加上四声，常用音节约有1200个，但常用字却有3000多个。平均一个音节就有3个不同意义的字词。以常用音节中的shi为例，以shi为音节，包括四个声调的字词28个，光shì而言，就有15个。

(2)双/多音节词：

①华语的单音节结构会构成不同音节的词，如双音节、三音节和四音节。不同音节的词在口语句子中只能通过“重音”“停

顿”和“语境联系”来分辨。因此,听说教学必须注意华语双/多音节词的特色,以培养儿童的元语音意识。注意训练双音节、三音节和四音节的听说习惯,训练同音异义、异形的词(同时训练写“正确”的字,减少别字)。

②在双音节词中,变调的情况十分普遍。对初学者而言,在口语上每一次的变调就意味着可能是一个新词。因此,教师必须在各个年级加强语音知识的教学,包括变调和多音词。

2.语言形式

听说教学的形式有两种:

(1)对话体:以句子(包括基本句式、各种句型以及直接表达或间接表达)为基本单位,一般以问答形式为主。

(2)独白体:以有结构的段落(总分、时空、事理、并列)为基本单位。一般有两种:完整的独白段和对话中的独白段。

以下,笔者将本小节所列的话语口语特征与这种特征对听说教学可能构成的难点列出(见表1-5):

表1-5 华语口语的特点与听说教学的难点

项目	难点
基本单音节	1.声调,第二/三声
	2.韵母: (1)单韵母:-i(zi) -i(zhi) ü (2)复韵母:(中响韵母)iao iu(iou) uai ui(uei) (3)鼻韵母:(前鼻音韵母)an en in ün ian uan uen üan (后鼻音韵母)ang eng ing ong iang uang ueng iong
	3.声母: (1)送气/不送气:b:p d:t g:k z:c zh:ch (2)请浊音:b d g z zh r (3)舌尖前音/舌尖后音:z c s: zh ch sh (4)舌面音/舌尖前音/舌尖后音:j q x: z c s/zh ch sh r

（续表）

项目	难点
双音节	1.一般变调：一、不、轻声、上声变调、轻声变调
	2.多音义词
	3.近似音词
生词	1.生词量：一旦超过 2%，就会造成理解困难①；注意生词量的多寡，并须配合儿童记忆的特点。
	2.语境差异：不同语境下的同义词语的意思不同。例如："问题" (1)我有几个问题要问你。(2)没问题，包在我身上。 (3)他是个问题人物，你要小心点。
句子（教材）	1.语调（语气、停顿、重音、语速）的变化
	2.长句子（结构复杂）
	3.表达习惯，如省略
背景知识/文化差异（教材）	词语、语法习惯的差异。例如： (1)我在学校餐厅吃饭。I have my lunch at the school canteen. (2)昨天，我去了动物园。I went to the zoo yesterday.
学习类型（课堂教学）	1.视觉型 2.听觉型 3.动觉型
语速（教材）	课堂上的语速与生活中的语速之距离。每分钟 100—120 字（最低要求）。②

笔者建议在语言教学初阶段应特别重视语音教学，将语音教学的内容融入听说技能的教学中，并且在不同的年级重视不同阶段的语音教学，如下表：

①②　杨惠元《汉语听力说话教学法》，北京语言文化大学出版社 1997 年版，第 19 页。

表 1－6 不同教学阶段的华语口语教学内容

口语教学重点	教学阶段
语音单音节(21 声母、39 韵母、4 声调、轻声)	小一
双音节、三音节、四音节(意识)	小一、小二
4 种基本句式;语调(重音、停顿、语气)	小一、小二
变调(上声、一、不、叠字形容词……)	小三以上
同音(多音词)、近似音音节	小三以上

3.口语的特色与听说教学

有效的听说教学必须针对口语的特色来设计。笔者尝试通过下表来说明如何在日常的教学中重视口语的特色：

表 1－7 口语特色与听说教学注意事项及活动示例①

项目	口头言语	教学注意事项	教学活动示例
语言系统	语音、语法、词汇	1.重视语音教学 2.在口语教学中输入大量词语和相应程度的各种句型	听故事、听看动画故事
应用器官	耳听、口说	1.儿童的听觉相对灵敏,应提供大量聆听不同语音成分的机会 2.发音器官尚未形成定势 3.儿童需要通过“眼看”来集中“注意力”;注意“眼看”的作用,例如“看着老师/手势/图片/收音机……”	语音听辨与说话(难以辨认的音节:如,第二/第三声、z c s/zh ch sh、n/ng、b d g/p t k) 训练集中聆听的能力 设计适当的、能帮助集中注意力的教具和教学活动,训练边听边“记”
时空距离	同一时间、近距离传播	1.语速(刻意放慢的语速和实际生活中的语速训练) 2.声量	注意聆听(边听边记) “限时”聆听/说话 及时反应 大声说话

① 根据赵蓉晖《语言与性别》(上海外语教育出版社 2003 年版)加工而成。

（续表）

<table>
<tr><th>项目</th><th>口头言语</th><th>教学注意事项</th><th>教学活动示例</th></tr>
<tr><td>思维速度</td><td>快捷</td><td>听说中的各种思维训练，尤其是高层次的思维训练（推论、分析、评价）</td><td>注意聆听
边听边思考
及时反应</td></tr>
<tr><td>传播形式</td><td>不可回复、暂留、易受干扰、难修改</td><td>聆听的次数（避免重复聆听/说话的可能）</td><td>注意聆听
想好再说
边听边读（是训练阅读的过程而非训练听说的过程）</td></tr>
<tr><td>信息量</td><td>冗余多</td><td rowspan="2">调动元认知加以监察（利用先备经验和知识在听说中自我检查听说过程和结果）</td><td rowspan="2">听/说前预测
边听边组织
先想后说
听说中后检查</td></tr>
<tr><td>信息呈现</td><td>松散、不规范、形象</td></tr>
<tr><td>言语场合</td><td>非正式、私人场合、同一时空</td><td>不同功能的生活语料</td><td>除了故事、通告、新闻类等教学材料，还必须注意多利用不同功能的生活语料</td></tr>
<tr><td>言语行为</td><td>即时、无准备性、直接回馈</td><td>1. 合理的教学目标是“流利”
2. 选择灵活、较开放的教学材料（语境、句型）</td><td>多种言语形式流利听说（同义异音形词、句型、词语、段式）</td></tr>
<tr><td>言语交际者</td><td>直接参与</td><td>学生中心</td><td>同侪听说（双人、小组活动）</td></tr>
<tr><td>话题</td><td>日常的人际沟通、生活信息的传达获取、（视）听觉共同分享的娱乐享受</td><td>尽量利用各种已知的生活经验</td><td>父母、兄弟姐妹、师生、同学之间共有的生活话题</td></tr>
<tr><td>语境</td><td>直接、随性、容易被中断、变化快</td><td>先备经验</td><td>1. 集中注意力
2. 不打岔
3. 完整语境、语段训练</td></tr>
</table>

（续表）

项目	口头言语	教学注意事项	教学活动示例
非言语行为	表情、手势、体态	1.利用视听教材或在临场的听说活动中配合适当的肢体语言 2.在说话中同时训练适当的表情、手势和体态	角色扮演

（四）有目的、有语境的听说教学效果最好

在实际、自然的习得环境中，听说一定是在具体的语境中，在有沟通需要和目的的情况下发生的。在课堂上有欲望、有语境、有目的的沟通比无意义、无语境、无目的的操练容易吸收、接受、记忆。（人类的记忆信息“类”的短期记忆的多寡极数是7，不会超过9，但如果是有语境的，则可以高达25。①）课堂听说教学，尤其是针对儿童学习者的教学，必须注意设置具有语境、交际意义的听说过程或活动。

1.听说教学中的“语境”单位

在语言教学中，拥有完整语境的语言单位是句子、语段和语篇；换句话说，听说教学的基本语言单位是句子。

2.有目的的听说教学

课堂的听说教学有三种：

(1)机械型训练：无目的的听说，主要是输入句型，培养“语言习惯”。例如：老师提问“今天是几月几号”，学生回答“今天是……”（小一教材单元4②）。

---

① G. A Miller. The Magical Number Seven Plus Two or Minus Two: Some Limits on Our Capacity of Process Information. *Psychological Review* 83:81－97,1956.

② 新加坡教育部课程规划与发展司编《小学华文》课本，一年级（上册），泛太平洋教育出版社2007年版。

(2)意义型训练:有目的的听说,具有沟通功能的意义。例如:老师提问"你的生日是几月几号",学生回答"我的生日是……"。

(3)任务型训练:有实际任务的听说。例如:找出在今天过生日的同学,祝他生日快乐。

①任务前,老师问"今天是几月几号",全班回答"今天是……"。老师问:"猜猜看,今天和谁有关系?今天是谁的生日?"学生:"今天是我的生日。"

②任务中:

任务1:

老师问:"今天是××的生日,猜猜看,我们要对他说什么话?"

学生A:"Happy birthday."

老师:"对了,我们要跟他说:××,祝你生日快乐!"(开心地,用祈使的语气)

全班:"××,祝你生日快乐!"个别/小组说:"××,祝你生日快乐!"

任务2:

老师:"现在,我们一起来学'生日快乐歌',把它送给××同学,好不好?"

活动:学习"生日快乐歌"。

③总结:

同学独白说话:"今天是×月×号,是××的生日。老师让我们一起唱生日歌,祝他生日快乐!"(教师示范;可在一个月里,不同同学生日的时候强化练习,直到变成习惯为止。)

因此，笔者建议在一个听说教学过程中，应该避免只是停留在机械型训练上，而是采取在机械训练中处理句型教学，然后再通过适当的语境，让学生在语境里练习听说，具体可采用如下三种方式：

(1)机械型训练＋意义型训练

(2)机械型训练＋任务型训练

(3)机械型训练＋意义型训练＋任务型训练

(五) 听说教学必须是一个完整的过程

在听说教学中让学生经历一个完整的交际过程是很重要的，教师必须注意设计完整的听说教学过程，具体方法是通过设计“前、中、后”活动，例如：

1.聆听：理解的过程“聆听/理解”(训练点：听记、听解、听辨、听测。活动：前——预测/推论；中——验证/确定(理解记忆)；后——评价/创意活动。)

2.说话：表达的过程(说话前：说话欲望/任务/目的。说话中：先想(组织)后说；边想边说，边说边纠正。说话后：说完后……)

3.听说：理解、表达的完整过程(前：集中注意力，从语言信息和非语言信息中预测说话人的目的；中：边听边验证、修正；后：决定如何反应、组织言语信息、选择适当的语言形式、边说边想，说后立刻集中精神等待对方的反应。)

(六) 同步训练各种不同认知层级的听说教学

在实际生活中，听说过程往往是快速、不可回复、直接反馈的过程，对思维的要求因此比阅读更快，第二语听说教学更是如此。因此，在课堂教学中，教师必须按实际需要，训练听说中各种思维要求。尤其是同步训练不同层级的思维反应，例如：听记、听解、听辨、听测。

综上所述，听说教学乃儿童初步学习语言的主要方式。在教学上必须注意以下原则：

1. 按从已知到未知、循序渐进的教学原则进行线性的理解和表达听说教学；

2. 按先“流利”后“准确”原则安排教学目标，在语言学习初阶段先鼓励学生多听多说，暂时容忍一时纠正不了的错误；

3. 按先教“语义”后教“语言知识”的原则来安排教学内容，尤其是低年级的学生，更需要有语境的教学过程；

4. 提供足够的时间、良好的空间，针对不同学习对象来设计听说教学；

5. 重视“做中学”的原则，让学生在“机械型 + 意义型/任务型”活动的听说教学中具体感知、应用华语。

第二节　现状与问题

壹　听说能力的现状①

作为国际汉语教师中国志愿者计划的参与者，我曾带领华侨大学华文学院的 31 名志愿者在菲律宾全国 10 所华校开展了

① 本节选自夏明菊《菲律宾华校学生汉语普通话听说能力分析与提高对策》，原载《海外华文教育》2006 年第 3 期。

为期一年的华文教学工作。在菲期间我感触最深的是华校学生在汉语学习过程中存在的汉语普通话听说缺憾——从幼稚园到高中,经过十多年的汉语学习,许多华校学生仍听不懂汉语,说不了汉语。面对这样的现实,从家长到老师,从华文教育工作者到关注华文教育的各界人士,无不心存焦虑。提高学生的汉语普通话听说能力不仅是菲律宾华文教育工作者面临的重要课题,也是菲华社会普遍关注的重点问题。深入分析探讨影响学生汉语普通话听说能力发展的原因,让学生学习汉语后能听会说,能够用汉语进行沟通交流,成了当前菲律宾华文教育改革的一个新的突破点。

众所周知,菲律宾华界通用闽南语。很长一段时间以来,菲律宾华校通行用闽南话教授汉语。闽南话是汉语方言的一种,其使用范围主要局限在中国闽南、中国台湾等地区以及部分东南亚国家的华人华侨。随着世界各地汉语热的兴起,菲律宾华文教育界充分认识到学习汉语普通话的意义,并已经达成共识,在华校教授汉语普通话,推广汉语普通话。然而受到特殊的环境背景与长期以来遗留问题的影响,这一决策在执行过程中遇到许多困难。

一 菲律宾华校学生汉语普通话听说现状分析

菲律宾政府实行“菲化”政策后,他加禄语(菲律宾语)逐渐成为多数华人家庭的通用语言。华人孩子出生后接触的第一语言变成了菲语,汉语退而成为第二语言,成为一门外语。菲化后的华语教学时间也大为缩短,每天仅有短短两个小时。不仅如此,原本良好的家庭语言环境和社会语言环境也基本不复存在,这是学生、家长和学校无法回避的客观现实。另一方面，菲律宾华人社会一直通用闽南语。由于受闽南方言的影响，学生汉语普通话语用规则的掌握与普通话表达能力方面存在明显的不足。加之平时少有机会接触运用汉语普通话，受种种因素的困扰，华校学生即使汉字识字量达到了较为理想的程度，也难以及时准确地理解所接受的汉语普通话信息，更难做到为实现交际目的，根据一定的语境、特定的交际场合和交际对象选择适当的谈话内容，进行流畅的语言输出了。

在日常生活中，听说表达是与他人进行沟通的基本素质，也是学习者学习掌握一门语言的重要目的与标志。在菲律宾，家长送孩子来华校学习汉语的初衷就是让孩子能听会说汉语，培养孩子的汉语交际能力。然而目前困扰学生和家长的重要问题之一，恰恰是学生在华校学习了十多年汉语，仍听不懂、不会说汉语。毫无疑问，这样的学习效果不仅仅是令人遗憾，更重要的是打击了学生和家长的汉语学习积极性。学生的学习信心日渐萎靡，家长的抱怨言辞也日益激烈。

在菲期间，我们针对菲律宾华校学生的汉语听说问题进行了一次问卷调查，调查对象为马尼拉一所华校汉语实验教学班（特优班）初中一年级到初中四年级的 80 名学生。调查结果显示，尽管这些孩子绝大多数出生于中国大陆，但能够用普通话清楚自如表达交流的仅占 17%。造成这一尴尬局面的原因，分析归纳起来主要有三点：其一，在客观上，菲律宾缺少汉语普通话语言环境，汉语工具效用未得彰显。在问卷调查中，有这样一组数字，虽然有 32%的家庭家长都会讲普通话，60%的家庭有成员会说普通话，但日常用汉语普通话交流的仅占 7.5%。家庭作为学生使用汉语的重要场所，也没有为学生营造良好的语言环境。而这个数字在马尼拉以外的山顶州府所占比例更低。其二，在主观上，学习的主体——学生对汉语的学习兴趣不高，学习动力不足。在问卷调查中，对汉语感兴趣的学生只占被调查学生的20%，这一数字还是在华人相对集中的马尼拉地区。其三，华文教育的实施者——华校未能针对学生的特点与需求，采取行之有效的教育教学手段。由于课时的限制，多数华校的汉语课课型单一，教学中重读写，轻听说。

通过以上分析可以看出，社会（包括家庭）、学生、学校三方面因素的综合，导致了菲律宾华文教学的尴尬局面，造成了目前华校学生汉语普通话的听说障碍。在这样的环境背景下，单纯抱怨华社缺乏语言环境、责怪家长对孩子缺少关心、批评学校教学不得法，抑或三方面相互指责，皆于华文教育水平提高无济，于学生汉语听说能力的增强无补。只有认真分析原因，及时寻找解决方法与应对措施，华社、家庭、学校三方面相互协携、共同努力，才有可能改变现状。

二　提高华校学生汉语普通话听说能力的对策

在菲律宾，学生学习汉语与中国学生学习英语颇为相似。过去的一二十年里，国内英语教学"重读写，轻听说"，致使众多学生学了十几年英语仍旧不会听，不会说，被称为"哑巴英语"。时至今日情形已有重大转变。由于重视了第二语言教学特点，英语教学开始逐步遵循第二语言教学规律。英语教学首先在课程设置上进行了改革，根据教学目标的需要增开听力、口语课，加大听说训练课时。其次，在教学测试项目上与课程设置相配合，增加了听说内容测试。与此同时，社会上各类升学晋职考试也与学校考核项目相呼应，增加了听说项目的考试，从而在客观上促使外语学习者重视语言听说能力的培养。现在英语教学效果已大为改观。以此反观菲律宾华校汉语普通话听说教学现状，我以为拥有一个科学合理的汉语教学总体设计是提高学生听说能力，乃至促进整个菲律宾华文教育健康发展的重要前提。

总体设计关乎第二语言教学各环节的衔接、统一与协调。具体来说，在菲律宾开展汉语教学，需要进行汉语作为第二语言教学的总体设计，需要华文教育工作者了解和遵循语言规律、语言学习规律和语言教学规律。在全面分析菲律宾汉语教学的各种主客观条件的基础上，对华校的教学对象、教学目标、教学内容、教学途径和教学原则，以及对教师的分工和要求做出明确的规定。华校生会读，不会听说，说明他们的知识结构和能力结构不合理。华文教育工作者首先应根据汉语学习规律与华校学生的特点，合理安排教学内容和教学指标，即根据学生的能力缺陷进行课程设计，根据教学对象的知识结构和能力结构需求来决定所开设的课程和课型。

言语技能包含听、说、读、写四项技能。开设听说课，明确听说教学的内容范围，提出听说教学的具体要求，是培养华校学生汉语普通话听说能力的必需。这样不仅有益于学生明确学习目标，使教师的教学有据可依，也有利于学生听说能力的检测与考核。菲律宾华校开设的汉语类课程类型不尽相同，概括起来包括华语、说话、阅读、作文、算术、音乐、电脑、团康（以汉语为媒介的班级团体康乐活动）等课程。只有少数具备条件的华校开设了听力课。从绝大多数菲律宾华校的具体情况看，说话课在课型功能上承担着培养提高学生的汉语听说能力的双重任务，因而华文教师怎样上说话课，在一定程度上直接影响到华校学生的汉语听说水平。

在实际教学中，华语教师普遍感到说话课比华文综合课容易上。因为说话课教学任务重在读说，教学内容又比较接近生活，学生普遍比较感兴趣，喜欢参与，学起来相对比较愉快轻松。但遗憾的是由于在教学上存在一定误区，教师的一些习惯性做法或多或少地制约了说话课的教学效果。最明显的是，教师虽注意到第二语言教学原则，但只对课文做简单的讲解，学生似懂非懂，印象非常淡薄，谈不上充分理解记忆。更有教师在讲解完生词之后将剩余时间放在学生朗读课文上。学生不明白会话情境，不明了课文含义，只有在课文上密密麻麻注满母语，将整篇课文硬背下来，回家后家长检查，再将这些课文背给家长听。在华校经常可以看到许多学生课文朗读得非常流利，但听不懂汉语，也不会说汉语。这样的教学，效果甚微，即使变换再多的花样，也大多停留于机械的朗读练习。要摆脱说话课教学的低效率，让学生理解课文内容是第一步。需要强调的是：既要做到让学生明白会话内容，教师又不能花太多时间进行讲解。要做到这一点需要教师动脑筋想办法。对于刚开始学习汉语的小学低年级学生，在目的语教学的过程中，教师可以运用肢体语言，用“表演”等作为辅助手段；对于达到一定汉语水平的学生，让他们明白对话含义的最好方法是提问，即针对课文内容，将会话分解为难易不等的一系列问题，从第三人称角度开展提问；或将课文对话故事化，提问题让学生复述，使学生在了解具体情境的基础上熟悉会话，进而掌握会话，以至灵活运用。

教师的提问是生活化语言的输入过程，也是学生感知汉语、接受汉语的过程，即训练汉语听力的过程。之后学生所做的回答，就是在做输出汉语的训练，但这种输出是有意义的输出，是学生理解了老师的提问，经过思考以后的输出。在听、读、说的过程中，孤立、枯燥的学习内容就变成了鲜活生动的信息载体，使学生容易识记并方便在生活中加以运用。与此同时，教师应当紧紧把握复习巩固阶段的作业练习，应重读说，轻书写，使练习环节也围绕学习的目标进行。作业形式可以灵活多样。一些小型表演作业、对话作业可以小组形式来完成。这不仅仅是为了减轻学生的课业负担，也是教学目标的需要，是课程类型要求的必然。此外，教师要抓住班级生活中的一点一滴，引导学生运用所学的汉语，平时注重增加生活语言练习，有针对性、有计划地补充学生生活中实用性强的会话或语句，让学生学了就能用。只要教师动脑筋想办法，学生就会有浓厚的学习兴趣与强烈的参与积极性。

测试是第二语言教学的重要环节。听、说、读、写是第二语言测试的基本项目。华校开展汉语教学的目的就是让学生掌握言语技能和言语交际技能，即提高学生的语言能力和语言交际能力，因此，听、说、读、写都应成为汉语测试的基本项目。这一点除了应在总体设计的教学目标中加以体现，更应该在测试环节里加以体现。目前菲律宾华校汉语测试恰恰迷失了“听说能力测试”这一重要环节。在影响华校学生汉语听说水平的诸多因素中，考试方式是亟待改革的重要一环。如果考试形式不改变，说话课不可能取得理想效果，也无法从根本上改变华校学生华语听说水平现状。目前，在开设说话课的华校中，不少学校的说话课考试与其他科目一样采取笔试，这可以说是教育者对学生的一种错误引导。既然用笔试方式考试，死背硬记就能取得好成绩，学生为什么还要重视听说呢？尤其在菲化后的菲律宾，学生学习汉语没有升学压力，加之没有汉语语言环境，考试在很大程度上是学生学习汉语的重要动力，尽管这种动机是单薄的、被动的。华校的华文教育工作者应该充分利用学生的这一动机，并努力创造条件，让学生的这一动机转换成主动动机，进而产生令人满意的教学效果。

在菲律宾，我们经常可以听到对家长的指责声，指责家长太过注重考试成绩，不重视学生汉语运用能力，这种指责是不公正的，因为负担这个责任的主要不在家长。家长重视孩子的考试分数，这是正常的，是可以令人理解的，因为学校的成绩测试应该是对课堂教学的检验，分数应该是学生所学知识与学习情况的重要反映。问题的关键在于学校组织的测试，是否以预期的科学合理的教育教学目标为依据，是否检测出了学生的能力结构和知识结构；测试成绩是否较为全面地检验了课堂教学的效果，进而推动了课堂教学，促进了教学质量的提高。因此，我们所要做的，不是批评家长，让他们改变对待考试的态度与分数观念，而是应该反思自我：学校的测试达到了什么效果？学校的测试是否科学？

将汉语听说水平列入考核项目，规范考核内容，使考试真正测出学生听说水平乃至综合水平，同时利用家长追求分数的心理，化劣势为优势，以学生汉语普通话听说水平的提高满足家长对分数的期待（实际也是华校和整个华社的期待），何乐而不为？任何项目的测试结果都应该对课堂教学起到促进和推动作用，而不是给学生增加无谓的负担，更不是制造令家长空欢喜的名不副实的高分。华校应该着力研究汉语听说成绩测试的内容和方法，让测试朝着有利于改进课堂教学，有利于学生综合能力提高的方向发展。

三　结语

菲律宾华校的管理机制与中国大陆主体教育管理机制不同，办学形式相对灵活，没有形形色色的统一升学考试束缚手脚，教学中完全可以因地制宜、因材施教。只要明确目标，找到切实可行的途径，汉语教育教学效果就会显现。事实上，我们已经看到十多年来在菲华各界关注支持下华文教育改革取得的巨大成绩。

在这样的背景下，特别需要华社、家庭、学校三方协作，有目的有意识地营造适合学生汉语水平提高的环境。在宏观上，菲律宾华社通过举办中菲文化交流活动，菲华社会家庭才艺展示活动以及其他各种形式的中华文化巡礼活动，在菲华社会创设良好的汉语氛围，有利于学生在轻松愉快的环境中更多地接触汉语。在微观上，华校理应固守华文教育这块阵地，在校园营造汉语语言环境，规定汉语教学时间。教师应率先垂范说汉语，要求学生学说汉语；同时积极配合汉语教学，开展丰富多彩的课余活动、听说竞赛，激发学生学说汉语的兴趣。此外，还应充分开掘家庭这一宝贵园地。俗话说，家长是孩子的第一任老师，在菲律宾华界，许多家长汉语说得很好，可惜孩子们却不会听说。既然家长的愿望与学校一致，希望孩子上华校能够学有所成、学有所用，就有责任尽己所能为孩子营造一个良好的家庭语言环境。

在家里,孩子与父母亲人之间哪怕是不怎么标准的、短暂的汉语普通话交流,都会产生学校教学难以企及的影响,因为这是一对一的聆听与言说,是温馨语境下心与心之间的交流。

国内教育界流行这样一句话:"没有教不好的学生,只有教不好的老师。"对这句话我是赞同的。教学理论先进与否,教学方法适当与否,教学原则科学与否,往往决定教育的成败。相信有各界仁人志士的关注支持,有广大富有奉献精神的华文教育工作者的身体力行,菲律宾华校汉语听说教学定会取得令人满意的效果。

贰 听说教学的困境①

一 研究背景

新加坡教育制度规定,母语是所有小学生的必修科目。所谓母语,是以父亲的种族为依据的语言。在一个多元种族的社会中,这样的规定具有它的特殊意义。学习母语,具有保留传统、传承文化的重大使命。

假设母语是一般孩子在牙牙学语时便在家庭中使用的语言,那母语的学习与掌握,应该是一件很自然的事。然而事与愿违,许多的因素使今日的小学生在学习自己的母语时,面临重重的困难。本节所要探讨的,是华族学生在学习其母语时,特别是掌握听说能力方面,所面临的困难。

---

① 本节选自林佩玉《千里之行,始于足下:从语言学习理论看小学低年级听说教学的困境》,原载《第二届华文作为第二语言之教与学国际研讨会论文集》2011 年版。

(一) 小学新生的语言背景

新加坡华族家庭用语在迅速的转变中。根据 2010 年最新调查显示,在家听说英语的华族学生在迅速增加(见图 1－7),比例超越印族国民,占新加坡各族之冠。与 2009 年的数据比较,这个比例又上调了三个百分比。这显示了华族家庭在家里使用英语已经成为不能改变的趋势。换句话说,百分之六十的华族学生在入学之前,在家里日常使用的语言是英语,英语也就是他们的第一语言。

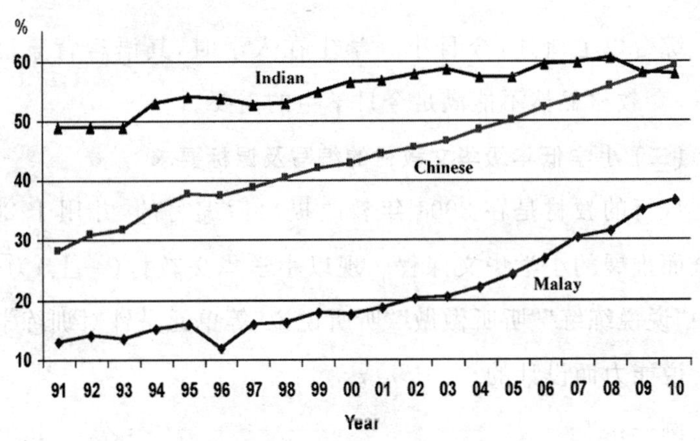

图 1－7[①] 以英语为家庭用语的各族学生的比例

此外,随着传统价值观的改变及社会的开放,新加坡四大种族异族之间通婚的例子日渐普遍。在这种情况下,异族通婚所组成的家庭一般都会以英语为家庭用语,而非遵循父亲所属种族的语言。他们以该家庭所谓的母语与孩子沟通,华族家庭亦是如此。在这样的例子中,孩子的第一语言肯定是英语,至于华

① 该图出自新加坡《2010 年母语检讨委员会报告书》。

语是不是他们的第二语言,那就需视个别家庭的情况深入研究了,本文不详述。

再者,作为一个国际大都会,新加坡近年来不断有外籍人士涌入。在校非华族(外籍)学生在母语学习条例的约束下,因语言经济效益,一般会选择以华语为母语。在这样的例子中,很显然的华语是其第三语言。这一类学生是在第一语言或第二语言的课堂中学习其第三语言或第四语言,并且期望达到跟前者一样的水平。

综合以上所述,今日小一学生在入学时,其语言背景已各异,一套教材显然不能满足今日学生的需要。

(二)小学低年级华文教材的编写及课标要求

现行的教材是在 2004 年教改提出后编写的,并用于 2007 年全面推展的小学华文课程。现以小学华文教材(一上)为例,其中“说说练练”“听听做做”“听听说说”等单元是针对训练学生的听说能力而设计的。

例一:

“你好,我叫美美。你叫什么名字?”

“我叫安琪,你呢?”

“我叫伟明。我们是同班同学。”(小学华文教材一上,第 1 页)

这样的对话,对大部分以英语为家庭用语(或英语为第一语言)的学生而言,是具有挑战性的。一般学生需要反复操练才能掌握。

根据 2006 年出版的《新加坡小学华文课程标准(2007)》,我们给一级(小一核心课程至小二高级华文)聆听能力和口语能力所设的目标如下：

表1－8　华文一级聆听能力目标

聆听能力	在教师的引导下,学会分辨陈述、疑问、感叹、祈使的语气
	能听懂简单的指示和问题
	能听懂简单的儿歌、儿童诗、儿童故事、儿童节目等
	能在聆听后理解并记住简短话语的主要信息；能找出简短话语的具体信息

表1－9　华文一级口语表达能力目标

口语表达能力	能说完整的句子
	在教师的引导下,学会用陈述、疑问、感叹、祈使的语气表达
	能简单地表达自己的要求、感受
	能简单地说明图意、复述故事内容;能用简单的华语与人交谈

此外,为了达到以上给聆听能力和口语表达能力所设定的目标,教材中的每一课之前,还设计了一个“导入单元”。这个单元列举了一些该课中将出现的生字、新词、句式等,让基础较弱的导入班学生先熟悉词语句式等,为之后的学习做准备。

例如二年级第一课核心课文《我长大了》,前面的“导入单元”就列举了“常常、抹桌子、上台、照顾、换牙”等词语。教师可灵活处理这个单元。尽管存在待改善的地方,但这样的安排可让学生先“暖身”,再继续学习内容更丰富的单元。

面对以英语为第一语言的学生比例不断攀升的现实,要通过什么方案来达到以上课标中列举听说能力的目标,是对在前线执教的老师们的一大考验。

(三)教师的挑战

教师在采用同一套教材时,却在一个班级里头,面对程度、能力各异的学生,试问应该怎样设计教案及规划课程进度以满足不同学生的需要呢?根据课程规划,建议学校可选择以单元模式分班(按能力把学生分入导入班、核心班或强化班学习);但往往根据单元模式分班后,在同一个班级里头,学生的程度还是不一致。教师该如何给自己的课定位,进行最有效的教学呢?

二 文献综述

(一)一语习得和二语习得的异同

第一语言和第二语言的习得有其明显的差异。所谓以华语为第一语言的学生,他自母腹中呱呱坠地之后,首先听的、说的都是华语;以华语为第一语言的学生,进学校时已经会写不少汉字了。[①] 因此第一语言的习得是隐性的,是在很自然的情况下培养语感与积累词汇,不是靠刻意死记硬背而来的。

而以华语为第二语言的学生一般在入学之后才开始接触华语。对于华语的词汇及语法,若不教他们就不会认读、不会写汉字。[②] 因此第二语言的习得是显性的,往往得通过有目的的、反复的操练才能有所积累和收获。

然而,异中有同,依照语言学习的规律,不论是第一语言或是第二语言,都必须先有输入后才能有输出。在学习语言的过程中,输入的质与量的高低多寡,直接影响了之后的输出(语言表达)。

不论是第一语言或是第二语言,输入是之后输出的先决条件(见表1-10)。

---

①② 孙纪真《1.5语的大环境,1.5语的教学法》,第一届华文教与学国际会议专题报告,2009年。

表 1-10 第一语与第二语习得的异同

异	同
第一语：隐性的习得（implicit learning） 第二语：显性的习得（explicit learning）	一样的途径：从输入到输出 一样的顺序：语言的输入先于语言的输出

（二）美国语言学家 Stephen Krashen“i＋1”

在语言输入必先于语言的输出的这个基础上发展，美国语言学家 Stephen Krashen 提出语言学习应从学生的实际水平出发，即给予学生“可理解的输入”（comprehensible input）。[①] “i”是学生现有的水平，“i + 1”是在现有的基础上再提高一步的输入，这种输入必须是学生能够明白、可以理解的。研究证明，在这样一个结构上建造，相较于以教师为主导的教学方法，让学生在他们能理解的语言环境中学习，其学习效果会更佳。换句话说，教学内容必须更具针对性，在学生现有的基础上拓展，循序渐进。

（三）苏联心理学家 Lev Vygosky“ZPD（最近发展区）”

心理学家 Vygosky 认为，在学生现有的水平及教师期望达到的水平之间的，就是所谓的“最近发展区”（Zone of Proximal Developmcnt）（见图 1-8）。它不能距离学生已知的层次（已掌握的知识）太远，而只有在“最近发展区”内的学习活动才是有效的教学活动。作为心理学家，Vygosky 十分重视在互动中学习。他认为生生互动或师生互动，能提高学习的效果。

---

① Krashen，Stephen D. *Second Language Acquisition and Second Language Learning*. Prentice-Hall International，1988.

图 1－8 最近发展区 ZPD

(四) 沟通法

沟通法也称为“交际法”。社会语言学家认为,语言学习除了在课堂里掌握语法及句子结构外,更不能忽略的是运用语言时的沟通能力,也就是语用能力、交谈能力等。沟通法所侧重的是“生生互动”,主张在教学中以课堂交际活动为主导,通过任务型活动,促进第二语言的习得。教师通过一系列活动,让学生与伙伴之间有互动,积极推动语言学习。这样有目的、有针对性的语言交流,非常有利于基础阶段语言的习得。

三 研究假设

结合以上所述,我们提出以下几点假设:

1.语言的习得必须从听、说开始。

根据语言习得不变的规律,先有语言的输入,才能有所输出。所谓的输入,指的就是大量的听话和识读,从而学习规范的、有意义的并能表情达意的词汇和方法。有了输入,才能输出。学生在积累了一定的词汇量后,才能从容流畅地以说话和写作表达自己的思想感情。因此,语言的习得,最初必定要从听、说开始。

2.听说技能的习得必须通过沟通的模式。

听说技能的训练，不能凭空想象、闭门造车。最直接有效的学习方法，就是通过生动、有意义的生生互动或师生互动，通过具体实践，在实际的互动中让学生有机会训练并提高其聆听的能力和表达的技巧。

3.沟通的操练必须符合真实的语境并顾及学生的认知能力。

在给学生设计互动的活动时，教材内容必须符合真实的语境并顾及学生的认知能力。有意义的内容应该配合学生的年龄、兴趣、儿童生活题材、认知程度等。适合一、二年级学生进行听说训练的内容包括家庭、学校、游戏等，并以配合学生生活层面、符合学生认知程度的教材进行操练，才是有意义的。

四　教学建议

总结以上分析，现提出以下几点建议：

1.整合现行的听说教学教材。

首先，基于对语言输入的重视，建议把听说基础教学系统地、集中地调动到第一学段。这对一年级新生尤其重要。由于他们所拥有的词汇量最低，口语表达能力有限，因此应当趁早巩固、提高其听说能力。目前把听说教学分散到每一课中的做法是不明智的。由于在每一课课文中尚有该课的生字、新词、句式及语法点要处理，听说教学往往被忽略并草草带过。

再者，听说教学教材应具针对性，不能将同一份听说教材供强化班、核心班和导入班使用，并期待不同班级的学生在使用同一份教材后，听说能力皆得到提升、加强。

2.大量可理解的输入——充实学生在真实语境中所需的基

本词汇量及句型。

我们建议重新编写听说教材及活动，使之真正满足听说能力极弱的学生的需要。假设60%的华族学生在家中只用英语交谈，那他们在入学时，从生活中积累的词汇不多，因此当下需要解决的就是充实他们日常的词汇量，加强他们在日常生活中的对话能力。

重新编写教材时应注意让学生先输入在真实语境中需要的基本词汇，再教他们基本的句型。这个顺序不应该打乱，不能本末倒置。编写教材时可由词语的最小单位开始引入，并循序渐进，采取建构式的教导。如先带入“我、你、他/她/它、我们、他们”等。接着，再慢慢拓展如“××，你好吗？/我很好，谢谢你”的句子。现行教材中一年级的第一堂听说活动，就安排了两人的句子对话，对口语能力基础弱的学生而言，难度很高。这非但不能帮助他们，反而会让他们望而却步，失去开口说话的信心。

3.大量有意义的输出——让学生在生生互动中完成输出—输入—输出的话语轮。

积累了适当的词汇量及掌握了一些句子结构后，学生一定要有机会实践所学。在适当的环境中进行生生互动，进行有意义的语言输出，并在与人沟通之时有所输入，进而再输出。这样完整的沟通话语轮，就能有效地训练学生的听说能力，使能力有所提升。交际型的学习方法，所重视的是交流的过程以及说话者使用语言沟通的信心、能力及如何使用语言。①

---

① Patsy M. Lightbown & Nina Spada. How Languages are Learned. *Observing learning and teaching in the second language classroom*, 2006.

五 结语

任何一种语言的学习都离不开听、说、读、写；其中听、说是语言、语文学习的基础。在学习语文的过程中，教师有必要帮助学生，在其语文的奠基阶段，把听、说的基础抓牢固。这一方面可提高他们学习语言的信心，一方面为日后的读写技能铺路。

此外，教材的编纂应从学生的需要出发。我们不能单凭一套教材，满足所有学生学习的需要，那是不实际的。前面提过，目前的小学新生语言背景各异。为了不失去任何一个学生，建议教材应该多样化，甚至语文课程的设计应多层次，允许学生按能力及需要做选择。所谓“保底不封顶”，出发点是对的。“保底”指的是，随着社会结构的变迁，应该想方设法留住学生学习语言的兴趣，而不是为了保住语文水平的底线而要求所有语言背景各异、入门水平参差不齐的新生达到同一个标准。

为了达到以上目标，眼下有必要加强教师的专业训练和素质培养，以满足不同类型学生的学习需求。比如：“华英双语并用华语教学法”，这个学习华语的方法对以英语为第一语言的学生特别有帮助。然而，教师能否充分掌握这个教学法，则是另一项挑战。

第三节 华裔幼儿的听说教学①

华校幼儿园的教育目标是在促进幼儿德智体全面发展的同时，培养幼儿华语听说能力和学习华语的兴趣，为造就具有优秀中华文化素质的民族新一代奠定良好基础。许多家长送子女进华校幼儿园，也是为了让子女从小学习华语，接受中华文化的熏陶，为将来立足华社，贡献社会，乃至踏出国门、走向世界做好准备。

幼儿学习华语成功的重要经验是必须遵循幼儿心理发展特点和学习语言的规律，切实加强华语听说训练，把这种训练贯穿到幼儿在园学习、生活、游戏的各个环节中去，让幼儿多听、多说。

一 *在日常生活中为幼儿创造学习语言的良好环境*

早上接待幼儿入园，播放伴有轻音乐的儿歌或一般歌曲，随着广播里稚嫩甜美的声音，幼儿自然会跟着吟唱。假如幼儿对此并不在意，老师也可提醒诱导："广播里的小朋友唱得多好，你们会吗?"在接待幼儿的过程中，老师针对每个幼儿的特点，亲切地与之交谈，向他们提各种简单的问题，如："早上起床，你自己穿衣服吗？谁帮你穿衣服?""昨天晚上，你讲什么故事给奶奶听?""上学前妈妈对你说什么?"星期一早上可以问幼儿："昨天

① 本节选自陈嘉静《菲华幼儿华语听说训练的有效途径》，原载《海外华文教育》2001 年第 3 期。

到哪里玩？跟谁去？看到什么？”这种交谈既是让幼儿练习说话，也是增进师生感情、让老师了解幼儿的好机会。还可以带幼儿观察活动室的墙壁布置，或提供活动材料，如娃娃家、木偶表演、看图书、手工操作等，有意识地鼓励幼儿用华语表达自己的愿望。如有个别小朋友抱个娃娃在摇，老师就问她：“你抱谁？”答：“小妹妹。”问：“小妹妹做什么？”答：“小妹妹在哭。”问：“小妹妹怎么哭了？”答：“小妹妹肚子饿了。”问：“怎么办？”答：“我让她喝牛奶。”老师应如此有意识地让幼儿练说话。

早操是幼儿一日生活不可缺少的环节，幼儿的早操，往往是有主题的，如《早晨空气好》《小动物真可爱》《种树》等，幼儿边读儿歌边做动作，肢体动作和口头语言完全结合起来。中大班的早操除做操外，为保证足够的运动量，要穿插舞蹈、音乐游戏等内容，也是体育锻炼与华语听说训练结合的一种形式。

教学前，教师带领幼儿收拾玩具、整理教室，可以问幼儿哪些东西该放在哪儿、怎么摆，或让幼儿自己讲评，这些也都是在教幼儿听说华语。

二　*充分发挥游戏在发展幼儿语文表达能力中的作用*

游戏是幼儿最喜爱的活动，也是对幼儿进行华语训练的重要手段。因为在游戏中，幼儿的情绪处于最佳状态，没有上课的紧张心理，他们由被动的受教育者变成积极的参与者。教他们用华语进行交流，就能更快达到要求。从菲律宾实际出发，有以下几种活动类型：

1.角色游戏。角色游戏是模仿生活的游戏，如娃娃家、幼儿园、开商店、医院、乘车、戏院等。在游戏中，幼儿用语言进行交流，可以丰富幼儿想象力，提高幼儿语言表达能力。问题的关键是怎样引导幼儿用华语进行交流。为达此目的，老师可亲自扮演某一角色，参与游戏，与幼儿对话；也可以向担任主要角色的幼儿提出要求——游戏中一定要使用华语。

2. 教学游戏(智力游戏)。以游戏的方法传授或复习已学过的知识，发展幼儿的智力，提高语言表达和计算能力。如教过"小动物"单元，可以让幼儿玩"这是谁的家""小动物餐厅"或"小熊请客"等游戏，让幼儿用华语复习常见的鸡、鸭、猫、狗、羊等小动物的名称、外形特征、叫声和习性。学习"常见的水果""常见的蔬菜""常见的花卉"等单元，可运用"奇妙的口袋/奇妙的摸箱""看谁说得对""卡车运来什么""什么不见了"等教学游戏。认识"我的家庭"这个单元，可以做"找家""送给你玩"等游戏。认识"交通工具"，可以做"红灯/绿灯""什么车开过去了"等游戏。认识"服装"这个单元，可以做开商店的游戏。复习学过的字词，可以玩"找朋友""什么不见了""击鼓传卡片""配对"等游戏。

教学游戏的关键是运用教学游戏对幼儿进行华语听说训练，不能只图游戏而忽视语言训练。如复习"我们所尊敬的人"这一课题，采用"配对"和"找朋友"的游戏，老师准备卡片 10 张，分别画有医生、警察、驾驶员、炊事员及听诊器、红绿灯、方向盘、炉灶、扫帚等，反贴在黑板上(内容可根据教学实际变换)。游戏时，老师请幼儿任意翻一张卡片，说出："他是谁？会做什么？"或者"这是什么工具(或用具)？有什么用？"待翻完全部卡片后，请一幼儿按人、物内在关系配成对贴好。老师还可以把几对有关联的卡片有意错配，让幼儿纠正。玩"找朋友"游戏时，让幼儿各拿一张卡片，一边念儿歌："找朋友，找朋友，找到朋友拉拉手。"一边自由走动，按手上的卡片找有关联的幼儿，找到后两人手拉手站住，按顺序一对对举起手中的图片让全班幼儿练习说话，如"医生用……""警察用……"等。

3.表演游戏。表演游戏是幼儿根据学过的故事或童话的情节，通过扮演角色再现文艺作品内容的一种游戏。由于文学作品中的语言比较优美、生动、规范，幼儿在表演中要按作品的语言，并用符合角色性格的声调和表情加以表现，所以它是把语言艺术和创造艺术融合在一起的游戏活动，通过表演游戏，不仅加深了幼儿对作品的记忆和理解，而且对发展幼儿的语言和创造力有着突出的作用。如大家熟悉的《拔萝卜》《小兔乖乖》《三只蝴蝶》《小猪盖房子》等，这些故事深受幼儿喜爱，是语言训练的极好教材。通过表演《拔萝卜》，幼儿自然掌握"拔不动""拔起来""×××快点来"等词组和句式。通过表演《小兔乖乖》，幼儿不仅学会故事中的对话和小兔唱的两首歌，还会复述这个故事，这是很好的语言训练。

4.体育游戏。体育游戏以身体锻炼、动作练习为主要内容，以游戏为形式。由于它有情节、有竞争、有规则，具有很大的娱乐性，因此幼儿在游戏中总是兴致勃勃、心情愉快。体育游戏对幼儿学习华语的作用主要表现在：①老师必须让幼儿理解老师用华语讲解的游戏内容、方法和规则，这就是一种听说训练；②许多体育游戏有情节或配有儿歌，幼儿边念边玩边做动作，既是身体锻炼，也是语言训练。如：为了让幼儿练习两脚原地向上跳，提高弹跳力和反应速度，组织幼儿玩《大皮球》的游戏。教师带领幼儿沿着圆圈边走边念儿歌："走走走，跟着朋友走，走走走，走成一个大皮球。"念完后面对圆心站成圈，教师站在圆心做拍球人，念儿歌："大皮球，真正好，拍一拍，跳一跳，拍得轻，跳得低，拍得重，跳得高，我的皮球真正好。"幼儿随儿歌节奏和老师的动作在原地双脚向上跳起。教师说："皮球漏气了。"幼儿蹲下。教师说："皮球气打足了。"幼儿起立。教师说："皮球滚走了。"幼儿四散跑开。教师说："捡到皮球了。"幼儿立即回到圆圈站好。通过反复地玩游戏，幼儿就自然掌握拍、跳、轻、重、高、低等词汇。

5.音乐游戏。音乐游戏是在音乐伴奏下进行的一种游戏。游戏的动作、规则和音乐的内容、性质、结构有密切联系。它能培养幼儿对音乐的感受力和表现力，给幼儿带来快乐和满足，从而深受小朋友喜欢。如《小鱼》《找朋友》《开火车》等，当幼儿边玩边唱"许多小鱼游过来，游过来，游过来，许多小鱼游过来，快抓住它"，自然掌握了"许多""游过来""抓住它"等词的意思。

在教音乐游戏时，老师必须用语言引导幼儿感受音乐、理解音乐，必须以讲解配合示范让幼儿掌握游戏的玩法和规则；在示范时，老师还可以先提出问题，增加幼儿观看的目的性，并在示范后让幼儿回答，这些都是在进行华语听说训练。

三 使华语听说训练与各种教学紧密结合

华校幼儿园的常识、数学、唱歌、绘画等各科教学有其独特的教学任务和特点，但都是把华语作为教学的媒介语，通过华语传授知识技能，还可以锻炼学生的听说能力。学生只有理解老师的语言，并经过反复练习，才能掌握老师传授的知识技能。学生能说出老师所教的内容，也就说明他已确实掌握这一知识。

所以把各科教学作为幼儿学习华语、进行华语听说训练的重要手段，是完全必要和可能的。

1.常识。过去常识和语言合为一个科目称“语言与认识环境”，现在我们的单元主题教学也是常识、说话、识字紧密结合，以常识内容为主题，结合进行识字和说话训练。

在常识教学中，老师可以组织幼儿实地观察，如参观公园、动物园、超市、飞机场、邮局、工厂等，当幼儿看到他感兴趣的东西，就会激起表达的愿望，老师应该抓住机会用华语引导幼儿仔细观察。如教“花草树”单元，老师带幼儿到花园参观，就要引导幼儿观察花的颜色、形状，闻闻花的香味。一朵朵花有的像蝴蝶，有的像灯笼，许多蝴蝶在花丛中飞来飞去。绿色的草地看上去像茸茸的地毯。高高的树，树冠像一把大伞，风吹时树枝树叶摇动发出沙沙的声音。还要让幼儿摸摸树叶和树干，感知粗糙与光滑。幼儿在实际观察中有感性体验，老师教他们边观察边用恰当的语句加以描述，这就是最好的华语训练。

对于不能实地观察和演示的事物可以采用电视、录像、投影仪等现代教育手段。如为了让幼儿了解科学进步与家庭生活的关系，了解家庭生活用具的进步和发展，老师设计“妈妈的好帮手”一课题。上课时让幼儿先观看老师自制的录像带，了解家庭生活用具的变化，如烧饭方面，从烧柴草到烧煤球再到烧煤气、用电炉。洗衣方面，从洗衣板到普通洗衣机再到全自动烘干洗衣机。制作豆浆方面，从手推石磨到电动推磨再到全自动豆浆机。观看后问幼儿：“什么是妈妈的好帮手？这些东西用起来怎么样？”幼儿自然会逐一说出答案，如“烧气灶是妈妈的好帮手，妈妈用起来又方便又省力”。老师进一步问幼儿：“你知道还有什么东西是妈妈的好帮手?”在幼儿自由回答之后,老师让幼儿再观察电饭煲、微波炉、电烤箱、自动榨汁机、清毒柜的图像,问:“将来你想设计什么作为妈妈的好帮手?”幼儿进一步展开想象的翅膀,有的说:“我要发明机器人,替妈妈煮饭、做菜、洗衣服。”有的说:“我要发明会下雨的厨房,厨房脏了,一按电钮,流下许多水把厨房冲洗干净。”这说明只要我们选择的内容贴近幼儿的生活,使用的方法和所提的问题是幼儿所能理解的,幼儿就能在老师的启发引导下,既增长知识又学习华语。

常识教学强调幼儿动手实践,让幼儿在做中玩,在做中学,在做中获得知识。我们还要让幼儿在做中学习华语。如为了让幼儿了解空气的性质,老师准备几种材料,有装空气用的塑料薄膜袋,有让幼儿玩充气和放气的游泳圈,还有检验空气与燃烧的关系的蜡烛和玻璃杯。上课时先让幼儿选择着玩,然后全班集中,让幼儿说说:“你玩什么? 玩的当中发现什么?”幼儿就会一个个争着说:“我用塑料袋装空气,发现到处都有空气。”“我给游泳圈打气,游泳圈就鼓起来。”老师问“为什么?”答:“空气跑进去了。”有的说:“拔开塞子就有凉凉的风。”老师问:“这是什么?”答:“这是空气跑出来了。”老师教幼儿说:“空气流动就是风。”又有的幼儿说:“我把玻璃杯盖在蜡烛上,蜡烛的火就灭了。”老师问:“为什么?”答:“没有空气。”老师再演示并教幼儿说:“空气会帮助燃烧。”幼儿就这样在实践中发现道理并学习用华语表达完整的意思。

2.数学。结合数学课,让幼儿进行华语听说训练,方法也是多种多样的。

(1)老师用实物或图片让幼儿点数,然后要求幼儿说出物品的数量、单位和名称。如:"这是 5 个苹果","这里有 10 只兔子","老师有 8 朵花"。或老师敲打某一乐器后让幼儿说出老师打几下。这些都是学习数数、量词和学习说话紧密结合的方法。

(2)老师口编应用题(也可以结合图片或实物演示),然后要求幼儿用完整的句子回答问题。如:"小白兔拔 4 棵萝卜,小黑兔拔 3 棵萝卜,一共拔几棵萝卜?"

(3)幼儿学习编应用题。如:图片上画着树上有 5 只小鸟,地上有 4 只小鸟,老师列式 5 + 4 = 9,幼儿学习编题:树上有 5 只小鸟,地上有 4 只小鸟,一共有 9 只小鸟;也可列式 9 - 4 = 5 或 9 - 5 = 4 让幼儿口编应用题。

(4)比较物品的多少。如:准备小猫和鱼的卡片,要求幼儿给每只猫"喂"一条鱼,观察什么多、什么少,并说出"猫比鱼多×"或"鱼比猫少×"。

(5)通过教学游戏,如《小兔找山洞》《小鸡找家》,让幼儿掌握 10 以内的数量,比较 7、8、9、10 等数字之间的关系,并用华语说出来。

3.唱歌。唱歌课也是华语教学的重要途径,因为歌声本身就是旋律和语言的结合。通过唱歌、表演、音乐游戏等,幼儿在欢快的气氛中学习华语,可以收到事半功倍的效果。为达此目的,老师必须做到以下几点:①千方百计地帮助幼儿理解歌词内容。如托儿班教唱"哈巴狗"这首歌,歌词很简单:"一只哈巴狗,坐在大门口。眼睛黑黝黝,想吃肉骨头。"如果老师只是反复示范唱,幼儿听不懂老师唱什么,听几遍后就转移注意力了。但是如果老师采取直观形象的方法,拿一只毛茸茸的玩具哈巴狗,按照歌词内容进行演示,幼儿理解歌词内容,引起学习兴趣,很快就会学会这首歌。②老师根据歌词内容设计表演动作或让幼儿根据自己对歌词内容的理解创编动作，大家边唱边表演，进一步激发学习的兴趣。幼儿不仅感受到歌曲的欢快情绪，而且通过动作提示可以很快记住歌曲内容。③在反复练习中加深幼儿对歌曲的理解，让幼儿一天的生活都充满歌声。对教过的歌曲，我们经常让幼儿反复练唱，尤其一些旋律优美的曲子更是百唱不厌。

4.绘画。把华语听说训练渗透在图画课中，主要表现在以下几方面：

(1)实物画。老师要引导幼儿仔细观察所画事物的外形特征，如画"苹果"，在幼儿作画之前不要急于示范，要让他们先观察实物或图片，并提问："这是什么？""苹果是什么形状？""什么颜色？""吃起来什么味道？""苹果长在哪里？"

(2)主题画。如：快乐的圣诞节、幼儿园、公园里的花、动物园、路上的车、童话故事《龟兔赛跑》等。老师须通过谈话与幼儿一起回忆与主题有关的内容。如画《快乐的圣诞节》，老师可以问幼儿："圣诞节之前我们怎么布置教室？""圣诞树上挂什么？""教室上空有什么？""小朋友做些什么？"还可以问幼儿："圣诞节你到哪里玩？看到什么？"

(3)欣赏美术作品。在欣赏作品时，老师要引导幼儿仔细观察作品的内容，使用的色彩，人物的动作和表情，并让幼儿说出自己的感受。老师还要示范性地用优美的艺术语言将作品内容加以描绘，并让幼儿练习说出一两个优美的词组。如欣赏作品《我的家》，老师是这样描绘的："我的家在山脚下，红色的小房子在蓝天白云下显得更加漂亮，房子的屋顶是尖尖的，烟囱冒着缕缕轻烟，门前一条弯弯曲曲的小路，路边草地绿油油，红花、白花遍地开，我在花丛中追逐美丽的蝴蝶。”描述后老师问幼儿：“你喜欢这个家吗？”答：“太美了，我喜欢。”老师问：“你喜欢什么？这张图哪里美？”幼儿情绪被激活了，有的说：“蓝蓝的天很美。”有的说：“我喜欢红色的房子，尖尖的屋顶。”有的说：“绿油油的草地很美。”

为了切实把华语听说训练贯穿到幼儿日常活动的各个环节，为幼儿创造良好的语言环境，教师还必须解决以下问题：(1)按照幼儿园的办园目标开设各种课程，科学安排幼儿一日作息和一周的课程，克服幼儿园小学化以及幼儿入园就是读书、认字、写字的倾向。要让幼儿在园生活丰富多彩，充满歌声；要给孩子自由活动的时间和空间，让他们表现天真、快乐的天性；要让他们学得生动活泼，创造性思维得到训练。(2)老师思想上时时要有一根弦，在教授各门课程和组织各项活动中，不忘教幼儿学华语练华语，要坚持华语教学，坚持用幼儿能理解的方法帮助幼儿掌握教学内容，坚持督促幼儿用华语会话。(3)老师必须努力提高自身的知识水平和语言修养。

幼儿园教师是幼儿的第一位专职语言教师，是幼儿学习语言的榜样。大家都知道“先入为主”，教师的语言是否正确规范，对幼儿今后语言的学习和发展至关重要。如果教师的语言发音正确，语法规范，说话生动、流利，富有感情，就可以吸引幼儿，激发幼儿的学习兴趣，取得良好的教学效果。反之，如果老师说话平平板板，语调低沉，孩子不是坐不住就是打瞌睡，所以老师的学习和提高是十分重要的。

总之，提高幼儿华语听说能力是每个教师、家长乃至华族社会广大侨胞的共同愿望。让我们一起来探索和实践，只要我们坚持不懈地努力，菲律宾华文教育的园地将繁花似锦，硕果累累。

第四节　多媒体教学

壹　多媒体听说教学[①]

一　引言

语言中的四种技能学习，听说技能最好能够通过听和说的真实语料来直接学习。在缺乏语言环境的二语习得中，播客不失为一种良好的学习媒介。播客不但可以让学生直接听和说，而且可以将学习成果保留在语音资料库中，经由“反复听”或“重新说”，让学生有机会模仿练习和自我修正，达到口语学习的目的。更重要的是，学生在完成自己的听说任务后，还可以通过互评与回馈，进行同侪间的合作与协作学习，进而从互动交流中达到知识的建构。

为避免学生用播客学习时落入机械式的重复练习，可采用任务式的方法来学习，不但可以引起学生的学习兴趣，且可连结到学生的真实生活，让学生接触真实生活中的复杂任务。为了完成任务，学生必须有大量的沟通与交流，通过播客方式，有利

① 本节选自沈淑华、刘渼、吴福焕、刘增娇、卓慧敏、侯良《融入播客的华文听说课程：以任务型学习为主》，原载陈志锐主编《行动与反思——华文作为第二语言之教与学》，南京大学出版社2011年版。

于达成这项学习任务。

二 研究背景

新加坡是多种族裔融合与多元文化集结的国家，其共同的语言是英文。华裔学生在家里所使用的语言，有朝以英文为主方向发展的趋势，学生要学好华语、成为真正的双语人，仍需要加强华语教育。

2004 年 2 月，新加坡教育部设立了“华文课程与教学法检讨委员会”，全面检讨新加坡华文教学的情况，为华文教学定下未来的发展方向。根据委员会报告书，鉴于新加坡特有的双语环境，华文教学应针对大部分学生的需要注重口语交际的训练；委员会还建议采用不同的策略，系统化地教导听说技能。同时，委员会也建议以资讯科技强化华文的教学，鼓励学校引进适当的科技工具以及合乎学生需求和兴趣的教学资源，并表示宜借助资讯科技的应用来提倡独立学习，提供更多的机会让学生使用华文互相沟通。

2009 年 9 月 17 日，新加坡教育部长黄永宏在教育部工作蓝图大会上重申双语政策的重要性，并视其为两大工作方向之一，强调给学生打下母语基础与培养他们对母语的兴趣，让他们毕业后继续使用母语和阅读母语书报。

综观新加坡的学生，纵使能够讲华语，但就其内容上说，讲的也是日常生活中的简单华语，甚至还掺杂了英语；就其形式上讲，用的也多是简单的句式，甚至还使用了英文的语法。学生虽然在私下里可以运用简单的华语进行交流，却不能在正式场合使用流利的纯正华语有层次地讲述某个主题，更遑论对听众的提问作出恰当的应对了。究其原因,一方面是大多数学生缺乏足够的华语词汇和习惯表达法,另一方面是学生缺乏真实语境的练习,在正式场合就显得词不达意了。

为此,我们构想:以播客作为口语交际训练的网络平台,鼓励学生在真实的情境里以华语进行交际沟通,完成介绍旅游配套任务,并通过播客平台呈现学生的作品,让学生进行自评与互评。我们希望通过此项研究达到以下两个目的:

第一,利用播客提升学生学习华语的兴趣。

第二,利用播客提高学生口语表达能力与应对能力。

具体而言,我们希望通过研究解答下列问题:

第一,通过播客平台呈现学生的作品,并让学生通过播客进行自评与互评,是否能提高学生学习华语的兴趣?

第二,通过播客平台呈现学生的作品,并让学生通过播客进行自评与互评,是否能增强学生的口语报告与应对能力?

新加坡特殊的语言环境,导致许多国外的经验无法用来借鉴。因此,建立适合新加坡的口语训练模式是必要的。另一方面,新加坡教育部大力发展资讯科技教育,但几乎没有多少学者在中学生的口语与资讯科技这方面做深入的探讨。这更加彰显本研究的先导意义与重要性。

三 研究设计

(一)设计理念

在实验过程中,实验班和对照班均获相同的主题:介绍新加坡特色旅游景点。两班学生各分为6组,各组成员均得通过搜索、组织、综合资料,介绍旅游计划的对象、目的地详情、注意事项、配套特色、详细的行程及配套价格等。实验班把成品录制后通过播客呈现，并进行自评与互评；对照班则进行课堂口头报告。实验通过前后测成绩、前后问卷的比较分析，调查因实验变项所产生的改变与影响，了解实验组与控制组之间的差异，以探讨通过播客呈现的成效。

表 1－11　实验因素与变项表

实验组	控制组	前测	实验变项	后测
G1	G2	01	实验组进行播客呈现，自评与互评，控制组进行口头报告	011

（二）研究框架

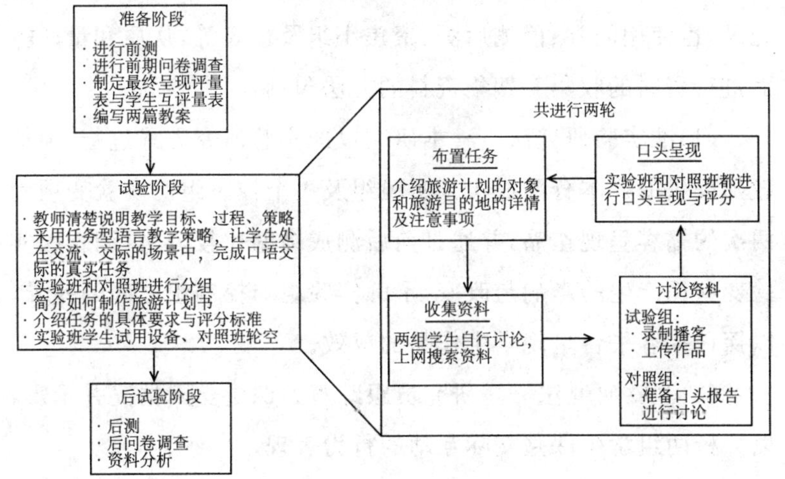

图 1－9　研究框架图

（三）研究对象

本研究以四德女中的两个中二高级华文班学生为对象，全为女生，14 岁；其中实验班共 28 人，对照班 25 人。样本由参与实验的教师提供，属于方便样本。

四德女中位于新加坡东部，学业成绩比一般邻里学校好一些。研究对象以中学低年级的学生为主，因为这个阶段是个人在求学过程中智力发展、知识积累的重要时期。

（四）研究方法与工具

1. 研究方法

本研究进行了一项准实验研究设计（quasi-experiment design），实验变项为通过播客呈现学生的作品，并让学生在播客平台上进行自评与互评。

本研究采用多渠道的资料搜集法。资料搜集实验时间由2009年1月至5月，除了搜集学生的播客作品、自评与互评的记录，也使用问卷、前测后测、聚焦小组及量表等，从质和量两方面进行资料的收集。搜集资料的方法包括：

(1)准实验研究法——本研究以准实验研究方式进行，根据教师提供的样本分配成1个实验组及1个控制组。实验变项为两次的播客呈现作品，并通过前后测成绩的比较分析，调查因实验变项而产生的影响与改变，了解实验组与控制组之间的差异，以探讨播客平台呈现学生作品的成效。

(2)观察研究法——研究员跟踪观察课堂交际情况并录影，以分析两组学生课堂交际互动的行为表现。

(3)问卷调查法——为了了解研究对象在实验期间对播客呈现作品的态度及其转变，我们进行两次重复问题的问卷调查，分别于实验前（2009年2月）及实验后（2009年5月）进行。

(4)聚焦小组讨论法——为了深入了解学生准备的情况和所遇到的问题，以及对播客融入教学的感觉和意见，我们进行了两次聚焦小组讨论,分别于第一阶段实施后(2009 年 3 月)及第二阶段实施后(2009 年 5 月)进行。

(5)反思总结法——为了协助老师在历程中用批判和审视的眼光看待其教学,并作出理性的判断和选择,从而实现其思想观念和行为的巩固、完善和变革,我们进行了两次教学反思座谈会,分别于第一阶段实施后(2009 年 3 月)及第二阶段实施后(2009 年 5 月)进行。同时也请老师写下其反思的具体内容。

2. 资料分析

整体而言,本研究结合几种不同的方法分析资料:

(1)评核方法——以“口头报告计分表”为评量学生口语表达成绩的工具,该表主要分成“内容”“表达”与“应对能力”三个部分,并针对学生的口语测试成绩进行分析。

(2)问卷分析——本研究在实验前后进行了两次问卷调查,通过统计分析,探讨学生的华语能力与态度等。问卷调查的范畴包括学生个人资料、语言能力、语言使用情况、语言接触情况、语言态度、电脑使用程度等。

(3)聚焦讨论分析——本研究在实验的第二阶段前后,进行了两次聚焦小组讨论,通过质性分析,探讨学生使用播客和准备口头报告的情况和所遇到的问题,以及学生对于播客融入教学和口头报告教学的感觉和意见。

(4)观察分析——研究助理在实验期间对每堂课均录影,用以观察研究对象的交际与互动情况。我们将抽选几堂课,编码分析研究对象的讨论与报告行为。

3. 软件平台

本研究所使用的软件平台是“新加坡华文教学乐网(http://

enjoyedu.com)”，它是基于 Moodle 打造的平台，同时结合了博客网站、录音软件 AUDACITY 等。

四 研究成果

以下根据教室观察、问卷调查、聚焦小组讨论、老师的反思、相关性分析等，呈现本次研究的成果。

（一）教室观察

本研究一共进行了 10 次教室观察。实验组和控制组大部分观察都在电脑教室进行，实验组学生自行用电脑录制声音档，再通过网络上传到 Moodle 平台，并且在平台上进行互评，学生除了听别组录音外，也需要录制自己的评语，并上传到平台。在第一阶段时，由于电脑操作不熟悉、上传速度很慢等原因，学生往往不能在上课时间完成任务，但第二阶段已有明显改善，原因是学生能够利用课后时间查找资料，有较充裕的准备时间，且在电脑操作上已得心应手。控制组虽然也在电脑教室上课和录音，但是所有的电脑操作都是由老师负责，学生的互动与互评也完全在课堂上直接进行。

在研究后期，实验组技术问题基本已经不再出现，即便出现也很快能够得到解决。老师严格控制每一部分活动的时间，较好地完成了每节课的教学目标。但是，老师在讲解如何提问和评论对方时，可以做更深入的引导和探讨。而老师布置任务时给予学生的指示往往不够明晰，耽误了一部分时间。此外，搜索资料时，绝大多数学生不习惯于用中文关键词进行搜索；讨论时，尽管老师不时提醒学生尽量用华文搜索和讲话，但学生仍然有近一半的时间在用英语交谈；录音和口语呈现时，绝大多数学生还是按照稿子读。

（二）问卷调查

问卷调查一共进行了两次，第一次在研究之前，第二次在研究之后。比较前后问卷，在语言能力方面，实验组学生在感知自己的中文流利项目中获得较高的分数，表示其意识到中文的进步。在语言态度方面，实验组学生在“华语在我日常交际中很重要”“即使华语很难，我还是喜欢说华语”“我喜欢用华语讨论功课”三项中获得较高的分数，表示实验组学生意识到中文在日常沟通中的重要性，且在说中文的兴趣上有所提升，在用中文讨论家庭功课的态度上有所改善。

（三）聚焦小组讨论

聚焦小组讨论一共进行了两次，第一次在第一阶段结束后，第二次在第二阶段结束后。在第一次聚焦小组讨论时我们有以下几点发现，且在第二阶段立即做了修正，因而情况有所改善：

1. 第一阶段时间不足，准备时间很少，每次上课既要找资料，还要录音，时间特别赶。第二阶段每组都用课外时间约三到五小时，记录时间及工作内容等。

2. 第一阶段，播客中文件的存放很零乱。第二阶段学生在上传语音档时注意写清楚组别和姓名。

3. 第一阶段学生只会使用英文查找资料，找到的资料要翻译成中文，翻译花掉很多时间，且有的组员不会翻或翻不好，要靠组长修正。第二阶段老师指导学生用中文关键字查找资料。

4. 第一阶段学生太依赖讲稿，照着稿子读。第二阶段一些学生只写提纲和重点，依提纲和重点来自行发挥，有部分学生能够创造语言。

有些在第一次聚焦小组讨论时就被发现、但来不及修正的问题,下面提出并附上建议:

1. 用小组合作学习模式(非协作式)

学生 A:之前各自在家找资料,把稿写好,一人一个景点,再交由一位同学修改,课堂上讨论。

建议跳脱"分工合作"的模式,以"互动协作"模式来达到知识的建构。

2. 使用书面语:由于查找的资料多为书面语,学生在口语报告时多半照念,失去口语应有的自然流利。建议学生查找影音多媒体,加强以口语学口语的学习方式。

3. 主题不符合学生的喜好。建议与学生真实生活连结,要营造真实情境,且除了任务(task-based)外,要加入实作(performance-based)的要素。

整体而言,学生在第二次的聚焦讨论中的具体反映是相当正向的:

1. 同学们一致认为现在已经可以很熟练地使用播客录制、上载和存档,基本上不会遇到技术上的困难。

2. 大多数学生认为使用播客非常有趣。以下是学生讨论的记录:

学生 A:用播客上课,有时很有趣,让华文课的课堂没有那么闷(老师如果只用课本上课很闷)。

学生 B:我觉得学习华语也要学习语言上的表达,这种课程对我们来说还是很有帮助的,尤其是那些在家里不讲华语的人。

3. 大多数学生认为口头表达能力得到改善。以下是学生讨论时的记录：

学生 A：通过 3 至 5 次的录音，还是有一些进步的，关键是同学们对自己的华文更加有信心了。

学生 B：感觉表达能力稍稍变好了一些。

学生 C：有进步，尤其是两位从英语家庭出来的同学。

学生 D：是有帮助的，因为我们用华语呈现 ppt，平时我们很少有机会用华语呈现的。我的组员很少用华语讲话，这对他们来说是很大的考验，他们也因此而进步。所以我觉得进步主要是对他们来说的。

学生 E：通过播客可以练习他们(那些华语程度不太好的同学)的发音，讲话比较顺畅。

学生 F：有时候我们说话会吞吞吐吐，以前我们都要看稿，花很多时间，通过这次的训练，我们只是写提纲，呈现时比较自信，评论别人时也可以从中看自己有没有犯一样的错误，可以学习到一些。

4. 大多数学生认为在播客上互评是有帮助的。以下是学生讨论的记录：

学生 A：我认为还是会有帮助，因为我们自己不知道自己的问题在哪里，听了别人说的才知道；另外，我们听了别人的评论，也可以学习他们的表达(尤其是中国同学)，让自己得到进步。

学生 B：我觉得他们的评价只会对我们的内容有用，对我们的表达没有什么用，因为很多人华语讲得不太好，没法学。

综合上述学生的口述资料，可知本研究对不同程度学生的口语能力都有助益，比如程度较差的学生能提升其发音的准确度与流利度，程度好的学生能提升其知识内容，故本研究能有效应用在差异教学上。

(四)教师反思记录

老师积极参与此校本研究,认为自身在研究、教学、信息和通信技术三方面都有所提升。首先,设计教学计划的能力有所改善;其次,学到一些研究方法和进行研究时要注意的事项;已经掌握了如何利用信息和通信技术(如博客、播客等)有效地进行口语教学。

老师也观察到研究期间学生的整体表现有所改善。首先,学生的口头表达能力得到了改善,现在他们说华语比以前更流畅、更有信心了;其次,学生在互动能力和回应普通话两方面有所改善,学生能够流利地表达自己并勇于在同学面前提出问题,不像以前那么犹豫和害羞;第三,学生获得了许多课外知识,特别是在市场行销产品以及青年奥林匹克运动会两方面。

(五)相关性分析(Correlations)

在相关性上,本研究有以下几点发现:

1. 觉得华语很重要的学生,在后测的表现就相对较好。

表 1-12 相关性分析(Kendall's Tau-b)

实验组		后测成绩	华语很重要
后测成绩	Correlation Coefficient	1.000	.353*
	Sig. (2-tailed)	.	.032
	N	25	25
华语很重要	Correlation Coefficient	.353*	1.000
	Sig. (2-tailed)	.032	.
	N	25	25

*. Correlation is significant at the 0.05 level(2-tailed).

2. 不喜欢使用华语讨论功课的学生,在后测的表现就较差。

表 1－13 相关性分析(Kendall's Tau-b)

实验组		后测成绩	不喜欢使用华语
后测成绩	Correlation Coefficient	1.000	－.409*
	Sig.(2-tailed)	.	.011
	N	25	25
不喜欢使用华语	Correlation Coefficient	－.409*	1.000
	Sig.(2-tailed)	.011	.
	N	25	25

** .Correlation is significant at the 0.01 level(2-tailed).

3．即使觉得华语很难，还喜欢说华语的学生，在后测的表现就相对较好。

表 1－14 相关性分析(Kendall's Tau-b)

实验组		后测成绩	喜欢说华语
后测成绩	Correlation Coefficient	1.000	.508**
	Sig.(2-tailed)	.	.002
	N	25	25
喜欢说华语	Correlation Coefficient	.508**	1.000
	Sig.(2-tailed)	.002	.
	N	25	25

** .Correlation is significant at the 0.01 level(2-tailed).

4．自己认为华语说得较流利的学生，在后测的表现也相对较好。

表 1－15 相关性分析(Pearson Correlation)

实验组		后测成绩	华语的流利程度
后测成绩	Correlation Coefficient	1.000	.399*
	Sig.(2-tailed)	.	.048
	N	25	25
华语的流利程度	Correlation Coefficient	.399*	1.000
	Sig.(2-tailed)	.048	.
	N	25	25

* .Correlation is significant at the 0.05 level(2-tailed).

5. 喜欢在课堂活动中说华语的学生，在后测的表现就相对较好。

表 1－16 相关性分析(Pearson Correlation)

实验组		后测成绩	喜欢在课堂说华语
后测成绩	Correlation Coefficient	1.000	.479**
	Sig.(2-tailed)	.	.009
	N	20	20
喜欢在课堂说华语	Correlation Coefficient	.479**	1.000
	Sig.(2-tailed)	.009	.
	N	20	20

**. Correlation is significant at the 0.01 level(2-tailed).

以上发现，可帮助华语老师认识到教华语时要能引起学生的学习兴趣与动机，要协助学生认识到学习华语的重要性，并鼓励学生多开口说华语。

综上所述，本次研究目的已达成：学生能够用播客平台，以音频展示他们的介绍，并进行自我评价和互评。同时学生口语能力、学习华语的兴趣以及互动应对能力都有提升。

五 播客融入华文听说课程的交际沟通模式

语言的沟通交流有 3 种模式：人际关系模式(interpersonal mode)、理解诠释模式(interpretive mode)、表达演示模式(presentational mode)。①

由于此次校本研究以“表达演示”为主，其他两种模式需要加以融入，比如人际关系模式，要有角色扮演，且在真实情境里进行学习。又如理解诠释模式，宜指导学生用中文关键字查询

① National Standards in Foreign Language Education Project，1999.

相关资料，以避免出现翻译问题；且需注意书面语要改写成口语，才能贴近日常生活；要加入多媒体影音档资料，让学生直接学习真实语料。因此，下面提出播客融入华文听说课程的交际沟通模式——“校园小导游”的实作任务学习，作为参考。

首先，将课堂教学区分为任务前（pre-task）、任务环（task-circle）、任务后（post-task）三阶段。[①] 在课堂上完成前任务和任务环，利用播客平台来进行后任务学习。其任务内容有访客/游客（对象）、校园介绍（产品）、小导游职责与服务（实作），见图 1－10：

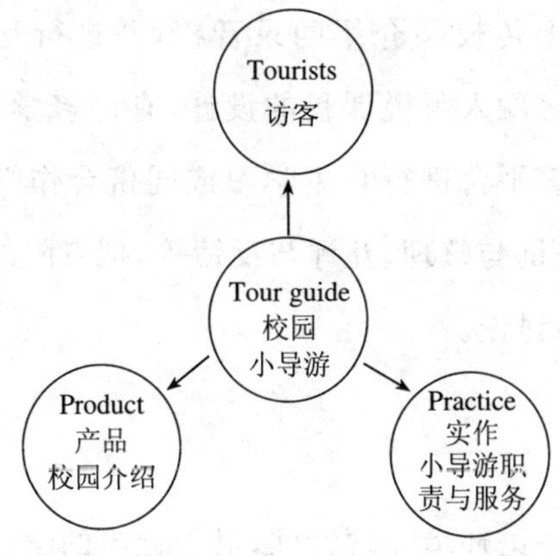

图 1－10　校园小导游的任务内容

依上述任务，结合三种沟通能力（人际互动、诠释理解、表达演示）设计三类小课，如表 1－17：

---

① Foster, P. & Skehan, P. The Influence of Planning and Task Type on Second Language Performance. *Studies in Second Language Acquisition*, 18, 1996.

Willis, J. & Willis, D. *Challenge and Change in Language Teaching*. Oxford: Heinemann, 1996.

表 1－17　校园小导游任务与 3 种沟通表达能力

小课 I 介绍校园任务（产品）	小课 II 服务访客任务（对象）	小课 III 职责任务（实作）
专业知识与技能 （关于校园的知识与介绍技巧）	服务对象与内容 （与访客的互动与服务）	职责性质 （对职责的理解诠释）
表达演示能力 Presentational mode	人际关系能力 Interpersonal mode	理解诠释能力 Interpretive mode

每一小课都有任务前、任务环与任务后的设计，依课堂内与播客平台区分出不同的学习活动，比如课堂上可以进行布置任务、引导练习、角色扮演、实地操作、讨论评分标准等活动；在播客平台则可以上传校园介绍的录音档，并进行互评反馈、修正等。故以上播客融入听说课程的设计，有许多学习行为可以在课堂外利用播客平台进行自主学习或同侪合作学习，如录制与上传、资料的查询与整理、互评与反馈等，把有限的课堂时间，用来分享、分析与讨论。

六　总结

新加坡的华语环境非常特殊，对于近半的学生而言，由于在家中不讲华语，他们必须以二语习得的方式来学习华语，这就突显了听说课程的重要性。然而，一般的中小学华语课程，无论在课程安排、教学活动设计、课堂教学、教材和时间上，都没有专为培养学生听说能力而设的课程。鉴于此，我们将此一校本研究作为先导研究项目，除了在进行时研究员与老师不断修正与改进外，我们还具体提出实作任务型的交际沟通模式，作为听说课程的参考。在此，我们也呼吁，各中小学能够运用 20%的校本课程来进行听说课程，以期学生能够在“毕业后继续使用母语和阅读母语书报”。

贰 多媒体口语教学①

一 前言

众所周知，新加坡是一个多元种族和多元文化的多语社会，主要用语包括英语、华语、马来语、淡米尔语以及各种语言的方言，堪称世界最复杂的语言环境之一。这复杂的社会语言环境也直接影响了课堂语言环境。自从新加坡在20世纪70年代末开始实施“英语与母语”双语政策之后，英文逐渐取代母语，成为第一语文的科目，并作为除了母语之外所有科目的共用语。华文教学也从第一语文转换成以第二语文为主的教学。与此同时，随着新加坡家庭语言环境的变迁，以英语为主要家庭用语的学生逐年增加。②

正因为社会语言和课堂语言环境的快速改变，新加坡从20世纪末以来，经历了四次全国性母语课程改革（1992年、1999年、2004年以及2010年），在课程内容、教材教法或测试评估等方面都进行了大小幅度不一的修订和调整。而在1999年，当时的副总理李显龙先生所领导的母语课程改革委员会就建议开设

---

① 本节选自陈志锐、林季华、林子薇、潘霖妮《通过多媒体资源进行显性句式教学，提高学生口语表达能力》，原载《第二届华文作为第二语言之教与学国际研讨会论文集》，2011年。

② 陈志锐《新加坡华文及文学教学：教与学之间的新磨合》，浙江大学出版社2011年版。

华文B课程(CLB),主要强调实际的口语互动能力,以照顾学习华文有困难的学生,并希望维系这群学生对华文及中华文化的兴趣。[①] 为了帮助CLB的学生学习语文,以及应用正确的语言进行有效的沟通,任课教师无不绞尽脑汁自行开发资源、制作教学课件,然而因为CLB的学生人数远远不及其他华文课程,教师也属于少数,所以适用的、可以分享的资源一直相对短缺。

从1999年到2010年,每年选修华文B课程的中学生与高中生数目逐渐增加到占华文课程学生的5%左右,[②]其中大部分来自讲英语的家庭,还有其他母语是非华语的外国学生或异族学生。根据新加坡华文教研中心的CLB研究团队与不同学校的CLB学生的访谈,他们大部分在校的华文成绩是所有科目中最弱的,在使用华语与他人进行口语交际时,也面临沟通障碍。这群学生对华文学习大多不感兴趣、缺乏自信,有些甚至对华文课存在恐惧感。根据CLB研究团队的讲师、特教以及研究员2010年与多位CLB教师访谈的结果,教师期待的CLB教学资源包括贴近学生的有趣教材、录像光碟、动漫、教师手册以及学习单等。同时,他们也期待有适合CLB课程和学生背景的相关培训。

二 研究问题与目的

正因上述CLB的实际情况,新加坡华文教研中心于2010

---

① Ministry of Education, Singapore. Press Release: Refinements to Mother Tongue Language Policy, http://www.moe.gov.sg/media/press/2004/pr20040109.htm (accessed 2 Jan 2011).

② 从2001年至2009年期间,O水准选读华文B的学生比例确实增加了,从2%上调到4%。在某些学校里,修读华文B的人,有越来越多的趋势。见《联合早报》(2011-02-06)。

年初正式成立了 CLB 研究团队，开展校本的设计型研究（Design Experiment）和资源开发的工作。所谓的设计型研究，是在真实的学习情境中，研究者与实践者合作，反复分析、设计、实施与开发，同时，设计是随着研究的进行而调整与变化的。

CLB 团队在 2010 年开展的先导性研究在两所中学（一为传统英校，一为邻里学校）的 CLB 班级展开，以中学一年级 CLB 课程的学生为对象来进行研究。研究问题有二：一是通过显性句式教学，是否能提高 CLB 学生的口语表达能力；二是通过多媒体资源，如何提高 CLB 学生的口语表达能力。

要了解句式教学，就必须先知道什么是句式？句式是根据句子的结构意义和结构特点而总结出的句子的典型结构和形式，简单地说，我们熟悉的"虽然……但是""因为……所以"都是比较固定的句型。研究的假设是从句式教学入手，可以让学生通过句式的学习掌握句型的结构意义和词汇意义，学会运用相对固定的句式，进而养成应用能力和习惯。而强调显性的句式教学是为了清楚地让师生都有具体的习得目标，同时对组织学生进行操练和活用都特别有用。另外，研究之所以突显句式教学，而且是显性的句式教学，也是配合了新加坡教育部 2010 年母语改革委员会的意见："There will be more systematic teaching of oral vocabulary and sentence structures to develop students' foundational language skills。"①

通过干预手段——显性句式教学，研究的教学目标是希望

① 2010 MTL Review Committee, Executive Summary of Recommendations, Singapore: Ministry of Education, 2011.

能够提高学生的句式意识,进而增强其语言能力,并改变他们的语言态度。除了提升学生的口语交际能力,我们更希望协助他们在日常生活中运用正确的句式和语言进行有效的沟通,从而激发他们学习华文的兴趣和信心,克服他们对学习华文的恐惧感,以及经过访谈整理出来的共同问题,见图1-11:

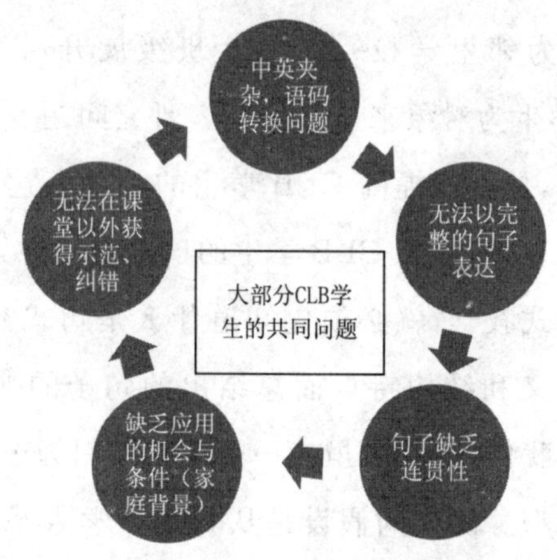

图1-11 CLB学生的共同问题

与此同时,研究也有一个重要的产出目的:研发一套多媒体资源。这套新加坡华文教研中心和教育部课程规划与发展司合作开发的多媒体资源希望采用贴近中学生生活的题材作为教学内容,有意识地于剧本中嵌入句式,并在这些句式的基础上,进行一系列沟通式、任务型的显性句式教学和课堂实践。

总的来说,研究的设计首先是通过显性句式教学为主要的教学干预内容,并以课堂的具体教学策略作为干预的策略,以多媒体资源为应用资源,最后期待能够达到学生口语表达能力提升的干预目标。

CLB课程学生的中文水平参差不齐,因此通过课堂实践,研究团队也希望能够收集教学实例，寻找有效可行的教学策略与教学步骤，作为 CLB 课程教师培训的资源，同时也可优化教学配套和教案设计。

三　文献综述

（一）语言输入与语言输出

近年来，不同学派的研究者对第二语言习得，包括语言教学中语言的输入和语言的学习环境等因素做了大量的调查与研究。这些研究中有关语言习得的基本条件①、语言输入的内容②、语言形式特征如何引起学习者的注意③以及如何使语言输入转化为学习者的语言输出④。这一系列的理论研究结果为课

---

① White, L. Adverb Placement in Second Language Acquisition: Some Effects of Positive and Negative Evidence in the Classroom. *Second Language Research*, 7, 1991.

Trahey, T. & White, L. Positive Evidence and Preemption in the Second Language Classroom. *Studies in Second Language Acquiesition*, 15, 1993.

② VanPatten, B. & Sanz, C. From Input to Output: Processing Instruction and Communicative Tasks. In F. Eckman, D. Highland, P. Lee, J. Mileham & R. Weber (eds.), *Second Language Acquisition Theory and Pedagogy*. NJ: Lawrence Erlbaum Associates, 1995.

③ Long, M. Focus on Forms: A Design Feature in Language Teaching Methodology. In K. de Bot, R. Ginsberg and C, Kramsch (eds.), *Foreign Language Research in Cross Cultural Perspective*. Amsterdam: John Benjamins, 1991.

Doughty, C. & Williams, J. (eds.) *Focus on Form in Classroom Second Language Acquisition*. Cambridge University Press, 1998.

④ VanPatten, B. *From Input to Output: A Teacher's Guide to Second Language Acquisition*. New York: McGraw Hill, 2003.

Swain, M. Three Functions of Output in Second Language Learning, In G. Cook and B, Seidlhofer (eds.), *Principle and Practice in Applied Linguistics*. Oxford: Oxford University Press, 1995.

堂教学者带来了新的理念、教学方法与教学反思。[①]

促进教学的语言输入转变为语言学习者的语言吸收，要建立在对语言输入如何转变成语言输出的认识上。这包括三个关键的因素：一是在语言的输入内容上下功夫，二是在输入方式上努力，三是采取灵活多样的互动形式帮助学习者消化吸收。输入内容要以意义为基础，易懂理解（comprehensible input），有选择地提供适合学习者水平的语言形式，Savignon 提出了语言交际应该包括理解、表达、语义协商沟通。语言的输出，即学习者的表达。[②] Swain 提出仅有易懂输入不足以使学习者的语言表达能力达到高水平，应该提倡强化性的可理解输出（pushed output and comprehensible output），给学习者提供机会，创造语境，促进他们的语言表达。[③] 因此，输出在句法和语法的习得中具有潜在的重要作用。[④]

以上这一系列的理论研究结果为课堂教学者带来了新的理念、教学方法与教学反思。以往，语文教学强调把语文当作一个教学的科目，教师的聚焦点是"教"，从教师的角度出发考虑"教什么"与"如何教"。至于学习者如何学，即"有教就一定有学吗"

---

① 王宇航《国际英语作为第二语言词汇习得研究对于新加坡华文词汇教学的启示》，载陈志锐编《华文作为第二语言之教与学：行动与反思》，南京大学出版社 2011 年版。

② Savignon, S. *Communicative Competence: Theory and Classroom Practice*. Reading, Mass.: Addison Wesley, 1983.

③ Swain, M. Communicative Competence: Some Roles of Comprehensible Input and Comprehensible Output in the Development. In S. Gass and C. Madden (eds.), *Input in Second Language Acquisition*. Rowley, MA.: Newbury House, 1985.

④ Swain, M. Three functions of Output in Second Language Learning. In G. Cook and B, Seidlhofer (eds.), *Principle and Practice in Applied Linguistics*. Oxford: Oxford University Press, 1995.

这个问题被忽略了。相关的二语教学理论给语文教学者带来的思考是如何从学习者的角度出发。教学必须建立在“学”的基础上，考虑学生的现有水平、知识背景、学习方式、学习动机和情感因素。教学内容必须是学生能理解的，教学活动是学生能参与并积极投入的。以上讨论正是新加坡语文教师必须思考的问题，尤其是新加坡的CLB教师，他们面对的是一群背景特殊、语文程度较差、缺乏学习动机的学习者。教师要探讨的是在实际的课堂中要如何增加学习者的语言输出，如何让教学变得有意义，被学习者吸收。要促使学习者产出语言，则应采用任务型的活动，促进学习者积极参与，自觉学习，大幅度输出。①

（二）任务型教学

任务型语言教学（Task-based language teaching）指的是一种以任务为核心单位计划、组织语言教学的途径。② 任务是一个活动，它要求学习者为达到某个目标而使用语言，并在使用中把重点放在意义上，选择该任务是为了给师生提供有助于他们学习的信息。③ 交际法的发展和第二语言习得研究成果是任务型教学的两大理论来源。④ 任务型教学还反映了建构主义的学习观和认知观，主张让学生在“用中学”，课堂活动用任务的形式来呈现。⑤

---

① 温晓虹《汉语作为外语的习得研究》，北京大学出版社2008年版。

② 魏永红《任务型外语教学——认知心理学视角》，华东师范大学出版社2006年版。

③ Ellis，R. *Task-based Language Learning*. Oxford：Oxford University Press，2003.

④ 程晓堂《任务型语言教学》，高等教育出版社2001年版。

⑤ 吴中伟、郭鹏《对外汉语任务型教学》，北京大学出版社2009年版。

Ellis提出了任务型语言教学的8个原则,包括:确保适当的任务难度水平、每一课有明确的目标、使学生对于完成任务有明确的定位、确保学生在任务型课堂上积极主动、鼓励学生敢于冒险、确保学生在完成任务时主要关注的是意义、提供给学生关注语言形式的机会以及要求学生评价自己的能力与发展。[①] 在实施任务时,教师调整自己的心态、角色意识与对学生的期待。教师成为学习的计划与组织者,学习方向、指导和资源的提供者,言语和语言相关行为的示范者,开展活动的协作者,为学习者提供恰当反馈的评估者和记录者。[②] 关于任务型的教学过程,各学者的观点大同小异,大致可以概括为:前期阶段(任务前)、展开阶段(任务中)和反馈阶段(任务后)。[③] 任务型教学并非只强调口语的流利而放弃语言的准确。Long指出在任务前和任务后是有意识地学习语言的形式,而在任务中是注意语言的形式。[④] 任务型的教学提供了明确的教学过程。因此,CLB团队也以此模式为依据,设计教案,建构以"学习者为中心"的课堂,通过小组任务、个人任务及多样化的课堂活动,让学生投入语言形式的学习。教学过程分三个阶段,主要希望通过先例、后说、再练,让学生能够循序渐进,学习正确的语言形式,最终能将知识转化为技能。

---

① Ellis, R. *Task-based Language Learning*. Oxford: Oxford University Press, 2003.

② 龚亚夫、罗少茜《任务型语言教学》(修订版),人民教育出版社2006年版。

③ 吴中伟、郭鹏《对外汉语任务型教学》,北京大学出版社2009年版。

④ Long, M. Focus on forms: A Design Feature in Language Teaching Methodology. In K. de Bot, R. Ginsberg and C, Kramsch (eds.), *Foreign Language Research in Cross Cultural Perspective*. Amsterdam: John Benjamins, 1991.

任务型语言教学的资源可说是无所不在，学生的经历是任务素材的主要来源，任务的材料还可以来自报纸、书刊、电视广播、互联网等各方面。① 任务可以来自讲话和谈话、故事、通知、动画片、漫画、采访、口述、新闻摘选、图片、歌曲、菜单、节目单、履历表等。② CLB团队在设计教学资源时，考虑了学生的先备知识，通过不同的形式呈现贴近生活的语料，所以可以说这些教学资源是为新加坡的CLB学生“量身订制”的。

四 研究过程

（一）资源开发过程

21世纪是个电子科技时代，视频媒体成了孩童日常生活中主要接触的媒介，而多媒体资源也成了校园与家庭里不可或缺的学习资源。“多媒体的‘多’是多种媒体表现、多种感官作用、多种设备集成、多学科交汇、多领域应用；‘媒’是指人与客观世界的中介；‘体’是说多媒体的综合、集成一体化。”③从20世纪末新加坡教育界资讯科技总蓝图1（IT Masterplan 1，MP1）开展以来，新加坡大部分的教育工作人士已意识到科技在课堂教学里的重要性，有关单位也在教育政策上进行了改革与调整。新加坡的教育工作者不仅把科技带入各个学校，更大力推广多

---

① Gardner, D. & Miller, L. *Establishing Self Access from Theory to Practice*. Shanghai Foreign Language Education Press, 2002.

② Brown, D. *Principles of Language Learning and Teaching* (3rd edition). Prentice Hall, 1994.

③ 刘俊强《新课程教师教学技术和媒体运用能力培养与训练》，人民教育出版社2003年版。

媒体资源的运用,并投入大量资源开发多媒体来辅助教学,主要是为了配合现今孩童的学习模式、兴趣及实际需求。

新加坡教研中心受教育部委托制作的CLB资源,其中包括五个多媒体录像和教学实况录像,还有一本教师手册以及练习单等。多媒体教学录像必须配合有效的教学步骤,才能够达到有效的教学效果。然而,少数在职教师对多媒体教学资源仍抱有怀疑的态度,而对于不熟悉多媒体资源操作的教师而言,这也是个挑战。科技走入了课堂,为教育界带来革新的局面,但也造成教育者对多媒体教学资源形成两派看法。倡导使用多媒体资源的支持者认为多媒体能够为课堂注入新生命,让教学更加多元化,符合21世纪的要求。另外一些人则认为多媒体教学资源对教学有干扰,有技术上的不便与麻烦,有时一堂课上下来主要在处理繁琐的技术问题,却没有达到教学目标。①

因此,在开发资源时,我们必须认真考虑运用多媒体教学资源的长处与短处,尽量扬长避短。科技为了服务于教育者和学习者,要为双方带来最佳的教学和学习效果。首先,多媒体教学资源的内容必须符合学习者的需求,呈现方式必须新颖有趣,才能够抓住学生的注意力。另一方面,其操作程序必须简化,为教师带来便利而不是麻烦,有效地减低教师的负担。

CLB团队尽量把握这两大原则进行研发教学资源的工作。其中,团队撰写的教师手册让教师能够跟着严谨的教学步骤进行课堂教学,以便达到最佳的教学效果。团队拍摄的实况教学

---

① John, Peter D. *The Digital Classroom Harnessing Technology for the Future*. London and New York: Routledge, 2008.

录像为教师提供真实案例,让教师对课堂教学的流程有更加清楚的概念。总的来说,团队在开发资源时有三点考量:

1. 符合学生兴趣及口味,配合 CLB 学生语言水平

在设计课程内容方面,必须符合学生的学习兴趣。学生必须和所学内容产生共鸣,才能够更好地吸收所学。内容需要涉及学生感兴趣的事物和周遭熟悉的环境,才能够更好地达到学习效果。如果学生在没有先备知识的情况下学习语言,就肯定对教学内容感到陌生,而承载这些内容的语言文字就会变得毫无意义,也很难被其有效吸收。[①]

因此,在设计教学内容的过程当中,团队特别考虑到 CLB 学生的学习兴趣和语言程度。所涉及的教学内容和学生日常生活以及学习兴趣相关,同时又与 CLB 课本的大方向和主题切合。最后经过团队筛选的主题是:网上交友、旅游、社区服务、体育活动和新加坡美食(见表 1－18)。除了动漫的"社区服务"的主题之外,另外四个主题是通过四个录像来表现,而角色由三位年轻人来扮演。他们的角色个性鲜明,是为了让学生对剧中人物和发生在他们身上的戏剧冲突有更深刻的印象。我们期待学生通过录像建立起来的情感意识主要与现今青年人关注的问题相关,所以鼓励学生对这些时下的课题进行反思。学生们除了要学习语言,也必须能够针对课题发表意见。这不仅强调知识的输入和累积,更强调知识的输出和创新。

---

① Tomlinson, Brian Materials Evaluation. In Tomlinson B., *Developing Materials for Language Teaching*. London: Cromwell Press Group, 2003.

表 1－18　CLB 多媒体资源内容大纲与主题

录像	内容	主题（配合课文）
《原来是你》	志达和世明来到同一家咖啡厅。志达约了世明出来，想要他帮忙。志达冒用世明体育健将的身份在网上认识了一名网友。那名网友想和志达见面。怕被揭穿的志达于是想向世明求救，多了解一些有关运动的事。 恺恩在青奥公园等待网友出现时，碰巧遇见了三年不见的小学同学世明。两人开始聊起来，世明把志达在网上交友和向世明求救的事也说了出来。这时恺恩找了借口去打个电话。同时世明的手机响了。银幕上显示着志达的网友的代号。世明接听后，转身一看，发现志达的网友竟然是恺恩。	网上交友
《志达的旅游梦》	志达看着朋友的班机在时程度表前显示着"延误"两个字，无奈地叹了一口气，然后便四处寻找一个可以等待的落脚处。志达一边走着，一边从书包里拿出一本日本漫画。经过机场咖啡厅时他看到一名日本女孩爱佳正用华语和店员交谈。志达目睹了这一切，想进一步和这位来自日本的朋友交流。	旅游
《售旗日》（动画）	恩迪和达伟是童子军。他们两人在街上售旗。 恩迪为了拿到徽章积极售旗，而达伟希望售旗活动快点结束。接着，两人为了一桩小事争吵。突然，一名老婆婆在两人面前摔了一跤。恩迪和达伟不计前嫌，一起帮助老婆婆。他们和老婆婆对话，也意识到帮助他人的意义何在。	社区服务
《我是小记者》	恺恩是学生报的体育通讯员，为了收集校刊新题材，去采访学校的篮球队队员。一向与体育活动沾不上边的志达因为想要拍照，也跟着去了。他对于这次的采访内容并不是很感兴趣，不过却在和篮球健儿耀明交谈后以及在恺恩的提醒下，决定要学习耀明那种"坚持到底"的体育精神，在摄影方面好好下功夫，成为一名专业的摄影师。	体育

（续表）

录像	内容	主题（配合课文）
《美食天堂》 	来自日本的三浦爱佳来到新加坡，找了志达和恺恩当她的导游。由于爱佳逗留的时间不长，除了想到处逛逛外，更想尝尝新加坡的美食。志达和恺恩便带爱佳到博物馆，然后再到熟食中心品尝美食。 在熟食中心，志达和恺恩仔细地向爱佳介绍了各式各样的本地食品，使爱佳短暂的逗留成为一趟美食之旅。	美食

2.感官效果

录像和动画两大资源的开发，主要是为了刺激学生视觉及听觉两大感官，让学生通过有趣、活泼的模式习得语言。为了达到最好的视觉、音色效果，开发资源小组与专业的拍摄小组共同研发教学资源配套，以达到感官刺激的效果。开发资源的CLB团队在内容上进行严格把关，确保录像里出现的画面在有趣味的前提下，也能够符合教学的需求。

例如：动漫制作人员必须考虑到新加坡多元种族的社会环境，并以此设计不同种族的角色。其中会说华文的异族同胞，应符合实际生活的情况。另外，录像里的年轻人形象虽然鲜明，穿着尺度方面也必须把握得当，不可以过于暴露。再者，一些细节也要考虑，例如短片中手机的响声需要跟得上时代，符合时下年轻人熟悉的手机旋律。种种的细节考量都是为了让学生在学习语言的模拟语境中能够感受到符合现实情境的感官效果。

3.确保操作方便

另一方面，CLB团队也和两所学校的教师配合，探索多媒体教学资源的可操作性。团队将观察、记录教师们在课堂运用资源时所碰到的技术问题。这可以确保教师们在熟悉多媒体资源运作模式时,也不会因为技术问题面对不必要的麻烦。

多媒体教学资源在技术运作模式方面,也配合显性句式教学而设计相关操作模式。例如在录像里的"句式复读功能",是为了方便教师反复点击、凸现句式,让学生能够跟着操练句式,巩固学习效果。

为了减轻教师们备课的负担,小组也为教师提供课堂上所需要运用的资源。例如课堂上经常使用的微软简报,还有学生运用的评估表。小组为教师们提供印刷版和光碟版的资源,让教师在最便利的状态下进行课堂教学。教案也是在显性教学及任务型教学理论的前提下编写的,让老师在严谨的理论背景框架下进行教学。

(二)研究设计

新加坡华文教研中心的 CLB 研究团队为显性句式教学的研究设计了以下的研究流程,基本包括 8 个步骤:

1. 访谈:研究团队针对两个中学中一 CLB 学生和教师进行访谈,了解教师过去对显性句式教学和口语教学的经验、认识和看法,以及学生对华文口语课的态度。

2. 前测:通过口试(看图说话),以及笔试(利用所提供的句式看图写短语),调查学生的整体语文能力与口语能力。

3. 培训:研究团队利用多媒体光碟来引导并培训即将授课的 CLB 教师。

4. 教学:教师利用多媒体资源进行课堂显性句式教学,让学生对句式产生认识并开始应用,目的是希望可以循序渐进地从句式意识的建立,到单句的了解与使用,再进入到段、对话以及访谈中的句式应用。其中的课堂活动与任务是多样化的，包括游戏、角色扮演、课堂呈现、生生交流等。在教学过程中，任务型学习与促进学习的评价是紧密结合的，重视反馈与改进，后任务则重视语言聚焦。有关教学设计的细节可见下面的“教学设计”。在教学过程中，研究团队则进行课堂录影、录音与观察。

5.反思与调整：研究团队与教师进行课后讨论、协助教师进行教学反思。之后研究团队为接下去的研究调整教学设计。

6.后测：后测是与前测模式相同的口试与笔试，内容也相近，目的就是调查学生整体语文能力与口语能力是否有进步——其中会特别注意句式使用的次数与准确性。

7.访谈：研究团队再次与学生和教师进行访谈，了解教师对显性句式教学和口语教学的认识和看法是否有不同，以及学生对华文口语课的态度是否有转变。

8.分析、总结：根据前测、后测、访谈以及观课，以定性分析的方式来探讨显性句式教学对口语学习的成效，并回答所研究的问题。

对教师而言，更重要的是教学设计的可操作性和成效性，下面将针对上述 8 个步骤中的步骤 4 加以详述。

（三）教学设计

在课堂教学方面，我们清楚地把课型设定为“听说课”，其中特别注重培养学生的口语交际能力。最终的目的是希望利用多媒体教学资源，提供贴近实际生活的情境，引导学生聆听与说话，最终提高学生应用语言的能力。

为了配合新加坡教育部改革的大方向，CLB 小组参考了教育部编写的教材，和教育部课程规划与发展司在句式方面进行讨论。这是为了确保“编制教学软件的直接目的是为了教学，要有明确的目的……要符合学生的认知水平”。[①]

首先，相关句式（或者所谓语言定式）的选择是经过几方面的考量与协商而订立下来的。这其中包括参考新加坡教育部中学 CLB 2011 年的新课程框架与新课本、国外华文作为第二语言的课本与教师手册（例如《飞向中文》《你好》等课本），与学校 CLB 教师和学生进行访谈，直接进入 CLB 教室观课和记录。之后，为了让 CLB 学习者掌握这些语言结构，培养语言交际的基本能力，我们在不同的剧本中介绍了三到四个不同的句式（见表 1－19），而这些重点句式在该剧本中最少复现三次。同时，我们也刻意在五个录像的剧本中重复之前所学过的句式，以期学生达到温故知新、巩固所学的效果。

表 1－19　CLB 多媒体资源所突显的句式

录像	句式
《原来是你》	• 对……感兴趣 • 几乎……都 • 是不是
《志达的旅游梦》	• 自从…… • 动词＋过 • 原来……
《售旗日》（动画）	• 为了……（一定要）/（我们需要） • 到底（应该）

① 刘俊强《新课程教师教学技术和媒体运用能力培养与训练》，人民教育出版社 2003 年版。

（续表）

录像	句式
《我是小记者》	·……怎么…… ·大概、差不多 ·其实……
《美食天堂》	·能不能+动词？ ·是不是 ·还是、比较 ·只要……就

其次，在这些句式的基础上，我们以“任务型教学”为框架，体现以学生为中心的教学，让学生“在做中学，在用中学”。任务型的教学基本上是通过任务前、中、后三个阶段，提供“支架”让学生积极参与学习、应用语言。[①] 表1－20显示CLB团队设计的一项前期、核心与后期任务，以及其中的教学目标与活动。

表1－20　CLB显性句式的任务型教学框架

阶段	目标	课堂教学活动	备注学习鹰架
前期任务	·关注篇章中的语言定式或句式 ·了解所选定式的语言功能 ·能够通过语言定式进行情景中的交流	1.教师遇到语言定式或句式至少重复三遍 2.教师利用ppt突显语言定式，通过例子阐述定式的语言功能（先例） 3.教师提供至少两句利用定式所进行的对话，以及使用该定式的生活情境（后说） 4.在教师假设的生活情境中，学生分成内外圈利用定式进行二人对话 5.每三分钟后，外圈学生向顺时针方向移动，学生与另一位同学进行定式对话（再练） 6.学生与全班分享所听到的句子，教师和学生共同点评，看句子是否正确	·语言定式的语言功能 ·使用定式的普遍情景 ·定式的扩展例子

① 陈志锐《新加坡华文及文学教学：教与学之间的新磨合》，浙江大学出版社2011年版。

（续表）

阶段	目标	课堂教学活动	备注学习鹰架
核心任务	·关注短片中的语言定式 ·了解所选定式的语言功能 ·能够通过语言定式进行情景中的交流	1.教师就多媒体短片主题和学生进行口头讨论，引起动机 2.教师如常播放短片，要求学生仔细观看，记住角色的对话 3.教师第二次播放短片，但是把声音去掉，让学生二人一组，在小组内进行配音（2 和 3 的顺序可以颠倒，产生教学的变化） 4.教师询问小组，记得多少内容和语言定式/关键词汇 5.教师利用 ppt/板书强调语言定式，通过例子阐述句式的语言功能，每个句式至少重复三遍（可包括扩展例子） 6.教师再次就主题和短片中的内容讨论点与学生进行口头讨论，这次刻意加入语言定式 ·教师提供至少两句利用定式所进行的对话，以及使用该定式的生活情景 ·在教师假设的生活情景中，学生分成三人小组利用定式进行对话 ·每五分钟后，学生换组，与其他两位同学利用定式的对话 ·学生与全班分享所听到的句子，教师和学生共同点评，看句子是否正确	·语言定式的语言功能 ·使用定式的普遍情景 ·定式的扩展例子 ·学生自主使用语言定式的创作
后期任务	·口头应用所学课本/多媒体短片中的语言定式 ·书面应用所学的定式，进行写作	1.教师利用 ppt 展示课文原文以及短片剧本，要求学生说出所学的语言定式及其功能 2.教师利用 ppt 展示到目前为止所累积的句式 3.教师提供一个与课文/短片相关的生活情境，要求学生利用语言定式进行对话练习（学生可以从对话开始写起，或者直接就进行情境描述） 4.教师再次利用 ppt 展示课文或短片剧本，把语言定式和重要词汇以不同颜色标出，让学生利用词汇/句式进行语段仿写 5.学生二人一组，向对方读出个人所写的段落，教师巡视，给予协助 6.只要语言定式和词汇正确，学生的创意答案应被允许和鼓励	·词汇/句式清单（提供词汇、句式、读音、用法） ·互评评分标准

在使用以上框架的时候，教师必须非常清楚听说交际技能等方面的学习重点，通过观看录像训练听技，并与交际式的说话技能紧密挂钩。根据以上流程，我们期望教师有意识地先进行视听教学，观看多媒体录像，也可利用录像光碟中的“句式复读”功能，进行教学与操练。所谓的“句式复读”功能，就是特别从录像中摘选出来的带句式的录影片段，再配以字幕，让观看者点击功能键就能方便观看。之后，教师可以再利用我们的教学策略的建议来训练学生说话、交际等能力；如此循序渐进，将能够更好地培养学生口语的交际能力。

值得特别注意的是，以上的教学设计遵循两个原则：第一是“先例，后说，再练”的原则：意思就是首先提供句式的例子，让学生对实际语境中的应用情况有初步认识；之后才深入浅出地说明使用规则、原理和方法；最后再让学生练习句式、产出个人的情景，巩固所学。如此一来，学生会对学习的重点有初步的认识，之后进行说明与练习的时候就事半功倍了。通过这样的过程，学生逐步掌握知识，最终将知识内化、转化为语言能力。

第二个原则是注重学习过程与形成性的评价（formative assessment）。学生利用评量表进行互评与反馈，进一步深化语言学习要素。教师也能通过形成性评价了解学生的学习进展，提供学习支援，调整教学进度。

（四）研究成果分析

研究团队通过三个角度（包括教师、学生和观察员）进行资料的定性分析和总结，并以此来进行研究结果的三角验证（见图1－12）。

首先，在语言习得的部分，学生的后测访谈和笔试显示，有

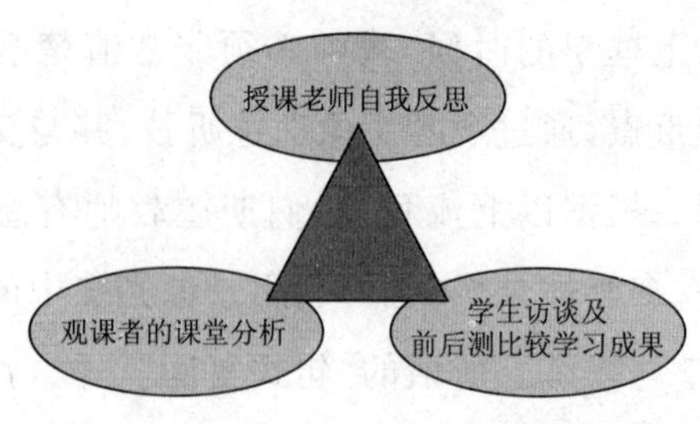

图 1-12 研究的三角验证

至少半数的学生表示习得了新的词汇和句式，而这也包括句式的实际使用。这说明了显性句式教学对于大部分学生对自我语言学习情况的评价来说，还是正面、有效的。在被要求使用句式造句时，学生多以最后一课的《美食天堂》中所突显的“还是”和“比较”的句式为例。当然，这主要是因为学到该句式的时间离访问的时间最近。虽然学生笔试的时候，大部分可能写不出来，但从口试和访谈中，我们可以知道大部分的学生看到所学过的词汇时，可以知道其正确的意思。甚至有些学生已经意识到学习句式能帮助他们组成句子，使句子更完整。

其次，在学生的学习困难方面，研究团队发现在前测的时候，学生最大的困难多半是读写能力较差，听说能力优于读写能力，其次是沟通上有困难。而在后测的时候，学生遇到的困难就比较集中，主要是字不会写，而学生看到学过的字词和句式，已经可以知道其意思，只是无法写出来；或是学生本身已知的词汇，可以说出来，但无法将之转成文字写下。

初步总结是，学生在读写能力方面尚未有较明显的提升，但由于教学过程特别突显句式，大部分学生对于学过的词汇和句式已经产生一定的印象。甚至有部分的字词和句式已经内化，成为少数几个学生的心理词汇和句式。当然,也有少部分程度较低的学生表示词汇太多无法记住,以及不知道如何把词汇嵌入句式当中。从以上研究结果可见,对于绝大部分的学生而言,显性的句式是恰当的基础,也是有用的鹰架。当然,教师在进行句式输入时,也必须注意到是否需要其他的鹰架,例如相关词汇的配合与教导。

第三,在学习习惯上,研究也发现一个比较明显的改变:由于强调口语的听说能力,学生在课堂上讲华语的机会增加,且更易听懂教师的指示与讲解。同时,在学校内使用华语的情形,不管是在课内或课外,均已变多,且句子和词汇的使用变得较流利。当然,这只说明课堂内使用华语明显地比课堂外多,特别是在课内,若对方说华语,则更常用华语回答;但是对方若说英语,则仍然以英语回答。在教室以外使用华语的情况没有大改变,一成的学生认为和先前没有差别,其他学生在家说华语的情形可能维持原状或是增多一些,幅度未有明显的增加。

此外,由于教学过程有目的、有针对性地强调口语的输出,所以当学生遇到不会写的字时,都会比较主动地开口询问教师。除了研究员的观察,学生接受访谈也有类似的自觉:有三成的学生认为课程提高了他们说华语的信心,因此增加了使用华语的次数。程度较差的学生则认为自己口语输出能力可能没有太大的改善,但听力方面有进步。写的部分则需要花更多的时间练习。所以我们可以说学生听说次数的增加和强调,直接影响了其听说习惯的逐步养成。

第四,学生和教师都反映,和现在的课程比较,先前的课程重点较不清楚。学生感受到现在的显性句式课程比较有针对性，比较有真实性，课堂活动多元、丰富、有趣。学生对于教师的教学内容，则多半没有什么意见，但从访问的内容可以感觉到学生比较喜欢丰富及多样化的课堂活动，更期待和同学之间有多一点的交流和互动，且乐于吸收各个领域的知识。

最后，教师和学生的个人反思也非常正面和积极，肯定了显性句式教学对口语学习的效果。例如，其中一名中一CLB教师在研究后反馈："CLB的学生实际上对华文较冷淡，而使用这些教学材料的反应还比非CLB班级学习的反应要热烈。"另一名则说："学生写作输出比预想中的还要好，文章长，并使用课文句式：为了……/到底该……。"至于学生方面，他们大部分都肯定新的教学法，例如接受后测访问时说"很容易记住老师的东西"，"学会怎么用句子去练oral（口语）"，"学会怎么link（连接）两个句子，使用connector（连接词）"，以及"学习句式比较容易造句"等等。

虽然以上的先导性研究仅是在两个学校的CLB班级里头进行的，学生人数还不足以进行大规模的定量分析，但是我们已经看到显性句式教学对于学生的强化口语输入（intensive oral input）和有效输出都有一定的正面效应，而且学生和教师对这个教学法还是非常肯定的。

五 总结

句式教学基本上都是符合交际和情景原则的。由于句式都先按口语要求编写，后来在课堂上进行的口语活动就可以说是在具体的交际情景中进行的。在我们的中学一年级CLB的试验教学里，显性句式教学与多媒体资源、课堂任务相结合，使得学生的学习态度与学习效果有了显著的改变与提升。除了学生口语能力明显提高,教师的教学目标也更清晰明确,其活用操练的形式更多样化,密度、广度和速度都更为适合 CLB 的学生。此套行之有效的教学策略和步骤也在媒体中获得了报道与肯定,2011 年 1 月 19 日《联合早报》就针对此项目访问了参与实验的 CLB 教师并进行了报道。

最后,研究员和课程开发员也通过这个先导性研究优化了教学配套和教案设计,收集了具体的教学实例作为 CLB 教师的培训资源。目前相关培训已经陆续展开。CLB 研究团队也已经进一步进行后续研究,期待能够使 CLB 多媒体教学资源更为丰富,而教学设计和策略也更多样化,更具差异性,以符合华文作为第二语言 CLB 学生的不同需求。

第二章

听力教学

第一节 现状与问题[①]

“听力课”是对外汉语教学中最重要的技能训练课之一，在华文教学中同样占有十分重要的地位。但是，在我们的教学中，听力教学常常得不到应有的重视。其原因一方面是人们对听力教学存在误解，认为“听”的只是日常生活用语，属于低层次的语言，在生活中就可以学到；另一方面，大部分华裔学生听力有一定的基础，而目前我们所使用的教材主要是针对外国留学生编写的，华裔学生学起来一般都会觉得过于简单，所以，学生对听力课缺乏兴趣和动力。因此，如何根据学生的学习特点突出教学难点、如何运用多种多样的教学方法和技巧搞好课堂教学，是目前华文教学听力课面临的一个课题。

一 华裔学生学习听力的优势和障碍

笔者对华侨大学40名华裔学生进行了一次问卷调查。并根据对调查结果的分析以及多年听力教学的经验，对华裔学生学习听力的优势和障碍做了以下的分析与探讨。

---

① 本节选自罗平立《华裔学生的听力教学探析》，原载《长沙大学学报》2002年第1期；罗平立《浅谈华裔学生初级阶段的听力教学》，原载《华文教育研究与探索》，华侨大学华文学院编，暨南大学出版社1998年版。

(一)优势

1.听力有一定的基础。根据问卷调查,我们发现,有87.5%的学生家长在家庭中使用汉语进行交流(包括方言);来中国之前就会听、会说一点儿汉语的学生占被调查人数的80%(包括方言),其中52.5%的学生来华前学过一点儿汉语。这些数据表明,华裔学生中相当多的人从小受到汉语或汉语方言的影响,这对他们学习汉语听力无疑是一种极有利的条件。在听话能力方面,华裔学生较之非华裔学生具有非常明显的优势。

2.文化差异较小。在第二语言学习中,文化背景知识常常成为学习者的一大语言障碍。它主要包括历史背景、语言习惯、风土人情、社会习俗等庞杂的内容。因文化差异产生的听力障碍常常甚于语音、词汇、语法等语言因素所带来的障碍。但华裔学生较之非华裔学生在这方面却具有较大的优势。这是因为,海外华人大多居住在华人比较集中的社区内,这些华人社区还保持着许多古老的中华文化传统。另外,大部分的华人家庭在伦理道德观念上也仍遵从着儒家思想的传统。因此,在这种文化氛围和教育环境中长大的华裔学生,在感情、文化和思维方式上和我们有着很多相通之处。他们在学习汉语时,对有关中华文化的内容有很强的感悟力和理解力,并且表现出很大的兴趣。这种对中华文化的感知和认同自然而然地渗透到语言的学习过程中,因而对汉语有着较强的理解能力。他们在学习汉语时,不容易因为文化背景的差异而产生障碍和误解。

3.年龄较小,接受能力强。问卷调查结果显示,目前来华学习的华裔学生平均年龄大约在18岁左右,这表明华裔学生大部分还处于青少年时期,这正是学习第二语言的关键期。这时他们的大脑思维还没有完全固定化，智力仍然处于发育阶段，所以具有较强的模仿能力和接受能力。

（二）障碍

华裔学生听力虽然有一定的基础，但汉语对他们来说毕竟是一种新的语言，所以，学习汉语听力同样存在着以下几方面的障碍。

1.生词。词汇是语言中最重要的信息载体，学生只有掌握了一定数量的词汇以后，才能理解听到的语音材料。听力课中的生词教学与阅读课的生词教学有很大的差异。阅读课中的生词一般是从学习字形开始，通过视觉记忆，建立字形与意义的联系。学生看到这个汉字就会联想到它的意义。而听力中的生词是以声音信号输入学生的听觉器官的，是不可视的，只能通过辨音来理解词意。并且听力中的话语稍纵即逝，对学生来说具有不可预知性和不可选择性。学生必须直接、快速地接受信息，不像阅读中那样可以慢慢记。如果卡在某个关键词上，常常会造成满盘皆错的结果。

2.语法结构。词汇并不是影响听力理解的唯一因素，语法结构也是听力理解的一个障碍。华裔学生跟其他外国留学生相比，因为语法结构而产生的听力障碍会少得多，尤其是初级班的华裔学生。这是因为华裔学生受父母方言的影响，听力有一定的基础，语感又好，加之目前我们所使用的听力教材大多是针对外国留学生编写的，语法规则和句型相对比较简单。所以，语法结构在初级阶段一般都不会成为他们太大的障碍。而到了中级阶段，随着课文内容难度加深，语法规则和句型也变得越来越复杂，华裔学生在听力方面的优势也会明显减弱，语法规则这才逐渐成为华裔学生的听力障碍。这些障碍一般出现在长句子或语段、语篇中。

虚词也是听力理解的一个难点。汉语属于分析型的语言，缺乏严格意义的形态变化。所以，虚词在汉语中起着非常重要的语法作用。汉语虚词种类繁多，难以掌握。留学生在学习汉语时，虚词始终是他们的一个学习障碍。虚词包括介词、连词、助词、感叹词等。不但本身意义难以掌握，用法上也常常复杂多变。

长句、语段中的关联词往往也是听力理解的难点。我们以往的教学常常以句子为中心，忽视了句子与句子之间的联系，这就使学生常常只能听懂里面的只言片语，而不能理解整段话的真正含义。某些复杂的句型也是华裔学生听力理解的难点，如把字句、被字句、双重否定句、反问句等。这些句型结合在一起，往往增加了理解的难度。

3.文化与社会背景知识。前文中我们曾提到，华裔学生长期生活在海外华人社区中，在学习汉语时不容易因文化的差异而产生误解。但这里所说的“文化”主要是指风俗、习惯、礼节等方面的文化内容。其实，汉语中的许多词汇本身就包含着特殊的文化因素。我们把这类词称为文化词。它们隐含在词汇系统、语法系统和语用系统中，即使是华裔学生也难以理解和掌握。

文化词中有一部分意义比较明显，较容易被学生接受、理解，如表现中国建筑、宗教、颜色、自然等方面的词语，像“四合院”“菩萨”“梅雨”等。而真正造成华裔学生听力障碍的是那些本身并不是文化词，但通过比喻、借代等修辞效应被赋予了文化意义的词语，如成语典故、惯用语、歇后语、俚语等。比如，中级听力课本中像“有门儿”“乱弹琴”“算是吃了定心丸了”“趁热打铁”“下台阶”这样的词语随处可见，如果不了解它们的深层含义，那必然会“失之毫厘，谬以千里”。

跟文化一样，社会、历史背景知识也是听力教学中的一个难点。如中级听力教材《现代汉语进修教程听力篇》（下册）第十三课《岳安林和他的妻子》中，出现了“四清运动”“出身”“民兵”“文化大革命”“里通外国”“抄家”“黑五类”“反动理论权威”等词语。如果对这段历史背景知识不了解，学生是无论如何也理解不了课文内容的。

二　目前听力教学中存在的问题

要上好华裔学生的听力课，就必须根据上文中提到的华裔学生的学习特点，在教学内容和教学方法上与之相适应。但是，目前国内关于听力教学的理论研究还比较薄弱，因此听力教学在内容和形式上还存在着一些问题。

（一）缺乏针对华裔学生编写的教材

听力教学不同于汉语及其他课程的教学，可以通过听、说、读、写等多种方法达到教学目的，听力课以听为主。所以，学生爱不爱上听力课很大程度上取决于所听的内容是不是生动有趣，是不是跟他们现有的听力水平相符合。目前，我们[①]所用的听力教材是北京语言大学 20 世纪 70 年代末编写的《初级汉语课本·听力练习》，它是我国最早编写的专门训练听力技能的教

① “我们”指“华侨大学华文学院”。

材之一。但是，这本教材主要是针对来华学习的外国留学生编写的，而华裔学生与纯粹的外国人学习汉语存在着相当大的差异。因此，这套教材对华裔学生来说并不特别合适，主要表现在以下几个方面：

1.语音练习内容过多

以《初级汉语课本·听力练习 1—2》为例，全书共 55 课，前 40 课语音练习约占 60%至 70%，后 15 课语音练习比重虽有所减少，但仍占 40%至 50%左右。练习内容主要是语音练习（包括划出听到的音节或短句；边听边给古诗、谚语或绕口令注音；用拼音听写句子等）和词重音、句重音练习两大类。这种听音练习对于学生识别语音是有帮助的，尤其是华裔学生，因受其父母方言的影响，语音带有明显的南方方言的特点。加强语音练习是完全必要的，但由于这种练习内容太多，听的时间过长，学生觉得枯燥乏味。另外，这种单纯的听音练习没法跟语境、情境结合，对学生的听力理解能力的提高帮助不大。比如，每课都有的注音练习，很多是给古诗注音，而这些古诗对学生来说有如天书，如《枫桥夜泊》："月落乌啼霜满天，江枫渔火对愁眠。姑苏城外寒山寺，夜半钟声到客船。"这样的古诗学生完全没法理解，只能进行机械的注音。而听力练习的目的，是通过让学生听大量适合他们语言水平的材料，培养他们的语感，提高他们的语言交际能力。教材中大量出现的这类注音练习，很难培养学生的语感；又因内容艰深难懂，需要反复地听，花费了大量的课堂时间。又如教材中约占 10%至 15%比重的重音练习，常常是要求学生用同样的句子标出不同的重音，并说出每句的含义。例如：(1)**今天**他不去医务所。(2)今天**他**不去医务所。(3)今天他**不去**医务所。(4)今天他不去医务所。华裔学生语感好，听力有一定的基础，这样的练习对他们来说毫无障碍可言，因而也就达不到训练的目的。

2.听力理解练习过于简单

理解词义、语义是听力练习最重要的一个环节。一方面所听的内容要和学生的听力水平相适应，另一方面又要设置一定的语言障碍，让学生通过猜测理解全句或全文的内容。这样，听力水平才能得到提高。但我们目前使用的教材的听力理解练习对于华裔学生来说，一是内容太少，二是程度过浅，学生觉得过于简单，学不到东西。这是因为这套听力课本是与汉语课本相配套的，其中的生词、语法大多已在汉语课本中出现并做过重点练习。另外，华裔学生来中国后，经过一段时间的学习和交际，实际听力水平已达到或超过了这个难度。从《初级汉语课本·听力练习1—2》第48课第3题"听后选择正确答案"的几个例子中便可见一斑：

(1)列车员提着壶送开水来了。问：列车员干什么来了？

a.提壶来了　b.送开水来了

(2)他们俩在门口儿站着谈话。问：他们俩在做什么？

a.在门口儿　b.站在门口儿　c.在谈话。

这种练习不论是词汇还是语法，对学生来说都没有新的难点，所以选择正确答案就显得轻而易举了。

(二)初级阶段与中高级阶段生词量比例存在较大差异

可懂输入是听力训练的原则，但语言上又必须设置一些"障碍"，以训练学生"抓关键""跳障碍"的能力。这就是说，在听力练习的语料中，应具备一定的生词量，生词量的多少应根据学生的听力水平来决定。但目前听力教材，初级阶段生词量太少，而中高级阶段则偏多。以我们目前所使用的教材为例，初级阶段的生词量极小，每课只有一两个生词。由于华裔学生听力基础较好，这样的听力材料他们听起来，毫无障碍可言。问卷调查结果也显示，初级班有80.2%的学生认为听力课最容易学。而中高级阶段则刚好相反，生词量一下子猛增到10%左右，除了生词，学生还必须排除语法结构、文化背景知识等带来的其他障碍，所以，到了中级阶段以后，即使是华裔学生，也难于应付。

（三）听力练习材料严重不足

如果没有足够数量的听力练习题就不可能达到听力练习的目的。而我们现在所用的教材，听力练习明显不足，学生常有吃不饱的感觉。其原因上文已提到过，一是因为华裔学生听力水平较好，二是教材中听力练习内容比较简单。所以，在做听力练习时，一般听两遍甚至一遍就能完成，常常会剩余很多时间。这种情况在《初级汉语课本·听力练习3》中尤为严重。该教材一共只有20课，而听力课周学时为4节（每节课45分钟），以每学期20周计算，即为80节。也就是说，每篇课文要用4节课时间来完成，而每课的练习量和难度并不大。一般我们听完一课最多只需要120分钟，剩下的60分钟便成了“无米之炊”。中高级阶段也存在类似问题，以目前我们使用的教材《中级汉语听和说》为例，全书仅32课，虽然每课附有一篇口语训练课文，但因为我们设有专门的口语训练课，所以基本上不再做口语练习。这样，可供练习的内容又减少了一半。以每周4学时计算，一篇课文应该用5个学时来完成，而实际教学只需要3至4学时。听力课不同于精读课，没有大量的训练，听力水平是难以提高的。

(四) 教学方法和技巧比较单一

教学需要老师和学生在课堂上相互配合。这种配合的好坏,取决于教师是否能有效地组织和指导学生进行学习。这就需要一定的教学技巧。由于听力课的特殊性,我们在听力教学中往往不大注意教学方法。认为只要学生把听力练习听完,听懂了就算完成了教学任务。所以,老师上课往往是单纯地放录音,放两遍三遍,认为学生听懂了,做完课后练习也就大功告成了。这种单一的教学方法,实际上存在着很多问题:第一,课堂气氛沉闷。学生的听只是一种被动行为,没法提高学生的积极性。第二,师生之间缺少双向交流,无法了解学生的实际听力水平,从而不能对症下药,提高学生的听力技能。第三,只听不练或光听不说,忽视了学生表达能力的培养,将影响到学生的交际能力的提高。由此可见,教学内容和教学形式的单调枯燥,是学生不爱上听力课的根本原因,也正是华裔学生听力水平起点高而进步不大的原因所在。

三 提高听力课课堂教学质量的几点措施

(一) 充分发挥教师在课堂教学中的主导作用

要上好听力课,最重要的是要充分发挥教师在课堂教学中的主导作用。听力课以放录音为主,学生总是处于“听”这种被动状态,课堂气氛较为沉闷。如何做到让学生想听、爱听,教师的作用是至关重要的。

教师必须充分掌握学生的特点和教材的内容,并运用多种手段调动学生的学习积极性,使他们主动地参与到教学活动中来。在教学内容的编排上，应采取难易相间、张弛有度、劳逸结合的原则。比如，听完一段录音后，可以让学生发表议论或进行讨论，教师也可穿插一些小故事、小笑话等。整个课堂应保持适度的节奏，既要有一定的"紧张度"，使学生处于一种兴奋、集中、好奇的精神状态，又要保持轻松、愉快的学习气氛；对于听力水平不一的学生，教师应尽量淡化他们之间的差异，设计出适合他们回答的问题，给每一个学生表现的机会，以增强他们的信心、激发他们的学习热情；教师的语言应简单、明了、轻松、幽默，切忌啰唆，并始终保持正常语速。

（二）突出重点、难点，合理安排教学内容

由于听力教学有自己的独特形式，重点和难点不易把握。往往是教师将所有的练习录音都放二至三遍，容易的部分学生觉得枯燥；难点不作分析、指导，学生还是听不懂。所以，教师应该根据教材的特点和学生的实际听力水平，把握重点、难点，进行重点训练。必要的时候，也可对教材进行适当的调整。

比如，初级阶段我们使用的教材《初级汉语课本 1—2》中，语音练习分量很重，约占 50%左右。除各类辨音练习外，还有语调练习、注音练习、句重音、词重音练习等，华裔学生语感较好，像句重音、词重音这类练习就可以少做或不做；初、中级阶段的短文练习语料较长，但设计的练习较简单，练习量也小，教师可以根据语料再设计一些练习，提高难度，增加练习量。

（三）加强听说结合训练，活跃课堂气氛

在以往的听力课中，我们往往忽视了"说"的能力的培养，认为"说"是口语课的任务。而实际上，听和说的能力是互相依赖、互相促进的。一方面，我们可以通过"说"检查学生"听"的质量，提高学生口头表达能力；另一方面，也可以使沉闷的课堂气氛活跃起来，使学生更主动地参与听力课的学习。

以往的听力练习是以听、写作为主要练习方式的，即学生听完一段材料后，把练习答案写下来。这种无声的练习使教师很难了解学生是不是听懂了、懂了多少。如果教师简单地问学生"听懂了没有"，得到的答案往往不能反映真实的情况。因为一些学生常常不好意思承认自己听不懂。这样，学生听的质量就无法真实地反馈到教师那里。如果将这种无声练习改为有声练习，将大大改善这种状况。

当然，听力课中的说话训练跟口语课的说话训练是有区别的。应该以听为主，听说结合。所说的内容也应该围绕着听力练习的材料，有目的、有重点地训练学生的语言表达能力。

我们可以通过听后回答问题、听后复述、听后讨论等方法来完成这种有声的练习，尤其是后两种方法，对学生的成段表达能力和语言概括能力的培养很有帮助。结合"说"的练习，一方面有助于提高学生记忆材料的能力，锻炼他们的语言表达能力；另一方面，教师也能从他们的语言表达中了解学生听的水平，从而有目的地进行指导。

（四）适当地补充一些生动有趣、适合学生听力水平的材料

听力练习一定要有量，没有足够的量就无法起到培养、训练、提高学生听力技能的目的。我们目前使用的听力教材对于华裔学生来说，量明显不足。这就需要教师补充一定的听力材料。所补充的材料一方面要生动有趣，另一方面也要适合学生的听力水平，有一定的实用性。补充的材料可分以下几个方面：对于刚开始学汉语的学生，可以补充一些日常用语，让学生做模仿练习，使之能尽快地适应周围的环境，听懂老师的课堂用语。对于有一定听力水平的学生，可补充的材料更多。比如，华裔学生对中国文化方面的内容非常感兴趣，暂时离开课本，传授一些文化知识，不但扩展了学生的知识面，也让学生紧张的大脑得到了休息，在轻松愉快的气氛中还锻炼了他们听的能力。另外，因为每年两次的 HSK 考试，学生非常希望了解 HSK 听力考试的形式、内容、难度、语速等方面的情况，我们可以适当地补充这方面的材料。实践证明，考前做这方面的听力训练非常有效，大大提高了学生对听力课的兴趣。

此外，我们还可以利用多媒体、声像教学等现代化的教学手段，有选择性地补充一些内容生动有趣、图文并茂、贴近当代普通中国人生活的视听材料。

第二节 相关因素[①]

“华裔背景”主要指具有华人家庭背景，从小就有机会接触汉语和汉文化的生活背景。在对外汉语教学对象中，这是一个特殊而又人数众多的群体，他们在学习汉语过程中表现出许多特殊性，以至于一些学者主张将其单列出来，建立独立的“华文教育”学科体系。[②] 无论其归属如何，大家都已意识到了这种特殊性的存在。本节力图从听力教学的角度探讨这种特殊性的影

① 本节选自朱湘燕《华裔背景对听力教学的影响及对策》，原载《暨南大学华文学院学报》2001 年第 2 期。

② 贾益民《华文教育学学科建设刍议》，载《暨南学报》1998 年第 4 期。

响，并试图寻找有效的教学对策，以便趋利避害，极大地提高华裔学生的汉语听力水平。

一　听力对于语言学习的重要性

克拉申(Krashen)教授提出的“输入假说”(Input hypothesis)认为，人们是通过可懂输入来习得语言的，是将注意力集中在信息上而不是在形式上。也就是说，在教人说话时，只要力图让对方理解你话语中的信息，并且让这种可懂信息的输入略超过其理解能力，这样习得就逐步实现了。[①] 这说明在语言习得中“听”具有头等重要的地位，口语能力自然会水到渠成。[②] 伦纳德·纽马克(Leonand Newmark) 曾对他那只会说英语的儿子和一个只会说日语的日本孩子习得荷兰语的过程进行观察，发现他们在学龄前幼儿园的头三个星期很少或根本不说荷兰语，然后开始用一小部分固定表达法，等到他们能很好地理解周围的人说的荷兰语时，他们就开始造出完整的句子了。[③] 这是儿童学话的情形。成人的语言习得也要从听开始，听后进而模仿，从简单的事物名称到词再到句子，从易到难，逐步前进。这都说明了输入大于输出，多听才能会说。况且，学习语言的目的是为了交际，而交际是一种双向活动，听说交替进行才能达到沟通的目的。听是模仿的前提，地道的语音语调莫不来源于模仿；听又是理解的过程，听者须将听到的信息加以解码，否则它们只是一串无意义的声音，没有存在的价值。可见，听力与耳朵、大脑都有着密切的联系。有人进而归纳出听力所需的能力结构：

① 何子铨《评克拉申的两个“假说”理论》，载《华文教学与研究》1999 年第 3 期。

②③ 罗勃特·布莱尔《外语教学新方法》，北京语言学院出版社 1987 年版。

辨音力、注意力、理解力、记忆力、品评力、组合力。这些无疑都说明听力对于学习一种语言的重要性。

听力的培养方式有两种:自然环境中的"听"和课堂环境中的"听"。听力课作为培养提高学生听力的专门课程,能否达到课型设计的目的取决于两方面的因素:学生的主观参与意识和教师的客观调度意识。教师的作用在于引导和调度,引导学生辨别语音、理解话语,通过各种教学手段调动学生参与课堂活动的积极性,这种以学生为实施主体、教师为引导主体的思想应贯穿于听力课堂组织形式的方方面面。

二 华裔背景对听力教学的影响

有华裔背景的学生既包括海外华人学生,也包括华侨学生。前者的"第一语言往往是居住国语言,而汉语则成了他们的第二语言,尽管他们有的会一些汉语方言,但就其接受系统教育以及日常生活中使用的主要语言来说,还是居住国语言"。后者"情况较为复杂:有的持中国护照,但实际上是在外国出生长大的,在语言方面与华人并无区别;有的虽在中国出生,但很小就移居海外,其接受正规教育以及日常生活用语实际上很快就转化为居住国语言"。[①] 有的生长在国外甚至已经是第三代、第四代了,但只要是从小有机会接触汉语汉文化的华人家庭背景的学生,我们都作为一种情形加以考察。

认知心理学认为,人对客观事物的知觉不是一成不变的,经验会引起知觉的变化,称为"知觉学习"。而许多经验的获得是

① 贾益民《华文教育学学科建设刍议》,载《暨南学报》1998年第4期。

通过无意学习而非有意学习，吉布森（E. J. Gibson）认为，有机体从环境中获取信息能力的增加，是因为与环境所提供的刺激接触、练习的结果。

人作为有机体，在与一种语言的接触中，对获取这种语言的信息的能力也会增强，即使是曾经听过的语言，很久没听了，但它作为经验贮存在头脑中，在开始再次接触和学习时会发挥作用。美国外事学院语言学家阿尔伯特·斯托姆（Albert Storm）是挪威移民，小时候能听懂挪威话，但只说英语，在随后的从7岁到30岁的时间里都生活在只说英语的环境里，但当他与一个挪威姑娘结了婚，到岳父岳母家住了3个月后，不但能听懂挪威话了，而且能比较流利地说了。[①] 他的亲身经历说明大脑在我们没有意识到它的活动时也在为我们工作，这种并非自觉努力的对于语言声音的吸收就是被动的听。有华裔背景的学生就有很多被动地听汉语（方言）的机会，这是由于他们从小生活在华人家庭甚至华人社区中，在不知不觉中吸收了汉语（方言）的语言图式（经验）。据资料显示，70%以上的海外家庭中的家长或多或少地使用汉语方言。[②] 所以，有的学生不光会听而且会说汉语。比如在新加坡就有很多类似情形，华裔学生汉语的语言环境明显优于纯粹的外国留学生。伴随着汉语的运用，汉文化渗入华人生活的各个层面：建立汉人聚居的唐人街、华人社区，社区内仿照中国传统建筑方式建造房屋及公共场所等，用汉字书写店名，卖中国传统小吃，过中国传统节日，营造浓厚的中国

---

① 罗勃特·布莱尔《外语教学新方法》，北京语言学院出版社1987年版。

② 吴建玲《对一百名华裔学生语言文化情况的调查报告》，载《语言教学与研究》1996年第4期。

传统氛围;在家庭教育生活方式上,重视子女的教育,提倡尊老爱幼等传统思想。近年来,东南亚的一些国家甚至大力提倡中国的儒家文化,这对海外华人家庭的影响无疑是巨大的。在这种汉语思维模式、家庭教育模式、传统文化模式浸润中长大的华裔青年,即使不会说汉语,都会对汉语及汉文化有一定的认同感、亲切感,大脑中被动吸收的汉语(方言)语言图式使得他们在汉语听力上能触类旁通,联想求证,大多比其他纯粹的外国留学生提高得更快。

然而,除了以上正迁移作用外,华裔背景也会对听力教学产生负迁移作用。一是汉语方言语音的影响。由于海外华人以粤闽两省人居多,他们大多不会说普通话,只会讲广东话或福建话,这对华裔青年的汉语普通话听力产生了负面作用。如在有广东方言背景的印尼青年身上,大量存在着与广东人类似的分不清 zh、ch、sh 和 z、c、s 的情形,这在其他外国留学生身上是很少见的。当然,方言的存在也与国内的经济政治状况密切相关。国内经济在 20 世纪 70 年代前发展缓慢,推普工作困难重重;改革开放以来,经济的迅速发展使地区之间、省份之间交往频繁,许多人到经济发达地区谋求发展,普通话日益成为人们的交际语言。广东是中国经济发展最迅速的地区之一,由于历史和现实的原因,也是方言势力最顽固的地区之一。而在海外,讲粤语、闽语的人甚至更容易找到工作,客观上缺乏促使其纠正方音的动力和需要。所以,一些华裔青年学了几年普通话,语音仍停留在原来的水平上,其中一些甚至认为方言更重要,进而放弃学习普通话。这都给普通话听力教学造成了阻碍。二是海外媒体对于中国文化的误导。华裔青年接触了较多的中国文化,但由于传播渠道等原因，也接触了一些伪中国文化，如：一些历史题材的影视剧出于商业原因，过度渲染剧情，歪曲历史，这使得对中国历史文化知之不多的华裔青年产生了错误的认识，反而不利于听力理解。

当然，华裔背景对听力教学的正负迁移作用并不是截然分开的，两者紧密相连，在一定情况下又相互转化。比如说：会听汉语的一种方言，可说是听懂普通话的有利条件，因为起码在语法、词汇方面两者有许多共通之处；但同时它又是辨别普通话语音的不利条件，因为两者在语音上差距较大，要纠正先入为主的印象，当然比事先什么也不懂更困难一些。所以，如何运用各种教学手段，尽量发挥正迁移作用，避免负迁移作用，就成为了我们的工作重点。

三 听力教学的重点

针对华裔学生的特点，我们认为听力教学的重点应放在普通话语音听辨和普通话词汇及多种表达法的扩展上。具体步骤如下：

1. 调查学生的语言背景，利用其居住国语言与汉语普通话相同的音以及方言与普通话的对应规律，提高学生的辨音能力。

华裔学生中会方言的较多，在对北京语言大学的华裔学生的问卷调查中，这一比例是29%①，暨南大学华文学院的许多华裔学生也都会讲粤语、闽语或客家话，有的即使不会讲也基本上都听过。笔者采用口头调查和书面调查相结合的方式，对培训

① 吴建玲《对一百名华裔学生语言文化情况的调查报告》，载《语言教学与研究》1996年第4期。

部速成四班的泰国和印尼华裔学生进行了口头调查，并对华文学院汉语系的精读课试卷（语音部分）进行了书面分析，调查结果如下：

(1)声母情况

(a) 有的混淆翘舌音和平舌音，有的基本上没有翘舌音，只有平舌音。

(b) 舌尖音发成舌叶音，zh 经常发成舌叶音[ʧ]，ch 发成[ʧ‘]。

(c) 舌面前音发成舌尖前音，j 发成 z，q 发成 c，x 发成 s。

(d) 塞擦音发成了擦音，c 发成 s，q 发成 x。

(e) 舌面前浊擦音 r 发成边音 l 或零声母。

(f) 舌根音[x]发成喉音[h]，发音部位靠后。

(g) 舌面前塞擦音 j、q 发音部位有靠后的倾向，发成了位于舌面前与舌面中的塞音[c]、[c‘]。

(h) 送气音与不送气音混淆，有时送气音发成不送气音，有时不送气音发成送气音。

(2) 韵母情况

(a) 韵母鼻化，ie 发成 iẽ，ian 发成 iɑ̃n 。

(b) o 发音不准确，o 与 ɑ 混同，uo 发成 uɑ 或[uɔ]

(c) 撮口呼发成齐齿呼，ü 发成 i，üe 发成 ie，üan 发成 ian，ün 发成 in 。

(3)声调情况

(a) 上声普遍发不准，易发成 35 或 341、31。

(b) 去声易发成阳平。

(c) 存在入声现象。

其中，我们对声母的发音情况作了偏误统计，见表2－1。[①]

表2－1 泰国、印尼华裔学生声母发音偏误

发音人	翘舌音和平舌音混淆	舌尖音发成舌叶音	舌面前音发成舌尖前音	塞擦音发成擦音	舌面前塞擦音发音部位有靠后倾向	舌尖后浊擦音 r 发成边音 l 或零声母	舌根音[x]发成喉音[h]，发音部位靠后	送气音发成不送气音
1	98%	68.9%	55.7%	100%	0%	100%	100%	0%
2	95.2%	64.1%	50.8%	99.8%	0%	100%	100%	0%
3	75.2%	79%	3.3%	0%	98.8%	0%	45.1%	50%
4	70.5%	66%	6.6%	0%	90%	0%	70.3%	55.9%
5	78.1%	61%	4.9%	0%	80.3%	0%	56.2%	61.7%
6	90%	60%	54%	97%	0%	100%	100%	0%

可见，印尼学生中声母送气音与不送气音混淆的错误大量存在，但泰国学生一般不犯此类错误；泰国学生最弄不清的是几对塞擦音和擦音的区别（q 与 x、c 与 s），把塞擦音都发成了擦音，而印尼学生对舌面前塞擦音的发音部位把握不准。我们认为泰国学生的声母发音主要受到泰语的影响，而印尼学生的情况不好妄下断语。总之，在来自不同国家的华裔学生身上存在的偏误情况和发生的程度并不一致。来自同一国家的华裔学生发音时存在某些共同的特点，但也存在一些个人特点（如某种偏误出现的频率不同、在某种程度上体现出所接触的汉语方音的特点等），个体差异比较明显，因此我们不能断言他们只受到居住国语音的影响或汉语方音的影响，而只能说两种影响都有，只是不好确定哪种影响更大，即使是在他们并不太会说这种方言的情况下也是如此。

---

① 朱湘燕《泰国、印尼华裔学生声母发音特点研究》，载《中国对外汉语教学学会第七次学术讨论会论文集》，2001年。

摸清楚了这些情况,才能对症下药。教师在听力课上既要把握哪些是各国学生都难于掌握的音,又要注意到不同国家学生难点的差异;既要把握不同方言背景学生的共性,又要把握多语言背景学生的个性。可引导学生辨别容易弄混的音之间的区别,时间最好安排在学生基本掌握汉语拼音之后。但这又提出了新的问题:怎样使这种枯燥的辨音训练生动有趣而又行之有效呢?这就要求教师在充分调查的基础上利用已有的研究成果,在课前做一些准备,课上通过对比发音的方式纠音。现行听力教材此类练习方式单一,教师应采用补充听力材料、设计课堂游戏、举行比赛等方式增强其趣味性。

2.扩展教材内容,注重语言要素知识的培养

教学内容的深浅必须符合教学的可接受性原则:教学内容过于简单,学生“吃不饱”,抑制了他们的学习积极性,影响了教学质量与进度;当然过难也不行,学生“吃不了”,食而不化,同样会影响教学进度和质量。正如第斯多惠所言:“学生的发展水平是教学的出发点。”①所以,对有华裔背景的学生的听力教学必须把握这样的尺度:教学内容应当对他们有一定的难度,但这个难度是他们通过努力可以克服的,即符合学生的最近发展区,从而有利于调动他们的学习积极性。现行听力教材对华裔学生来说过于容易,应从词汇和文化两个方面扩展教材内容。

(1)词汇扩展。以提高听力理解为目的,进行重点字词讲解。对影响听力材料中句意的主要字词要详细讲解,讲解可利用联想扩充的方法。如:“我们都等了半天了,还不开门”,问这

---

① 张焕庭《西方资产阶级教育论著选》,人民教育出版社 1978 年版。

句话的意思是什么。这时可将重点放在“半天”的讲解上，不是“一个上午”或“一个下午”的意思，而是指“主观感受上的很长时间”，可以说“玩了半天了”“吃了半天了”“写了半天了”等。再如：“高老师让我告诉你们，他今天晚上不能跟咱们一起去看话剧了。”“话剧”可纵向扩展出京剧、越剧、粤剧、豫剧、悲剧、喜剧、肥皂剧、连续剧、单本剧等；“看”可横向组合出看小说、看电视、看书、看电影、看风景等。还可纵向列出同类动词：听、闻、嗅、盯、摸、打、擦等。这种教学思路重在培养学生在具体语境中理解和运用语言的能力，将单个字词串为有交际价值的句子，能在一定程度上避免先用母语思维再用汉语一一对译出来可能导致的错误。对于已有一定汉语词汇基础的华裔学生，这种方法尤为有效，有助于听力水平的大幅度提高。

(2)文化扩展。以注音为主，辅以适当的文化背景知识的讲解。在给一些古诗词注音时，只教每个字的字音效果不大，因为音若不与义结合，学习者很难理解并有兴趣去记住它。对于已有一定中国文化知识的华裔青年，用浅显的话将其大意表达出来，不光使他们了解了诗意，而且方便了记忆。除古诗词外，还可将文中涉及的地理、历史知识适当加以扩展。如文中涉及某地方时，可由去过的同学或教师来介绍其方位、特点、特产等。说杭州可由“上有天堂，下有苏杭”的说法进而介绍西湖；讲桂林可由“桂林山水甲天下”说起等等。这些熟语既易懂好记，又丰富了学生的语言宝库。大多数学生对此感兴趣并注意搜集，其听力理解能力也由此提高。

四 听力教学的具体方法

在具体教学中我们认为应采用灵活多样的教学方法：一方面采用听辨训练、注音训练提高学生的普通话语音的听辨能力，另一方面采用词语接龙、换一种说法、词语归类、组合话语等扩充学生的汉语普通话词汇量和表达法，提高华裔学生理解汉语普通话的能力。

(一) 汉语普通话听辨力训练

这是对普通话语音进行判断、辨别的训练。

1. 听辨训练

先将声母学习一遍，将全班同学都能较快地听读准确的声母放在一边。

再读全班学生都难于掌握的音，训练过程中注意将闽粤方言中与普通话声母不同的字或词列在一起，主要辨别影响句意表达的音，如 j、q、x、g、k、h 与 zh、ch、sh、z、c、s。

然后就根据国别有重点地加以区分，如针对泰、印两国学生同时存在的舌尖后音、舌尖前音、舌面前音三者的混同问题，首先要分清两种情况：(1) 根本不会发舌尖后音，把舌尖后音都发成舌尖前音、舌叶音或舌面前音；(2) 舌面前音的主要问题是发音部位不对，要么发成舌尖前音，要么发成舌面中的两个音([c]、[c‘])。据此把纠正的重点放在舌尖后音与舌面前音的发音上，先让学生发舌尖前音，在此基础上将舌头卷起，发出舌尖后音 z-zh/c-ch/s-sh；然后分清舌尖后和舌面前两个发音部位，舌尖后音是舌尖向硬腭前部翘起接触形成阻碍，而舌面前音是舌面前部和硬腭前部接触形成阻碍，两者的区别有两个：一是位置不同(舌尖与舌面),二是舌的动作不同,发舌尖后音时舌尖要翘起,而发舌面前音时舌面只要与之接触。此外,针对印尼学生混淆送气音和不送气音的特点,将它们放在一起进行练习。首先区分送气音与不送气音发音上的不同之处,主要在于气流的大小;其次弄清哪些是送气音,哪些是不送气音。韵母依此法进行训练。

将来自无声调语言国家的华裔学生易混淆的四声不同的字词列在一起,如印尼学生常分不清第二声和第三声,可比较"脑力—劳力、男女—褴褛"等。

在这过程中,自读与听辨相结合。

2.注音训练

不给文字材料,教师口念古诗、俗语等,学生按音节听记。教师可当堂讲解听写内容,并将汉字、拼音写于黑板上,也可先将听写结果进行统计,看主要存在什么问题,然后再进行讲解、注音。

(二)汉语普通话理解力训练

听力训练的主要目的就是提高学生理解汉语话语内容的能力,这是一个接收消化信息的过程。扩大词汇量、了解多种表达法是增强听力理解力的途径。

华裔学生相对纯粹外国留学生具有一定的理解汉语文化背景的优势,但他们所掌握的有些是汉语方言词汇和表达法,所以在扩充其汉语普通话词汇量的同时,要有意识地将闽粤方言中的词汇和表达法与普通话中的进行对比。

1.词语接龙。以一个词为中心进行扩展。如:逛——逛街、逛马路、逛商店、逛动物园等,也可采用开放式句型进行扩展,如:他喜欢看书——打球、吃冰淇淋、照相、看小说等等,如学生说:猪——猪手、猪油、猪红等,必须说明普通话中说“猪脚”而不是“猪手”,“猪血”而不是“猪红”。

2.换一种说法

掌握了一种用法后,学生往往局限于此,不会运用多种表达法。这对听力理解和口头表达都不利,可以通过“换一种说法”的方式训练学生灵活的思辨力。至于各种表达法之间的细微差别,可以通过上下文语境来提示。如由“我喜欢看书”可启发学生换一种说法:“我爱看书”“看书很有意思”“看书是一种享受”等。如老师说“他给我书”,学生可能会说“他给书我”,这是许多粤方言背景的学生都会犯的错误。教师必须说明:在普通话中必须说“他给我书”而不说“他给书我”,依此类推。“他给我书”可换一种说法:“他把书给我”“他给我一本书”等。

3.词语归类

念一组词语,要求学生进行分类。学生必须先理解词义,再根据某个标准进行分类,如:动物类、植物类(据词义)/实词、虚词(据词性)。

4.讲故事

由老师开个头,然后按座位顺序一人一句讲一个完整的故事。中间有学生不会说的词可由其他同学提醒,其他同学也不会的再由老师提醒;不符合汉语表达方式的,老师最好在故事讲完后再进行专门说明,以免打断学生思路。

第三节 策略与方法

壹 听力策略[①]

一 引言

在听、说、读、写四个语言技能中，听力是我们研究最少、了解最少的一种技能。因此，把听力称为语言技能中的“灰姑娘”[②]是不足为奇的。近年来，一些学者开始重新思考听力在语言学习中的地位并探讨恰当的听力教学方法，他们对传统的以检查理解结果(product)为核心的教学方法提出了质疑，主张听力教学应当围绕听力理解过程(process)对学生的听力进行诊断和治疗。[③]

对听力过程的关注使越来越多的研究人员开始观察并总结

---

① 本节选自蔡薇、黄恕宁《华裔与非华裔华语初学者听力策略使用初探》，原载《华语文教学研究》2010年第7卷第2期。

② Nunan, D. Listening in Language Learning. In J. Richards and W. A. Renandya(eds.), *Methodology in Language Teaching: An Anthology of Current Practice*. Cambridge: Cambridge University Press, 2002.

③ Field, J. *Listening in the Language Classroom*. Cambridge: Cambridge University Press, 2008.

Wilson, M. Discovery Listening-Improving Perceptual Processing. *ELT Journal* 57.4, 2003.

学习者如何使用策略来完成听力任务。[①] 这类研究对了解学习者复杂的心理过程,从而设计具有针对性的课堂教学具有极为重要的意义。

现存的研究表明,恰当地使用策略是听力理解成败的关键。[②] 但是大部分听力策略的研究是针对英语或者法语学习者来进行的,正如文献显示,研究者在研究影响策略使用的因素时也更多地关注了语言水准(根据语言测试结果划分)对策略使用的影响。[③] 迄今为止,我们对华语学习者在听力理解中如何使用策略了解很少,另外我们也不知道华裔和非华裔学生在策略使用上是否有所不同。Xiao 对比了华裔学生(来自讲华语方言家庭的学生)和非华裔学生的各种语言技能,他发现华裔学生在听力方面明显优于非华裔学生。[④] 这提示我们华裔和非华裔学生除了在听的结果上有所不同,他们在听的过程中是否也使用

---

① Vandergrift,L. Orchestrating Strategy Use: Toward a Model of the Skilled Second Language Learner. *Language Learning*,53.3,2003.

Berne,J.E. Listening Comprehension Strategies: A review of the Literature. *Foreign Language Annals*,37.4, 2004.

Graham, S., Santos, D. and Vanderplank, R. Listening comprehension and strategy use: a longitudinal exploration. *System*,36, 2008.

Guaham, S. and Macaro, E. Strategy Instruction in Listening for Lower-Intermediate Learners of French. *Language Learnig*,58.4, 2008.

Cai,W. and Wu, Y.A. Inferring Word Meaning in Second Language Listening. *Hong Kong Journal of Applied Linguistics*,10.2, 2005.

② Vandergrift,L. Orchestrating Strategy Use: Toward A Model of the Skilled Second Language Learner. *Language Learning*,53.3,2003.

③ O'Malley, J. M, A. U. Chamot and L. Kupper. Listening Comprehension Strategies in Second Language Acquisition. *Applied Linguestics*,10.4,1989.

Vandergrift,L. Orchestrating Strategy Use: Toward A Model of the Skilled Second Language Learner. *Language Learning*,53.3,2003.

④ Xiao,Y. Heritage Learners in the Chinese Language Classroom: Home Background. *Heritage Language Journal*, 2006.

了不同的策略。本研究即是针对华语学习者使用听力策略的类型及华裔和非华裔学生使用听力策略的差别做出的一次尝试性研究。在本研究中，华裔学生是指在家庭中使用华语方言（除华语之外的方言，如粤语、闽语、客家话等）的学生，他们或者在家里说一种华语方言，或者能听懂家庭成员说的方言。

二　听力策略研究

听力理解是一个复杂的心理过程。Anderson 把它分为三个阶段：感知阶段（Perception）、分析阶段（Parsing）和运用阶段（Utilization）。① 在感知阶段，声音转化为词语表征；在分析阶段，词语意思被组合起来形成有意义的心理表征；运用阶段主要是对心理表征的应用，包括把心理表征和背景知识联系起来，对所听到的资讯进行回应等。不少研究者使用这个理论框架来研究第二语言学习者在这三个阶段使用的听力策略②和出现的听力问题③等。④

另外一个对听力策略研究有着重要影响的理论是 O'Malley 和 Chamot 对策略的分类理论。⑤ 他们把策略分为认知策略（cognitive strategies）、元认知策略（meta cognitive strate-

---

① Anderson, J. R. *Cognitive Psychology and Its Implications*. New York: W. H. Freeman and Company, 1990.

② O' Malley, J. M, A. U. Chamot and L. Kupper. Listening Comprehension Strategies in Second Language Acquisition. *Applied Linguestics*, 10.4, 1989.

③ Goh, C. A. Cognitive Perspective on Language Learners' Listening Comprehension Problems. *System*, 28, 2000.

④ 本研究的华裔受试者除英语之外，还能够使用一种华语方言，所以严格来说，华语不是他们的第二语言。为了语言简洁，我们在本文把华裔受试者也称为第二语言学习者。

⑤ O'Malley, J. M. and A. U. Chamot. *Learning Strategies in Second Language Acquisition*. Cambridge: Cambridge University Press, 1990.

gies)和社会/情感策略(social/affective strategies)。认知策略是对接收到的资讯进行的直接操作,例如根据语境资讯猜测词义、对资讯进行分类以利于理解和记忆、建立新资讯和记忆中的已有资讯之间的联系等。元认知策略是指更高层次的管理技能,包括计划、监控和评估一个学习活动的有效性。而社会/情感策略是指和人的交流或者对情感的控制,这组策略包括通过发问来澄清疑问、对学习经历进行情感控制等。

很多听力策略的研究都是基于 O'Malley 和 Chamot 的分类框架来进行的。例如,O'Malley 等人使用共时有声思维的口述报告方法(think-aloud procedure)研究了 11 个母语是西班牙语的中学生在英语听力中使用策略的情况。他们也探讨了 Anderson 的三个阶段理解理论在第二语言听力理解中的应用。他们发现在这三个阶段中起关键作用的策略各有不同。在感知阶段,成功地管理注意力很重要,这包括有效地使用选择注意(Selective attention)和集中注意(Directed attention)策略。[①] 语言程度高的学生在听的过程中能够较好地调整注意力,而语言程度低的学生常常因为遇到生词而使接下来的听力活动受阻,不能重新调整自己的注意力。研究者也发现如果学生不能有效地监控他们的注意力,使用联想发挥策略(Elaboration)会干扰理解,因为他们会太过依赖自己熟悉的背景知识,从而游离了当前的听力活动。在分析阶段,对语音片段的划分(Grouping/Chunking)和猜测策略(Inferencing)的使用起着重要作用。程度高的学生能处理较长的语音片段,切分较长的意群。只有当理解失误时,他们才会求助于个别词汇;而程度低的学生

---

① 具体策略的定义见下文表 2-3。

主要是以词为单位进行听力活动。研究者还发现程度高的学生能够利用语境猜测生词的意思。在运用阶段,联想发挥策略成为主要策略,程度高的学生在使用这个策略时,能够有效地提出问题,把听到的内容和自己的背景知识及个人经历联系起来,并且能够对获得的资讯进行评判。而程度低的学生较少使用联想发挥策略,他们没有把获得的新资讯和他们的经历联系起来。

Vandergrift 使用共时有声思维的口述报告方法研究了母语是英语的中学生在学习法语时的听力策略。[①] 他发现语言水准高的学生报告使用的策略多于语言水准低的学生。成功的听者更多地使用了元认知策略中的理解监控策略(Comprehension monitoring)、问题识别策略(Problem identification)和选择注意策略(Selective attention)。关于认知策略,所有的受试者都较多地使用了总结策略(Summarization)、联想发挥策略(Elaboration)和猜测策略(Inferencing),其次较多使用的认知策略是翻译策略(Translation)、迁移策略(Transfer)和重复策略(Repetition)。研究者认为程度差的学生更多地使用了对听到的内容进行表层处理的策略,例如:把意思逐字地翻译成英语(翻译策略)、利用英语知识(例如词源知识)来帮助理解法语(迁移策略),在听的过程中重复一个词(重复策略)。程度高的学生更多地使用了对内容进行深层处理的元认知策略,例如监控自己的理解(理解监控策略),找出使理解受阻的问题(问题识别策略)。Vandergrift 认为程度低的学生由于受注意力资源的限制,无法在听力活动中顾及元认知策略的使用。

---

① Vandergrift, L. The Comprehension Strategies of Second Language (French) Listeners: A Descriptive Study. *Foreign Language Annals*, 30.3, 1997.

在最近的一项研究中，Vandergrift 再次研究了母语是英语的学生在法语听力中使用的策略，并调查学生的语言水准对策略使用的影响。他发现受试者使用最多的是认知策略，其次是元认知策略，受试者较少地使用了社会/情感策略。程度高的学生使用元认知策略多于程度低的学生。程度高的学生也更多地使用了监控策略（Monitoring），说明他们在听力过程中能不停地修改或者确认自己的理解。① 关于联想发挥策略，程度高的学生比程度低的学生更多地把问题和背景知识结合起来联想发挥（Questioning elaboration），即他们能够在听力活动中对听到的内容自我发问，并应用背景知识推断意思。② 程度低的学生更多地使用了翻译策略（Translation），采用自下而上的处理方法。使用这个策略导致了受试者只能对内容进行表层处理，不能对所听内容进行深层次和全面的领会。而程度高的学生能把自下而上和自上而下的方法结合起来，更多地监控所听的内容，采纳更多地元认知策略，例如选择注意策略（Selective attention）、问题识别策略（Problem identification）和自我管理策略（Self-managcmcnt）。关于学习者在华语听力中策略使用的研究还比较匮乏。吴勇毅和陈钰采用问卷调查方式对 24 名学习华语的学生进行了研究，以了解听力水准对听力策略使用的影响。③

---

① Vandergrift, L. Orchestrating Strategy Use: Toward a Model of the Skilled Second Language Learner. *Language Learning*, 53.3, 2003.

② 联想发挥策略分五类：个人经历联想发挥（Personal elaboration），社会知识联想发挥（World elaboration），学术知识联想发挥（Academic elaboration），问题和背景知识结合联想发挥（Questioning elaboration）和创造联想发挥（Creative elaboration）。这五个策略的定义见表 2－3。

③ 吴勇毅、陈钰《善听者与不善听者听力学习策略对比研究》，载《汉语学习》2006 年第 2 期。

关于元认知策略,他们发现更多的程度高的学生能对自己的听力过程和听到的内容进行监控,他们也更善于管理自己的听力过程。对于认知策略,程度低的学生对母语的依赖程度高于程度高的学生,他们更多地使用了翻译策略。由于这个研究采用问卷调查法,我们无法知道学生提供的答案的原因以及他们对策略使用的具体情况。此外,资料来自学生对平时听力活动的回忆,学生实际采用的策略和他们回忆中使用的策略也有可能存在偏差。

无论是以华语为目标语还是以英语、法语为目标语的听力策略研究,都少有人研究学习者的祖裔语言对他们的听力策略使用的影响。本研究使用即时有声追述法来研究华语听力策略,并调查华裔及非华裔学生在使用策略上的差异。

三 实验

1.研究问题

本研究拟解答两个问题:

问题一:初级水准的华语学习者在听力中使用哪些策略?

问题二:华裔和非华裔学生对听力策略的使用有什么不同?

2.受试者

受试者为加拿大某大学初级华语班中的四个华裔学生和四个非华裔学生。本研究中的华裔学生是指在家庭中使用华语方言(除华语之外的方言,如粤语、闽语、客家话等)的学生,他们或者在家里说一种华语方言,或者能听懂家庭成员说的方言。本研究中的非华裔学生没有学习和使用过华语方言。表 2-2 列出了本研究中的学生的语言背景:

表 2-2 受试者背景

		家庭使用方言	学习大学华语课的动机	入大学前华语学习经历
华裔学生	A	粤语	I want to further learn about my culture and expand my dialects.	未上过华语课
	B	粤语	I would like to be able to speak and read Mandarin fluently so I may interact with people from China with my second language. I would like to use this language to pursue a career in business.	未上过华语课
	C	粤语	I need a modem language for my degree but I also hope that by taking Chinese I will learn more about my culture and be able to have a basic conversation with my grandparents.	未上过华语课
	D	粤语	I think knowing another language is advantageous in the workplace. I also want to become fluent in my native tongue.	上过粤语课
非华裔学生	E	英语	To learn the language fluently and potentially pursue a career involving contact with Chinese people or work within China.	未上过华语课
	F	英语	As it is a requirement to learn a second language as part of my desired degree I considered all languages. I would like to learn and found not only would Chinese be most beneficial to my future pursuits but the language and the culture greatly interest me.	未上过华语课
	G	英语	I am doing a PhD in Buddist Studies,and I would like to use Chinese as one of my language requirements.	未上过华语课
	H	英语	I have a great interest in Asian culture, ant having spent some time learning Japanese,I have become curious about the Chinese language.	未上过华语课

从上表可以看出，所有华裔受试者都在家中讲粤语，其中三人描述在大学学习华语课的动机时都提到了希望了解自己的文化（“my culture”）或者流利地讲自己的“母语”（“native tongue”）①。非华裔学生修华语课的动机包括主修学位对语言的要求、求职、兴趣等。八个受试者只有一个在入大学前上过粤语课。

本研究的对象是初级水准的华语学习者，受试者参加本研究时已经在大学学习了 90 到 100 个小时华语。受试者平时的听力训练材料主要是和课本配套的听力 CD 上的练习，练习包括生词、句子和对话。受试者在每周 100 分钟的实验课上听 CD 上的材料，做练习。在参加本实验前，受试者没有受过专门的策略训练。②

为了尽量减少华语水准差异因素对本研究的影响，我们先从初级华语班中初步筛选出了任课教师认为在全班学生中华语属于中等水准的十个华裔学生和十个非华裔学生。这是为了使本研究的结果更具有代表性。任课老师又依据这二十个学生的考试、测验和平时作业成绩，从中选出了整体华语水准相当的四个华裔学生和四个非华裔学生。在资料获取时，任课教师已经教了受试者所在班一个半学期，因此对本班学生的语言水准有较正确的了解。本文报告的是这八个学生提供的资料及其结果。

---

① 学生 D 在陈述学习大学华语课的动机时提到了希望能流利地说自己的“母语”。应当指出的是，华语并非其在语言学意义上的母语，这里仅表示他对华语的认同感。

② 本研究旨在了解一般初级华语学习者的策略使用情况，因此实验前未对受试者提供策略使用训练。

3.听力材料

听力材料为七个短对话,这些对话选自教师平时给学生使用的听力辅助材料。我们对原来的对话做了一些改动,主要是控制对话中的生词量。改动后的每个对话包含了三至四个教师在课堂上没有教授过的生词。三位华语母语者为材料做了录音。

4.实验步骤

本研究采用即时追述法①(Immediate retrospection)收集资料。和其他研究方法一样,即时追述法也存在一定的局限性。在使用这一方法时,研究者要特别注意提高受试者报告内容的全面性和正确性。② 一个有效的方法是尽可能地缩短受试者理解和报告之间的时间。正如 Gass and Mackey 指出:"报告的事件和所作报告的时间间隔很短就会有更大的可能获得正确的报告。"③我们使用即时追述法采集资料时,尽可能地缩短了听力活动和报告活动之间的时间间隔,以确保报告的准确性和完整性。

使用即时追述法的另一个局限是因为资料获取耗时较长,所以样本的数量一般不会很大。例如,Wu 在研究学习者听力

---

① Ericsson, K. A. and H. A. Simon. *Protocol Analysis: Verbal Reports as Data*. Cambridge, MA: MIT Press, 1993.

Wu, Y. What do Tests of Listening Comprehension Test? —A Retrospective Study of EFL Test-takers Performing a Multi-choice Task. *Language Testing*, 15.1, 1998.

② Ericsson, K. A. and H. A. Simon. *Protocol Analysis: Verbal Reports as Data*. Cambridge, MA: MIT Press, 1993.

③ Gass, S. and A. Mackey. *Stimulated Recall Methodology in Second Language Research*. Mahwah, NJ: Lawrence Erlbaum Associates, 17, 2000.

测试中的思维过程时使用了四个受试者[1];Fraser在研究学习者在阅读中的词汇处理和学习策略时使用了八个受试者。[2] 虽然这个方法存在一定的局限性,但是因其能挖掘出丰富、深入的资料,因此被广泛运用于关于任务处理过程的研究,例如学习者在任务执行过程中的策略使用情况等。

在实验时,研究者分别单独和每一个受试者见面。研究者首先向受试者介绍实验过程,研究者要求受试者每听完一个对话,立即报告他们听到的内容和思考过程。考虑到受试者对即时追述法不尽熟悉,我们在实验中使用了非诱导性的问题来帮助学生报告。在报告过程中,当受试者沉默时,研究者会用英语提醒他们,一个典型的提醒问题是:"请报告你听对话时在想什么?"受试者使用他们的母语——英语进行报告。整个访谈都进行了录音。

5.访谈录音分析

访谈录音全部整理成文字。我们依据Vandergrift设计的听力策略类别[3]来识别和划分受试者使用的策略。表2-3列出了听力策略的类别、定义和从本研究中获得的例子。为确保资料的真实性,我们未对示例进行翻译。

---

① Wu,Y. What do Tests of Listening Comprehension Test? —A Retrospective Study of EFL Test-takers Performing a Multi-choice Task. *Language Testing*,15.1,1998.

② Fraser,C. Lexical Processing Strategy Use and Vocabulary Learning through Reading. *Studies in Second Language Acquisition*,21.2,1999.

③ Vanderguift(2003)对策略的分类和定义引自Vandergrift(1997)。这个分类是根据O'Malley and Chamot(1990),Oxford (1990)和Vandergrift(1996)的研究改编设计而成的。研究者在对资料进行分类时,严格遵照了Vandergrift(2003)对策略的分类和定义,并参考了他在1997年和2003年发表的文章里引用的例子。

表 2-3 听力策略类别及示例

<table>
<tr><th colspan="3">类别、定义</th><th>示例</th></tr>
<tr><td rowspan="8">元认知策略</td><td rowspan="4">计划策略</td><td>提前准备：明确预期的听力任务目标和/或者计划任务处理策略</td><td>本研究的受试者未使用该策略。</td></tr>
<tr><td>集中注意：事先决定专注于听力任务，忽略使注意力分散的非相关因素，在听的过程中保持注意力</td><td>... so just trying to pick familiar words ...</td></tr>
<tr><td>选择注意：决定注意语言输入中的特定部分或者情境中的特定细节来帮助理解和/或者完成任务</td><td>Okay, I think for this text, I am focusing more on time words.</td></tr>
<tr><td>自我管理：了解帮助自己成功完成听力任务的条件，并设法创造这些条件</td><td>I try to figure out what it is by listening to the next person speaking and if I still can't figure it out then I just continue because if I am still thinking about that then I can't listen to the rest of it.</td></tr>
<tr><td rowspan="2">监控策略</td><td>理解监控：在局部层次，检查、确认或者改正自己的理解</td><td>I had to stop and think a bit about what date she was mentioning. Like although I know but I have to make sure that it is the correct date.（受试者同时使用选择注意策略）</td></tr>
<tr><td>复查监控：在整个任务中或者在第二次听时，检查、确认或者改正自己的理解</td><td>I caught it the first time but then since she was talking about it again, it kind of makes the subject a little bit broader so I can add to that instead of trying to add a whole bunch of different things together.</td></tr>
<tr><td colspan="2">评估策略：对照内在的关于完整性和正确性的尺度，检查自己的听力理解结果</td><td>I think that was the reason why I couldn't pick it up as fast was because I was trying to catch the sounds and then switch it over to English again and then try to puzzle it together①.（受试者同时使用翻译策略）</td></tr>
<tr><td colspan="2">问题识别策略：明确找出任务中需要解决的关键问题或者找出阻止成功完成任务的方面</td><td>So, unfortunately, what tends to happen with me is that when I hear a word, a key word, like the day, um, I tend to block out other things.</td></tr>
</table>

① Vandergrift(1997)把评估策略分为表现评估(performance evaluation)和策略评估(strategy use)。表现评估是对听力任务执行的总的评价；策略评估是评价自己的策略使用。这个例子是策略评估。

（续表）

类别、定义			示例
认知策略	猜测策略	语言猜测：使用话语中的认识的词猜测生词的意思	Um, I think in the final sentence, if it ended with 'ba' I am not sure, there may have been a suggestion or a recommendation.
		声音猜测：使用语调和/或者话语的其他语音资讯猜测话语中生词的意思	I don't know actually, I think it was just an assumption. Um, maybe the tone of her voice and the fact that she was talking about a good-looking boyfriend...
		非语言猜测：使用背景声音和话语中的说话人之间的关系、答题纸上的材料或者具体的情景所指来猜测生词意思	本研究的受试者未使用该策略。
		跨句猜测：使用局部句子以外的资讯来猜测意思	Okay, um, then Ding Yun asked Anna back what she wants in a boyfriend and she's ... I'm guessing she's saying something about a really good boyfriend. Like, I didn't understand the vocabulary but then later on she describes what she wants, so I guess that's what the word means.
	联想发挥策略	个人经历联想发挥：使用个人经历来联想发挥	Like I go to restaurants pretty often, so I mean, I know what a 'fan guan' is ... so, it is like a second... because I ... when my family was all together in the past because now we are all split up but we used to go out to dinner all the time so it was just that kind of... I am really familiar with that scenario.
		世界知识联想发挥：使用在世界中的经历获得的知识联想发挥	Um, again this is why I thought um, I thought I recognized the story because I remember there is a story um, where the father didn't um, or hadn't met the son or didn't like...or not the son..., or the boy friend.
		学术知识联想发挥：使用学术领域的知识联想发挥	本研究的受试者未使用该策略。
		问题和背景知识结合联想发挥：综合使用问题和世界知识来思考逻辑上的可能性	Um, and I think they were, they were talking about what kind of tea they were drinking and maybe inviting them to drink tea. Um, and then, was is something about sitting at the end or please sit?
		创造联想发挥：编造故事情节或者采用巧妙的手段	本研究的受试者未使用该策略。

（续表）

<table>
<tr><th colspan="3">类别、定义</th><th>示例</th></tr>
<tr><td rowspan="5">认知策略</td><td rowspan="5">联想发挥策略</td><td>想象：使用心理、实际图片或者其他视觉材料来代表资讯</td><td>Like, like visualize an act kind of in a way, like I try to think of you know, the two people there and welcoming the person coming in and trying to figure it out like that as well, I don't know.</td></tr>
<tr><td>总结：对听力任务中的语言和资讯在头脑中或者用书面的形式进行总结</td><td>I think it was between two people, they were talking to one another about Wang Laoshi and what she liked to...</td></tr>
<tr><td>翻译：把意思逐字地从一种语言翻译成另一种语言</td><td>I was picking up the sounds and then, actually I was converting it to English now that I was thinking about it, yeah, I was really converting it to English and then try to puzzle it together as they are talking.</td></tr>
<tr><td>迁移：使用一种语言知识（例如词源知识）来帮助另一种语言的听力活动</td><td>Right, in Cantonese, that for some reason I went to Cantonese... I don't know, I went to Cantonese there but that somehow went to Cantonese, 'ren zhen', yeah, 'wen zhen' yeah...</td></tr>
<tr><td>重复：在执行听力任务过程中，重复一段语言（一个词或者一个短语）</td><td>I have to repeat it [time words] maybe a couple of times in my head to make sure that I have the right date and time before...（受试者同时使用理解监控策略）</td></tr>
</table>

根据上表的分类标准，作者之一独立地对整理出来的访谈材料进行了分类。为了确保分类的可靠性，该作者在进行第一次分类后的一个月对资料进行了第二次分类。两次分类的一致性达到了95%。

四　结果和讨论

研究问题一：华语学习者在听力中使用哪些策略？

受资料量的限制，本研究不适合对资料进行统计学上的显著性差异分析，因此我们只对资料进行描述性分析。表2-4列出了受试者使用策略的频率资料，其中百分比的基数是策略使用的总次数。

表2-4 听力策略使用频率

类别			次数	百分比
元认知策略 28.3%	计划策略 7.5%	提前准备(Advance organization)	0	0.0
		集中注意(Directed attention)	8	3.0
		选择注意(Selective attention)	11	4.1
		自我管理(Self-management)	1	0.4
	监控策略 4.8%	理解监控(Comprehension monitoring)	10	3.7
		复查监控(Double-check monitoring)	3	1.1
	评估策略(evaluation)		3	1.1
	问题识别策略(problem identification)		40	14.9
认知策略 71.7%	猜测策略 5.6%	语言猜测(linguistic inferencing)	12	4.5
		声音猜测(voice inferencing)	1	0.4
		非语言猜测(extralinguistic inferencing)	0	0.0
		跨句猜测(between-parts inferencing)	2	0.7
	联想策略 18.7%	个人经历联想发挥(personal elaboration)	1	0.4
		世界知识联想发挥(world elaboration)	36	13.4
		学术知识联想发挥(academic elaboration)	0	0.0
		问题和背景知识结合联想发挥(questioning elaboration)	13	4.9
		创造联想发挥(creative elaboration)	0	0.0
	想象(imagery)		1	0.4
	总结(summarization)		14	5.2
	翻译(translation)		105	39.2
	迁移(transfer)		5	1.9
	重复(repetition)		2	0.7
合计			268	100.0

表2－4说明,受试者使用的元认知策略远远低于认知策略(28.3%和71.7%)。进一步细分策略类型后,我们发现受试者使用最多的三个策略依次是翻译策略(39.2%)、联想发挥策略(18.7%)和问题识别策略(14.9%)。

翻译策略是受试者使用的主要策略,这说明受试者在此学习阶段还在很大程度上依赖他们的母语——英语来理解华语。研究人员普遍认为翻译不是行之有效的策略。例如,吴勇毅和陈钰指出,听者依赖翻译策略很容易错过后边的内容。[①] Vandergrift也指出,当学生在听的过程中翻译所听到的材料时,他们很容易错过后边的内容,也很难把听到的内容保存在工作记忆(working memory)中,他们对听到的内容只能进行表层处理。[②] 在感知阶段,适时地运用选择注意和集中注意策略是必要的,这可以帮助受试者规避使用翻译策略,这也印证了O'Malley等对Anderson理论的应用。本研究中的受试者对翻译策略的依赖有可能是因为他们的华语水准还处于初级阶段,因此只能把听到的华语和英语建立简单的一一对应关系。值得欣慰的是,受试者似乎也意识到翻译会产生负面影响,如一个受试者报告:

(1) My thought process though was yeah, try to get the sounds, try to relate it to English but I wasn't quick enough that time.

---

① 吴勇毅、陈钰《善听者与不善听者听力学习策略对比研究》,载《汉语学习》2006年第2期。

② Vandergrift, L. Orchestrating Strategy Use: Toward a Model of the Skilled Second Language Learner. *Language Learning*, 53.3, 2003.

这个受试者似乎意识到把听到的内容翻译成英语影响了他对语言的处理速度。这有可能是因为他认为翻译根本就不是有效的策略,也有可能是因为他认为自己的翻译速度太慢。

联想发挥策略是第二个常用策略,这个策略是 Anderson 理论划分的运用阶段使用的重要策略。① 在使用联想发挥策略时,受试者主要依赖世界知识。例如,一个受试者报告:

(2)So,just picking out'laoshi'you know they will be talking maybe about studying or about Chinese, maybe they are talking about university or college. So, like words like that help me to clue in maybe to what they are talking about without hearing what they are saying.

受试者听到"老师"这个词,并根据背景知识推断说话人在谈论学习、华语或者学校。我们在本研究中发现,受试者熟悉的词汇似乎对听力理解能产生至关重要的作用。他们常常根据这些词汇调动起他们的背景知识,并依此断定所听的内容。当调动起的背景知识和所听的内容一致时,受试者的理解常常是正确的。在下边的这个例子中,受试者明确说出"关键字"起到了重要作用:

(3) Well, again, I think I am listening for key words and then if I can pick out those key words which I do understand then I try to fill in the blanks. After that, so if I hear tasty fish and somebody asking somebody if they have any time or somebody saying"what's up", then I would be able to guess

---

① Anderson, J. R. *Cognitive Psychology and Its Implications*. New York: W. H. Freeman and Company, 1990.

that's its an invitation or they are going to do something.

上边的这个例子充分说明了一些词汇产生了推断主题、填补遗漏的作用:受试者根据一些识别出的词汇和自己的背景知识判断听到的内容的主题,并使用这些资讯填补没有听懂部分的语义空缺。上边的两个例子中,受试者选择的关键字和调动起的背景知识都是相关的,因此他们确定的主题也是正确的。

下边的例子说明当调动起的知识和文章内容不符合时,受试者对内容的理解会产生偏误。如果受试者不能综合各种资讯修正偏误,他们的理解常常和听到的实际内容大相径庭。在这种情况下,受试者需要通过使用监控策略来检查和修改自己的理解。

(4)Um,I think this was a student coming to talk to her teacher,um,she was saying that she was "sorry",so I think she was probably supposed to do something,maybe hand in a assignment or do a test,but uh,she said "dui bu xi,dui bu xi" so I think he was trying to say,like you always say you are "sorry",um,"wo bu zhi dao" is "I don't understand." So,I think she was making excuses,and he was saying like "you are always saying you are sorry,but like I don't understand why... something."

受试者听的这个对话的内容是服务员提醒顾客餐馆里禁止吸烟,顾客道歉并问询可以吸烟的地方。受试者根据熟悉的词汇"对不起"及学校里可能发生的事情的背景知识推断这个对话的内容是师生之间关于学生晚交作业并寻找借口的一个对话。

这个受试者的理解完全偏离了对话的本来意思。这也证实了O'Malley的研究结果：如果学生不有效地监控他们的理解，使用联想发挥策略会干扰对文章的理解。①

问题识别策略是受试者使用的第三大策略，受试者能识别出影响他们听的结果的因素。例如，一个学生报告：

(5)I think for most of the context, um, its mainly certain parts that I don't catch, like the time words and that sort of stuff.

这个受试者意识到时间词常常给他带来困扰。

除了这三个频率较高的策略外，受试者也使用了其他元认知策略，例如计划策略(7.5%)、监控策略(4.8%)和评估策略(1.1%)：在认知策略中，他们使用了猜测策略(5.6%)、想象策略(0.4%)、总结策略(5.2%)、迁移策略(1.9%)和重复策略(0.7%)。但是这些策略的使用频率都不高。

从表2-4的资料我们可以看出受试者对感知阶段的关于调控注意力的策略使用较少，例如：选择注意策略的使用频率只有4.1%，这说明受试者还不能在听的过程中有重点地分配自己的注意力。这有可能是受试者还处于初级华语学习阶段，语言处理(linguistic processing)能力还比较弱，无暇顾及元认知策略的使用。下边的报告说明如果不有效地分配注意力资源受试者会错过听后边的内容：

(6)Um, see like once I hear a sentence I recognize I try and remember it but then once I am doing that, trying to fig-

① O'Malley, J. M, A. U. Chamot and L. Kupper. Listening Comprehension Strategies in Second Language Acquisition. *Applied Linguestics*, 10.4, 1989.

ure it out then I miss like the next.

受试者语言处理能力的薄弱还体现在对意群的切分。他们还不善于切分大段的意群,他们听到的常常是孤零零的词,如下边的两段报告所显示:

(7) Um, yeah, so again I can hear specific words but I have a hard time piecing the sentences together.

(8) I can remember a lot of the words I hear, like "Saturday" but I have a hard time putting everything together.

切割语流单位对听力会有重要作用,能切割大段的语流单位是分析阶段的一个重要技能。

综上所述,受试者使用最多的三个策略是翻译策略、问题识别策略和联想发挥策略。受试者对元认知策略的使用主要集中在问题识别策略上,他们较少使用其他元认知策略,例如计划策略、监控策略和评估策略,这意味着受试者还不能在感知阶段有效地调控自己的注意力。联想发挥策略的使用,说明了受试者能够把所听到的内容的心理表征和自己的背景知识联系起来,这是运用阶段的一个重要策略。受试者较少地使用了在分析阶段起重要作用的一些认知策略,例如猜测策略。本研究也证实了 Anderson 关于理解的三个阶段理论:听力理解是一个感知声音、建立有意义的心理表征并将心理表征和自己的背景知识建立联系的一个过程。①

研究问题二:华裔和非华裔学生在使用策略上有何不同?

---

① Anderson, J. R. *Cognitive Psychology and Its Implications*. New York: W. H. Freeman and Company, 1990.

表 2－5 华裔和非华裔学生使用策略对比

类别			华裔学生		非华裔学生	
			次数	百分比	次数	百分比
元认知策略 32.6% vs. 24.2%	计划策略 12.2% vs. 2.9%	提前准备	0	0.0	0	0.0
		集中注意	8	6.1	0	0.0
		选择注意	7	5.3	4	2.9
		自我管理	1	0.8	0	0.0
	监控策略 4.5% vs. 5.1%	理解监控	4	3.0	6	4.4
		复查监控	2	1.5	1	0.7
	评估策略		3	2.3	0	0.0
	问题识别策略		18	13.6	22	16.2
认知策略 67.5% vs. 75.6%	猜测策略 5.3% vs.5.8%	语言猜测	6	4.5	6	4.4
		声音猜测	0	0.0	1	0.7
		非语言猜测	0	0.0	0	0.0
		跨句猜测	1	0.8	1	0.7
	联想策略 12.9% vs.24.2%	个人经历联想发挥	1	0.8	0	0.0
		世界知识联想发挥	12	9.1	24	17.6
		学术知识联想发挥	0	0.0	0	0.0
		问题和背景知识结合联想发挥	4	3.0	9	6.6
		创造联想发挥	0	0.0	0	0.0
	想象		1	0.8	0	0.0
	总结		9	6.8	5	3.7
	翻译		48	36.4	57	41.9
	迁移		5	3.8	0	0.0
	重复		2	1.5	0	0.0
合计			132	100.0	136	100.0

表 2-5 说明，华裔和非华裔学生对元认知策略的使用都远远低于对认知策略的使用（32.6% vs. 67.5%；24.2% vs. 75.6%）。细分元认知策略和认知策略后，我们发现华裔学生使用的策略类型多于非华裔学生使用的策略类型：华裔学生使用了 17 个策略；非华裔学生使用了 11 个策略。

对于元认知策略，两组学生使用问题识别的策略比较接近（13.6% vs.16.2%）。这说明两组学生对听力障碍的敏感程度相似。

华裔学生比非华裔学生更多地使用了计划策略（12.2% vs. 2.9%），他们主要使用的计划策略是感知阶段的集中注意（6.1%）和选择注意（5.3%）。这似乎说明本研究中的华裔学生更善于在听力活动中分配自己的注意力：他们更能在听的过程中保持注意力和有选择地分配自己的注意力。下边的例子显示了一个华裔学生如何有选择地分配自己的注意力。

(9)Okay, I think for this text, I am focusing more on time words. I don't know, it's just I think I have more difficulty with the time, I have to repeat it maybe a couple of times in my head to make sure that I have the right date and time before..., like the actual context of it isn't really hard but understanding the time because I guess that is the most important of it. Yeah, I have to make sure that that is right.

在这个例子中，受试者报告他把注意力集中在时间词上。他似乎对理解全文大意没有问题，但是意识到时间词是他的听力障碍（问题识别策略），因此多加留意时间词，并在大脑中重复这个时间词（重复策略）以确保得到的时间是正确的（监控策略)。

对于认知策略,两组学生都较多地使用了翻译策略(36.4% vs.41.9%)。这说明本研究中的华裔学生和非华裔学生对英语的依赖程度都比较高。华裔学生并没有因为懂得其他华语方言而更少地依赖英语。

我们的资料表明本研究中的非华裔学生比华裔学生更多地使用了运用阶段的联想发挥策略(24.2% vs.12.9%),特别是世界知识联想发挥(17.6% vs.9.1%)。这有可能是因为非华裔学生语言处理能力较华裔学生弱,从而更多地求助于他们的背景知识。

两组学生也都使用了元认知策略中的监控策略(4.5% vs.5.1%)和认知策略中的猜测策略(5.3% vs.5.8%)和总结策略(6.8% vs.3.7%),但是使用的频率都不高。只有华裔学生使用的策略包括元认知策略中的评估策略(2.3%)和自我调控策略(0.8%),认知策略中的迁移策略(3.8%)、重复策略(1.5%)和想象策略(0.8%),但是这些策略的使用频率都不高。

值得注意的是华裔学生使用的迁移策略。在本研究中,迁移策略是指受试者在听第二语言时借用他们的第一语言(英语)或者第二语言的方言知识。下边的报告记录了一个华裔学生使用华语方言知识(迁移策略)的情形:

(10)Right,in Cantonese,that for some reason I went to Cantonese...I don't know,I went to Cantonese there but that somehow went to Cantonese,"ren zhen",yeah,"wen zhen" yeah...

这个学生在听到"ren zhen"时,切换到广东话来理解这个词。但是,广东话中的"ren zhen"的意思和华语的意思不一样,因此他的理解是错误的。

我们最常讨论的语言迁移是指学习者借用自己的第一语言知识来理解目标语。当目标语和学习者的第一语言紧密关联、存在很多共性时,使用迁移策略可以帮助跨语言理解①(interlingual comprehensibility)。上边这个例子中的语言迁移是学习者借用同一种语言的一种方言(广东话)知识来理解另一种方言(华语)。当学生使用两种方言的共性或者相似性来理解华语时,他们的理解常常是正确的。但是当学习者把不同于华语的语音、词汇知识借用到华语的听力活动时(如上边的例子),就会造成错误的理解,知识的迁移会干扰听的结果,从而构成了负迁移(negative transfer)。

另外一个迁移策略使用的例子如下:

(11)... but overall because I speak Cantonese so most of the um, like the way ... when we are learning in um, class ... that verbal construction ... it's easier for me to catch onto that because it's pretty much the same as Cantonese so I don't really have to I guess adapt to it. So, when I am listening to it I am mainly just catching onto the difference, the way you would say it um, like in Cantonese, "flower" and Mandarin "flower" is different. So I am catching onto the character and the way you would pronounce it more than the context I guess.

---

① Faerch, C. and Kasper, G. Perspectives on Language Transfer. *Applied Linguistice*, 8.2, 1987.

这个受试者分辨出华语和广东话的异同,把二者相似的方面应用到华语的听力理解中,着重听二者不同的地方。因为华语和广东话存在着相似性,如果华裔学生能把二者相似的地方迁移到华语的听力活动中,他们就能节省注意力资源,而把注意力资源更有效地分配到两种方言不同的方面。

综上所述,本研究中的华裔和非华裔学生在使用听力策略上存在着相似性:他们对元认知策略的使用都远远低于对认知策略的使用;他们使用问题识别策略比较接近,表明他们对听力障碍的敏感程度相似;华裔和非华裔受试者都较多地使用了翻译策略,表明他们对英语的依赖程度都比较高。

华裔和非华裔受试者在使用听力策略上也存在着不同,主要是华裔受试者使用的策略类型多于非华裔受试者使用的策略类型;华裔受试者比非华裔受试者更多地使用了感知阶段的计划策略,说明华裔受试者更善于在听力活动中分配自己的注意力;而非华裔受试者比华裔受试者更多地依赖了运用阶段的联想发挥策略,特别是世界知识联想发挥策略。

五 启示

本研究是关于华语初学者听力策略的一个尝试性研究。本研究表明即时追述法能帮助我们挖掘出关于听力理解过程的丰富资料,使我们能够通过缜密的分析重建学习者在听力理解中的复杂的心理过程。

从过程(process)的角度来了解听力理解是第二语言学习领域的一个新方向。只有了解了学习者的复杂的心理过程,我们才可以找出他们的听力问题,并提供具有针对性的训练。下面我们就本研究的发现探讨一些听力教学方法,并对今后的研究方向提出建议。

本研究结果表明,华裔和非华裔受试者对元认知策略的使用都不够,他们还不善于管理自己的听力过程。因此,教师应该在课堂上提高学习者对元认知策略的认识。对于初级水准的学习者,教师可以在学生做听力练习时向他们介绍各种元认知策略并示范其使用。Goh 和 Taib 设计了以过程为基础的元认知策略训练方法,在这个过程中学习者要听材料,回答相关问题,单独回忆完成听力任务的过程,并在课堂中念出他们的回忆记录。他们发现经过这个方法训练的学生的元认知知识和信心都得以提升。① Vandergrift 设计了一个更为详细的五阶段训练方法,每一个阶段都涉及元认知策略的使用。这五个阶段是计划/预测阶段、第一确认阶段、第二确认阶段、最后确认阶段和反思阶段(关于这五个阶段的细节,参见 Vandergrift 原文)。② 这个方法旨在训练学习者计划、监控、评估自己的听力过程和结果,管理自己的注意力,识别并解决问题。运用此方法,Vandergrift 发现受试者提高了自己对听力过程的意识,并且能更好地控制听力过程。这些训练方法是否适合以华语为目标语的学习者,还有待实践。

本研究表明受试者过于依赖翻译策略,教师应该让学生意识到翻译策略带来的负面影响(例如延缓处理速度),并提醒学

---

① Goh, C. and Taib, Y. Metacognitive Instruction in Listening for Young Learners. *ELT Journal*, 2006.

② Vandergrift, L. Recent Developments in Second and Foreign Language Listening Comprehension Research. *Language Teaching*, 40, 2007.

生尽量避免将听到的内容僵化地转换成其他语言。教师可以设计一些情景练习，指导学生发现和使用帮助他们领会所听内容的线索，例如背景知识线索、语气、手势等。我们的研究也发现受试者对某些认知策略的使用不够，例如，猜测策略的使用频率只有5.6%。Cai发现以英语为目标语的学习者使用的猜测策略达到60.6%，他们能使用多种知识来源猜测生词意思，包括语音知识、构词法知识、语义知识、背景知识等。① 不可否认，猜测策略的使用会受到学习者的语言水准、语境线索和目标词本身的特点的影响。如何训练学习者在必要时对关键词使用猜测策略也是有待研究的课题。

我们在本研究中也发现，受试者熟悉的词汇对内容的理解有至关重要的作用，学习者常常根据这些熟悉的词汇调动自己的背景知识。这个发现给我们的启示是我们应该训练学习者的词汇识别能力（word recognition），例如分词能力（lexical segmentation）。Field提出了一些分词训练的方法：一个方法是学习者可以反复听一段录音直到他们觉得对词的划分正确为止。另外一个方法是课堂听写练习：学习者写出他们听到的内容，将自己的听写记录和其他同学对比，为自己所做的记录提供理由，评估自己解释的可能性。② Field推荐的方法是针对学习英语的学生提出的。人们分词时使用的方法因语言不同而有差异，

---

① Cai. *Investigating the Processing of Unfamiliar Words in Second Language Listening Comprehension*. Unpublished Doctoral Dissertation, National University of Singapore, Singapore, 2003.

② Fiele, J. Revising Segmentation Hypotheses in First and Second Language Listening. *System*, 36.1, 2008.

而且人们常常把母语分词方法运用到第二语言听力中。[①] 我们应该探讨不同母语背景的学生在学习华语时的恰当的分词训练方法。

我们的研究也发现华裔和非华裔学在策略使用上的不同。教师有必要探索一些具有针对性的训练。例如，对华裔学生，教师应该提醒他们在使用迁移策略（借用其他方言知识）时，要注意两种方言的异同。对非华裔学生，教师可以向他们介绍不同的听力策略并示范这些策略的使用，特别是分配、管理注意力的元认知策略。教师也应当提醒他们注意监控自己调动的背景知识是否恰当。考虑到本研究的考察重点及样本数量，我们未分析策略的使用和听的结果是否相关。今后的研究可以在增加样本数量的基础上，对两组学生的策略使用和听力结果进行相关性分析。我们也可以进一步调查导致他们使用不同策略的因素。

贰 听力交际活动[②]

语言是人类最重要的交际工具，语言教学中的交际法也由于其立足于语言的本质功能而生动活泼、教学相宜。交际法没有统一的教学大纲，不同的学者从不同的角度提出了不同的大纲模式，例如在“任务式大纲”的理论中，“交际任务”体现为教学

---

① Cutler, A. Listening to a Second Language through the Ears of a First. *Interpreting*, 5.1, 2001.

② 本节选自陈轩《交际活动在中级汉语听力课上的应用》，原载《华文教学通讯》2004年第105期。

中要完成的活动，或者说是模拟的交际活动。交际是一种双向活动，通过听和说的交替进行才能达到交流的目的。因此专项技能课在专项技能训练的同时，必然会出现技能的转换，这是交际的性质决定的。那么，交际活动对听力课有什么影响呢？

我们知道，儿童对母语的自然习得是从"听"开始的。甚至很小的婴儿在听到有人说话的声音时，就会用目光追随着说话人了。有时，一个还不会说话的孩子可能先会走路了，于是，当大人无意间谈论到什么物品时，意想不到的是，正在一边玩耍的宝宝随后就把这件东西找到递了过来。可以说，幼儿无意的"听"是其日后进入交际角色的"前奏"。随着幼儿生理和心理的发育成长，通过"听"输入的信息实现了从量的积累到质的飞跃，幼儿开始模仿成人说话，而读和写又在"说"了几年之后才开始。相比之下，我们的学生则较少以听说形式开始学习汉语（个别华裔学生在家里接触过汉语方言或小时候进行过汉语补习），大部分是听说读写同时开始的。由于越过了前期"听"的积累过程，在接受输入编码时出现障碍是难以避免的。更何况在第二语言学习当中，用听的形式接受信息，需要辨音力、理解力、记忆力、概括力，与"读"相比，"听"既是被动性的，又有速度限制，对注意力的要求更高，更容易引起学生的疲劳。以至于不少学生反映"听力课很难""听课文录音很闷"，除了因为"听力重要"而重视听力课以外，少有喜欢这门课的。这说明，听力课需要多种语言技能的介入以缓解听力训练的紧张与疲劳，而用交际法教学则可以较好地解决这个问题。

在具体的教学过程中，交际活动体现在课前、课中、课后的一系列环节上。

一 备课与预习——隐性交流

教师备课，学生预习，这是我们每天都在做的事。教学双方的“备”和“预”，说明交际活动的第一个环节已经开始了。这里，掌握主动的是教师。教师在给学生布置预习的任务以后，就要给自己划定备课的内容：知识的编排、语料的深度、补充的范围、每个教学环节选用的方法等，在详尽了解学生学习程度和要求的基础上，利用信息差准备自己的教案。这是一种隐性的交流。在教师方面，这种隐性交流十分必要，如果没有实现隐性交流，只是自顾自地备课，很可能会脱离学生的实际情况，或者不符合学生的需求，教学恐怕难以成功。我们常说的“备学生”就是这个意思。在学生方面，据华东师范大学徐子亮的调查显示，预习是外国学生普遍运用的学习策略之一，“运用这一策略的学生达98.4%”。① 据了解，北京华文学院的学生（尤其中高级班）大部分能按老师的要求进行预习，因此，一般来说，课前的隐性交流是可以实现的。这种课前交流便于师生双方顺利地进入教学步骤，开展教学活动。

二 听前辅导——利用信息差进行文化交流

文化背景是影响听力的重要因素之一。在学生预习的基础上，教师进行听前辅导首先是为了扫清障碍，引导学生轻松进入课文涉及的语境；同时激发学生的学习兴趣，促使他们积极地理解课文内容并参加讨论；此外还起到了传播文化与交流信息的

① 徐子亮《外国学生汉语学习策略的认知心理分析》，载《第六届国际汉语教学讨论会论文选》，北京大学出版社2000年版。

作用。例如《新闻听力教程》[①]中有一个单元，内容包括“中国检察机关大力开展反贪工作”“成克杰被执行死刑”“反对腐败斗争，必须常抓不懈”等一组文章。课前要求学生预习教材上列出的生词、听前提示和背景知识等相关的文字材料。在此基础上，教师的听前辅导简要介绍了“社会主义改造”“三反五反”“共和国第一贪”，再结合前几课学习过的介绍中国改革开放情况的内容，使学生对新中国政治、经济的发展轨迹和当前改革开放的社会状况有一个大致完整的印象，清除了文化背景方面的障碍。这样，学生在听课文录音时，自己头脑中就有较多的资料与新输入的信息进行匹配，可以较快地完成“接收——解码”的过程，同时也进一步完善了刚获得的文化知识。有的学生在作业里写了他们国家官员贪污的问题以及对中国改革开放成果的看法，这说明他们已经把学习中“听”到的信息存储在自己的大脑记忆库中，并且能够根据需要提取、使用了。

这样备课，要求教师结合教材扩大范围，准备较多的内容，再进行精心筛选，以关照课文话题及该单元总体设计，满足学生的求知欲和审美观，符合课程的难度和课时的安排，便于进行课堂交际活动。

三 听力训练——以课文为线索、围绕相关知识与技能问题的交流

听力课课型要求以听力技能训练为主。“听”是输入性的，录音磁带的语速不由师生掌握，而且声音材料一过即逝，如果语

① 北京语言大学出版社 2002 年版。

料难度再大一点儿，就更容易让人疲劳，注意力涣散。因此在“听”的过程中一定要适当穿插交际活动，以活跃气氛、调剂情绪、减缓疲劳。课堂的交际活动可以与知识的讲解和技能的辅导结合起来。

首先，生词虽然是学生预习过的，但有些多义词、近义词、生僻词、口语词、新生词等还需要在课堂上进行处理。教师可以将其设计成多个小型交际活动，根据学生的情况和词语的难度，采用答疑、提问、扩充或替换词语、词源讲解、语用举例等方法加以处理。一般来说，学生预习比较好的重点词语，可以随文处理，把词放在具体的语言环境中，突出对整体语义的理解，突出对语料的“听”力技能训练，避免雷同于汉语课的生词讲解方式。

例如“海选”这个生词，学生看了生词表中的英文注释“wide election”还是不太清楚，查字典又查不到。从录音里听到“海选”，“是1991年我县第二届村委会换届选举时发明出来的，也就是自己总结出来的。”文中介绍该录音中的发言者是“吉林省梨树县民政局局长”。于是，老师帮助学生归纳出来：“海选”是吉林省某地农村选举村委会的一种方法；当地农民发明了这种选举方法，把它叫做“海选”。此外，结合春节前后某些媒体多次提及的“春晚”一词，告诉学生“春晚”指的是“春节晚会”；像“海选”“春晚”这样的词如果使用的范围和频率达到了一定程度，也许会作为一个新词被收入某一本词典。这样的词放在语段、语境中，加上几句简单的交谈，不须多讲，其义可明。再如“依据”这个词，教材给出了一组词语“依据情况、依据政策、依据法律……”，这些词语，学生都能懂，但是却不清楚“依据”与以前学过的“根据”有什么区别，他们使用的双语词典上没有这方面的解释。这就需要教师的帮助了。“根据”是“把……作为……的前提/基础”,强调“来源”,例如“根据天气预报,明天要下雨”。“依据”多用于法律、科技等书面语,如前述词组。这样一对比,使学生知道两词的区别之处,弥补了只看一组有关“依据”的词组而缺乏比较鉴别的缺陷。这样穿插在听力教学当中的关于知识的教学与交流,缓解了“听”的紧张与疲劳,扫除了生词给听力训练造成的障碍。

其次,还有语料中的关键词语、重点句、复杂句等,也是影响听力训练的难点,需要采取措施,降低难度。根据学生的程度,可以重复、断句、由老师复述(语速从慢到快)、带领学生复述、用板书分析形式结构帮助理解语义等,把不懂的输入化为可懂的输入,以免造成学生的焦虑情绪,影响“听”的效果。例如:

①如今的2211专线电话,成了市政府为老百姓服务的连心锁,改进政府工作的推进器,鼓舞群众士气的发动机。

②各种重要媒体都以大量篇幅详细介绍了马永顺从伐木英雄到成为植树英雄的光辉事迹。

这两个长句在教材中都是作为“范句”在听课文之前重点听练的。例①听一遍以后,教师讲解“连心锁”“推进器”“发动机”的本意和句中所用的引申义;听第二遍以后问学生:“a.话题(主语)是什么/谁? b.‘电话’怎样了? c.‘电话’‘成了’什么?”引导学生抓住句子的主干。例②没有词语问题,难在多重定语和状语上,也要分层听。先完整地听一遍,用提问提示:“a.谁/什么? b.媒体做什么? c.媒体介绍了什么?”如果学生一时找不出来,可以把主谓宾三个部分断开听,分别找出每个部分的中心词,抓住句子主干,然后继续问答下一层内容:“哪些媒体? 怎么介绍的？谁的事迹？什么事迹？”对于学生感觉是难点的地方，按意群断开或者放慢语速复述，以便学生完全听懂。最后让学生跟着录音说或复述。

由于学生的听力水平有差异，教师要注意观察并及时与学生沟通，以便掌握学生对所听内容的理解程度，既照顾到稍差的学生，又调动起听力好的学生，请他们做示范，进行讲解。这种师生之间、同学之间的交际活动好像消化剂一样，帮助学生“消化”掉听力训练中的难点，使教材语料成为可懂输入，进入每个人的大脑记忆库中，便于他们在随后的听力训练和交际活动中能够提取、匹配。

在听课文之前或听力练习中间，用一些提示语，如“你们听到的题目是什么”“猜一猜这是关于什么的内容”“这几句可能是什么意思”“注意下面几句”“记重点”“抓紧时间看题目（答案）”“标出与答案相同处，记下不同处”。引导学生抓住重点，调整思路，选择捷径。这种穿插其间的话语，像是“路标”，能够给学生以实际的帮助。

四　听后讨论——活泼多样的交际活动

课堂讨论是很多教师都使用过的有效方法，课上展开讨论活动的机会也很多。例如答题的时候，一个学生的答案是对还是错，先请其他同学判断；鼓励大家说出不同的答案，并要求每一方说明自己的理由。如果经过讨论不能达成一致意见，或者结论虽然明确但有人“不知其所以然”，说明问题有难度，教师要进行讲解。还有，答案正确的学生，有时可能会有思路不对甚至理解错误的情况，而答案错误的学生也许会有一部分正确的思路要加以肯定和鼓励。至于主观性问题，对于学生各自不同的答案，只要是理解了并且言之有理，都要给予鼓励，以利于调动学生的积极性和自信心。

当所听内容告一段落时，可以组织学生座谈，讲述与课文内容有关的见闻。例如在新闻听力课上介绍一段新闻，就具有信息交流的价值，说得不清楚，“听”的人就会追问。这时候学生比较放松，课堂气氛活跃。有一次，几名同学谈到自己“当翻译”的感受：平时觉得生活中用汉语听和说没有什么问题了，一当翻译才知道，导游说的很多听不懂，有的听懂了又翻译不上来；以前旅游的时候总是自己随便走，当过翻译以后，再参加学校组织的赴四川游教活动，一路上到哪里都紧紧跟着导游，对每个地方的讲解都努力地听。这说明，在使用语言的时候，同学们真正体会到了听力技能的重要性。这种课上课下、校内校外的交际活动，以其内在的联系，共同促进了学生语言水平的提高。

五 课外交际活动——真实的语言实践

学生到目的语国家学习，最看重的是全天候的语言环境和准确的语音条件，因此课后的语言实践，具有重要意义。

听力课的语言实践，包括听录音磁带（课外作业）、看电视、听广播、与中国人交谈等。老师就是他们理想的交谈对象之一。一次讲述新闻的时候，有学生谈到中国民间保钓人士遭日本海上保安人员扣留的消息。针对此事，老师谈了中国政府的态度和民间的看法。一位韩国学生由此想到韩国与日本之间也有相同的问题，在介绍了韩日两国岛屿之争后，他又联想到了中国和韩国。话题一转，问老师是否知道古高丽的历史，因为中韩两国

（史学界）对此所说不同。他诚恳地说："老师是中国人，我是韩国人。老师回去准备，下次我们争论（他的意思应该是"辩论"）。"老师认真地完成了他留的作业。下次课后，几位韩国同学主动留下来，要听一听老师怎么答复他们的同胞。老师以同样诚恳的态度说："这是历史问题，我们作为老师和学生没有能力解决它；现在两国人民友好，我们应该珍惜这种友情并继续保持下去；全世界的人民都要友好相处，这不是国界能够限制的。"对于老师这样的答复，韩国学生连连点头表示同意。这段从课上延续到课下的交际活动，既是"听"和"说"两种语言技能的应用实践，又是语用规则的示范教学（如何表态），还隐含着不同民族文化的心理冲撞，更体现了中外师生友好的感情交流。这次交际活动使教学双方都体验到了成功的乐趣，说明有交际价值的话题更易于吸引学习者主动参与目的语技能的操练，而且这种交际活动有利于学习者习得目的语的语言技能。

课外作业除了教材上规定的内容以外，还包括让学生根据自己的听力水平和兴趣爱好选择泛听内容，并填写作业记录。记录显示，所有的学生都选择了看电视的方式练习汉语听力。鉴于听"新闻"（广播节目）难于"看新闻"（电视节目），教师把广播新闻录下来，和同学们一起听，创造一个共同接受新信息的交际活动氛围。在听的过程中，教师引导学生以语篇为单位抓焦点信息，以意群为单位抓语义理解，并用答疑、解词、分析句子等方法讲解相关的语言知识，补充说明文化背景，带领学生进行"听"汉语新闻的实践活动。这种补充练习把交际活动贯穿于教学任务，把听力训练融汇进交际活动，并在一定程度上弥补了教材过时、内容不符合学生需求的缺憾。

第三章

口语教学

第一节　教学原则①

一　引言

语感是对语言的直觉，是人们在长期的言语实践中培养出来的对语言文字的直接感知、领悟和把握能力。我们平时理解话语、表达话语、判断正误、修改句子、推敲措辞、润饰文章，靠的都是语感。学生能够迅速听懂老师的提问，不假思索地回答问题，靠的也是语感。凭着语感，人们可以理解从未听过的甚至是不符合语法规则的话，也可以说出从未说过或听过的话。语言学家研究语法、语义，最初都是从语感着手的，而且最终还要接受语感的检验。

语感的获得有两种方式，一种是自然言语实践，通过大量接触言语，使言语本身的规则在主体大脑中积淀到相对完整和巩固的程度，从而形成一种言语结构。“书读百遍，其义自见”，母语语感的获得主要是通过这种方式。第二语言语感的获得也离不开这种方式。另一种是“自觉言语实践”，即在教学理论的指

---

① 本节选自周健《论华语语感培养的原则与方法》，原载《暨南大学华文学院学报》2004 年第 4 期。

导下，有意识地学习具有典型意义的言语材料和语言知识，以及作为语言背景的社会文化知识，总结语言规律，并用以指导言语实践，直至成为一种言语习惯。这个时候，知识不再是独立于言语主体的理论系统，而是内化为主体的心理行为结构模式，一种认知图式，一种自动化的心理反应机制。相对于第一种在自然状态下无计划无意识的不断的“试误”的方式，第二种方式是一种效率较高的获得语感的途径，也是我们在第二语言习得中提倡的方式。

华语学习者只有不停地接触和使用华语，通过量化了的听说读写训练，完成对语言惯例的认知内化过程，才算是获得了目的语的语感。以往我们偏重的是陈述性知识，实际上学生知道一条规则是一回事，能否把这种陈述性的规则知识转化为程序性知识并用于表达思想是另一回事。在交际中，具备显性的、有意识的知识不能保证自发的、自动的语言运用。只有完全内化的、隐性的、潜意识的知识，即目的语的语感才能驱动自由流利的表达。华文教学的核心任务，说到底，就是如何帮助学生实现这种转换。

长期以来，华语教学的效率始终不尽如人意，就是因为我们过多地注意了教授语言而不是习得言语。学生听说读写能力的形成，主要不是靠语言知识的积累，而是靠语言运用的实践。应该在听说读写的实践中，让学生通过“感受——领悟——积累——运用”的过程习得语言。

我们认为，“培养语感”的提法是对“培养语言能力”提法的发展和深化，更有利于指导语言教学的实践。为什么这样说呢？第一，培养语感是指培养学生的语感，强调的是学生目的语的语感建构，强调的是学生作为主体的语言探索、领悟、积累和创建，突出了学生在语言教学中的主体地位。第二，人们对“语言能力”的内涵看法不一，“语言能力”包含哪些要素，尚未取得共识。过去说语言能力主要是听、说、读、写的能力，后来又从不同角度提出交际能力、语用能力、语篇能力、修辞能力、语言学习能力、语言策略能力、语言创造能力等，不一而足。我们觉得“培养语感能力”的提法意思更为集中、明确。培养语言能力的提法当然没错，但如何培养语言能力？长期以来，人们普遍认为学生语言能力是由语言知识转化而来，因而语言教学必须致力于语言知识（主要是语法知识）的传授并通过训练促成知识向能力的转化。然而老师在课堂上还是把语言知识的传授作为重点，始终未能摆脱教师要“传道、授业、解惑”的传统观念。他们没有意识到教师讲得太多、太细，可能会适得其反，无助于学生语感的培养。第三，提到语感培养，人们容易想到“书读百遍，其义自见”“熟读唐诗三百首，不会吟诗也会吟”等加大语言输入，直接感知语言的办法。这虽然不是语感培养的全部手段，却是最为核心的有效手段。

语感既是一种技能，又是一种智能。技能是人顺利完成活动的动作方式或动作系统，智能则是这种运用方式或运用系统所表现出来的个性心理特征。把培养学生的语感能力作为语言教学的目标，既有理论的价值，也有实践的意义。这里主要讨论海外华文教学中的华语语感培养的原则与方法。

二 努力扩大华语的有效输入

语言习得的规律是输入先于输出，输入大于输出。整个华语学习过程可概括为由可理解输入开始，经过创造性构建，以输出完成。没有语言输入，根本谈不上语言学习。语言输入的内容、数量和方式，往往直接影响着学习的质量和速度。所以说，输入是第一位的，是输出的基础，是语言教学的关键，只有输入才有可能产出，只有“厚积”才能“薄发”。

培养语感最有效的方法是增加学生对目的语的接触时间和接触范围，增大课堂内外语言的输入量，最理想的是完全沉浸在华语的语境之中。对比母语语感的形成，我们就能深刻感受到华语学习者的汉语有效输入量严重不足。海外各国华语教学的环境迥异，但比较普遍的现象是华语已不再是华裔的第一交际语言。例如在新加坡，华裔虽然占总人口的3/4以上，但最重要的社会交际语言和教学语言却是英语，华文学校仅10余所。在半数的华裔家庭中，最常用的家庭交际语言也是英语①。昔日按中国国内母语教育模式建立起来的东南亚的华文教育，已经逐步演变为华文作为第二语言的教学。生活在唐人街或华人社区里的青少年，可能还有机会接触到汉语（通常是方言），但对广大华裔学习者来说，他们的汉语输入已十分有限，更谈不上“沉浸”在目的语中。我们认为最主要的有效输入还是来自课堂，来自教材。因此，加大教材语言信息的输入量很有必要。同时，加大课文以及练习中语言材料的输入量，也可以给不同的学习者提供一定的选择余地。目前，作为国民教育组成部分的华文教学，地位处于该国官方语言和英语之后，教时不足，再加上教材输入量偏少，极不利于学生华语语感的养成。

---

① 《新加坡华文不景气的一面》，“中国侨网”2004年2月25日。

目的语的信息输入不仅要量大,还要可懂、有价值。难度以稍稍超过学习者的语言水平(即 i+1)为宜。现在适合华文初学者水平的课外读物少得可怜,专为华语初学者播映的电视节目更是闻所未闻。我们认为提供浅显易懂的、生动有趣的课外读物已是当务之急。在学习汉语的早期阶段就着重培养学生的阅读兴趣,对于他们汉语语感的形成意义重大。

长期以来,我们的教育理论强调的是"少而精""精讲细学""讲深讲透""循序渐进""按部就班"等教学原则。实际上,这些原则是科学知识类课程的教学原则,比如数学中的定理就带有强烈的顺序性,不掌握前一个定理就不能推导出后一个定理。而语言中每个句子的难度是相对的,不存在绝对的顺序。更何况第二语言是技能训练类的课程,与理论知识类课程有截然不同的教学路子。汉语学习者无不希望自己能学以致用,能在很有限的学习时间内立竿见影地掌握汉语交际的本领。我们的教学应当尽快地带领学生到第二语言的大海中去游泳,而不宜大讲知识要领却不下水,或仅在池边戏水,浅尝辄止。要提高汉语教学的效率,就必须扩大语言输入,利用并创造真实的语言环境。

语言环境既包括具体的教学环境,也包括交际环境,还包括上下文及社会文化背景知识。语境也可以概括为交际过程中交际主客体之间共同面对的可感与不可感的诸要素的总和。语境是语言交际中所不能忽视的一个重要因素,它对于准确理解词语和话语起着重要作用。孤立地学习词语,学生难于掌握;提供句子和上下文,有助于培养学生运用汉语思维的习惯。由于现实语境的存在,口语较少受语法形式的制约而突出实用性和灵活性的特点。在口语运用中，语境成为补充、完善和正确理解语义、判断用词准确与否的关键要素和核心内容。交际法理论认为，只有在具体的语境中呈现和学习语言，才能培养学生学习语言的能力。好的语境能够提高学生学习第二语言的兴趣和热情。

要强化语言经验的积累，最佳方式是让学生"沉浸"在目的语的海洋之中。建构主义强调个体对客观世界理解诠释的独特性。在语感培养中我们还要开展个性化的教学，让能力欠缺的学生获得稳定的进步，让有能力的学生游得更快更远，语言教学应当由统一规格教学向差异性教学转变。教师应从知识的权威向平等参与学生的语感能力发展，从知识的传递者向学生学习的促进者、组织者和指导者发展。教师所关注的应不仅是结果，更是认知的过程与方法。教师要善于引导学生学会学习。

三　在交际活动中培养语感

开展华语教学，培养的是学生的言语能力和言语交际能力，所以具有决定意义的不是语言理论知识和交际理论知识，而是自动化的言语熟巧，也就是语感能力。理解与运用语言文字的能力，其培养过程往往是潜移默化的积淀过程，交际能力的获得只能通过言语交际的实践。在华语教学中，目的与手段具有统一性。"而培养熟巧的心理活动规律又证明，任何熟巧在培养时，如果一个人意识并理解到为什么他要做这个或那个动作以及怎样去做它们的话，那么熟巧的形成也就更快、更容易，熟巧一旦形成，保留得也更持久。"①所以，言语交际的训练应当成为

---

① 章兼中《国外外语教学法主要流派》，华东师范大学出版社 1983 年版。

师生双方的自觉行为。

学生在各种类型的汉语课堂学得了一些语言形式、结构、表达方面的知识和技能，这种语言能力训练追求的是正确性，但孤立语句的正确性并不能保证交际的成功。正如吕必松所指出的“实际上，交际技能不是通过语言技能的训练就能自动获得的。因为它不但跟言语因素有关，而且跟语言心理和文化背景知识有关。要使学生较快地形成一定的交际能力，必须通过一定的方式对交际技能进行专门的培养和训练。”①

我们在课堂教学中可以开展模拟交际训练，如问答、分角色表演、限词编对话、编故事、故事接龙、续完句子、比较两幅近似图画的不同之处、词语替换、词语联想、设置情境的会话练习、变换叙述以及语言游戏等。

比模拟交际进一步的是接近真实的交际。在这种交际中，双方感兴趣的是交流看法、获取信息，通常对方的回答是不可预知的。教师可以在课堂上通过设置“信息差”来创造接近真实的交际。例如：“提示猜词”（先让单数排的学生转身向后坐，相对的两人为一组。要求面向黑板的人，用侧面提示的办法使背朝黑板的人猜出来）；“交流信息”（给单双行学生发不同内容的资料，让他们通过问答了解对方的资料内容；也可以让单行的学生走出教室阅读一个故事，留在教室里双行的学生听一段录音，然后互相交流信息）；“相片描述”（每人交一张人物照片，放在讲台上，叫一位学生抽取一张进行描述，直到照片的主人认定为止，或者叫相片主人坐在座位上描述，让另一位学生在讲台上从众

① 吕必松《关于教学内容与教学方法问题的思考》，载《语言教学与研究》1990 年第 2 期。

多的相片中找到所描述的那张);“形象刻画”(每人书面描述一位老师或同学,不能写出其姓名,然后读给大家听,看大家能否猜出所刻画的对象)。此外,还有“录像片段描绘、配音”“听歌记词”“新闻发布会”“电话约会”“话题讨论”“课堂辩论”等接近于真实的交际活动。

既然以培养学生的语感能力为目的,那就应当以学生主体获取言语经验为主要途径开展课堂教学,具体地说,在教学中就应当以学生的言语训练和任务交际活动为主要内容。我们提出把真实的交际和接近真实的交际引入课堂,目的就是力求在课堂教学中训练和培养学生的话语交际技能。教师应当做创设课堂交际语境的有心人。

真实的交际,指的是以获取信息、交流思想或联络感情为目的开展的交际,通常是在课堂之外进行的。例如学生的日常生活及社交活动、语言实习活动、参观访问、社会调查等,这对学生交际能力的形成是至关重要的。我们也可以借助某些情境或契机把真实的交际引入课堂,比如师生初次见面、客人来访、讨论课外活动、时事评论、事件讨论、谈观后感、谈读后感等。华裔学生在家庭生活和社会交往方面通常比非华裔学生拥有更多的机会来使用华语进行真实的交际,这是华文教学的优势,我们必须尽量把握和充分发挥这一优势。

四 促进“消极语言”向“积极语言”的转化

根据心理学家的研究,“能理解的”语言和“会运用的”语言,是个体言语习得过程中的两个不同层次的学习水平。只能理解不会运用的语言称为“消极语言”,既能理解又能运用的语言称为“积极语言”。[①] 可以说，如何帮助学生实现“消极语言”向“积极语言”的转化，正是语感培养的关键。

课堂教学时间宝贵，教材和教师所提供的语言输入应当是典型的、价值比较高的，也就是真实、自然、规范和使用频繁的，或者说，是“具有可生成性的”。有些教材为突出某一语法结构，编造出生硬的语句，不惜牺牲语言和场景的真实自然，这样做是不可取的。我们认为，教师利用教材提供的典型范例，引导学生“理解领悟——训练巩固——尝试运用——创意表达”，是促进“消极语言”向“积极语言”转化的四个有效步骤。

学生从理解语言到创造性地运用语言，中间必然会经历一个“试误”的阶段，教师应引导学生由模仿到扩展再到创造，逐步提高要求、增加难度，直至自由运用、脱口而出。举例来说，“替换练习”是培养语感的常用有效手段之一，但往往局限于机械训练，收效不够理想。我们可以按照上述四个步骤来设计“替换与扩展”：

幸亏我经常锻炼，要不今天肯定会生病。

(1)我没吃早餐，(　　)就吃不下这些好菜了。

(2)你打了电话，(　　)我肯定迟到了。

(3)你提醒我，(　　)____________。

(4)____________，(　　)我就赶不上飞机了

(5)____________，(　　)____________。

(6)____________，(　　)____________。

第一步学生理解原句的意思和表达特点(“理解领悟”)，接

① 朱智贤《儿童心理学》，人民教育出版社 1980 年版。

着进行语言输出的训练，其中(1)(2)为“训练巩固”，(3)(4)为“尝试运用”，(5)(6)为“创意表达”，可以看出难度是逐步提高的。

各种形式的复述、改写(如改变时间、改变人称、改变语体、缩写、扩写等)以及组句成段等都是转换“消极语言”为“积极语言”的好方法。

训练书面语输出时，可以通过“引导表达”进入“自由表达”。例如，教师先帮助学生确定文章的框架，给出每段的引导句，再提供若干有助于表达的词语，使学生写作时有所凭借，能尽快进入上下文语境。以后再根据学生的能力，逐步减少引导材料，扩大自由表达的范围。

五 总结汉语规律，自觉建构汉语表达方式

语言知识的讲解重在总结汉语的规律，引导学生积极思索，在大脑中主动建构习得汉语的规则和表达方式，自觉开展华语交际活动。课堂教学注重运用华语完成交际任务，强调学生的主动性和相互交流，以学生为中心，通过语言交际活动激发学习动机。在交际中既关注语言的正确性，更关注言语表达的流利、连贯、得体。

我们必须重视总结汉语的规律，如构词的规律、对仗的规律、语法的规律等。“牛、猪、羊、鸡；公、母、小、肉”仅仅8个汉字，通过单独使用或双字组合(公牛、公猪、公羊、公鸡、母牛、母猪、母羊、母鸡、小牛、小猪、小羊、小鸡、牛肉、猪肉、羊肉、鸡肉)就表示了24个常用的概念。这些概念用英文来表达，至少需要24个不同的单词。这就是汉语的一个突出特点：几个有限的汉

字（语素）就能灵活地组成大量的词汇，而且组合的规律非常简单易懂，便于分析和记忆。“旧字新词、见旧知新”正是汉语词汇构成与认知的特点。若一味按照印欧语言“词本位”的教法，学生很可能知道“牛肉”是“beef”，却不知“牛”为何物。如果学生了解了汉字的语素义，再按照汉语构词法的特点聚合式地、网络式地扩大词汇量，就能收到事半功倍的效果。

我们再来看一个语素“书”的汉语构词例子：

表 3-1 语素“书”的构词用例

书本	书包	书店	书法	书架	书桌	书名
汉语书	历史书	英文书	新书	旧书	好书	辞书
家书	情书	手书	婚书	保证书	聘书	血书

第一行“书”在前，表达的是整体概念、类别概念；第二行“书”在后，表达的是事物的实质；而第三行的“书”指的是“信”，是“书”的另一义项。词汇的类属化体现了汉民族善于归类、整体思维的认知特点。这也是掌握汉语词汇的一把钥匙，应当鼓励学生在汉语构词网络中努力扩大词汇量。

在语法规律的总结方面，我们要强调概括性和实用性。也就是说，我们总结的语法规律要能管住所有的或绝大多数的语言事实，同时对规律的描述要简明易懂、便于应用。我们还要多提供例句，让学生体会感悟。例如，“不”和“没（有）”都能放在动词前边表示否定，我们仅仅告诉学生“没（有）”用于过去，“不”用于现在和将来是不够的，还要让学生了解用于表达意愿（不买、不愿意、不想、不喜欢）、判断（不是、不会、不应该）、认知（不认识、不知道、不了解）、经常性（不喝酒、不抽烟、不吃辣椒）等过去的动作行为时，仍然必须用“不”来表示否定。讲解时最好提供典型的例句进行对比分析。

规律的总结要在积累了相当的语言材料之后进行。知识不等于规律;例外太多的语法规则也算不上是语言规律。规律的总结要在积累了相当的语言材料之后进行。

六 继承语文教学传统,加强记诵

“背”与“悟”是传统语文教学的主要经验。“书读百遍,其义自见”,“熟读唐诗三百首,不会吟诗也会吟”。汉语的许多特点,如四声、平仄、音节、语素、汉字、构词法、节律、对偶、意合、重音、语调等都需要反复刺激,大量积淀,才能感知领悟,形成语感。熟读背诵有价值的生动表达、名言警句、精华短章是培养牢固的汉语语感的必由之路。大脑中若未存有几十句数百句好的表达形式,就很难有优美流畅的输出。我们不但要求“熟读成诵”,还得要求“死记硬背”。

印欧语言具有显性形态特征,如主语和谓语存在一致关系,主语不可或缺。汉语缺少严格意义的形态标志,如果完全按西方语言的语法模式来分析汉语、总结规则,就不大适用。汉语重意合、单音节的特点使得汉语句式结构和修辞手法都非常独特。如对偶句的大量使用:“山高月小,水落石出”;“卑鄙是卑鄙者的通行证,高尚是高尚者的墓志铭”。如词语中的重叠与重复:“天天、人人;看看、试试;红彤彤、静悄悄;讨论讨论、研究研究;清清楚楚、认认真真;又高又大、载歌载舞。”再如汉语的节奏和平仄:“好空调,格力造”“高高兴兴上班去,平平安安回家来”。这些深入浅出的语言,除了押韵,还具有平仄和节律,具有抑扬起伏的音乐美,易读、易记、易流传。这些体现汉语特点的结构、修辞方式和音乐之美，光靠讲解，学生是很难掌握的，必须要反复吟读记诵才能慢慢领略其妙处，耳濡目染，形成语感。旧时“对对子”的方法，是培养语感的好方法。

汉语的词组和短语的构造方法与句法有相当的一致性，强化词语搭配形式与词语语义链接功能的教学，在大脑中积累可供提取的词语组合结构（语块），是提高华语教学效率的关键。语块包括固定短语（成语、俗语、惯用语等），如“一日不见，如隔三秋”“不管三七二十一”“话又说回来”“一而再，再而三”“实话跟你说”“错就错在……”“少来这一套”“亏你说得出口”“何必吊死在一棵树上”等，也包括常用的固定搭配，如“在……方面；在……下；与其……不如……”“市场繁荣——繁荣市场”“具有（历史）意义/具有（国际先进）水平/具有（民族）风格”等。固定结构和固定搭配重在掌握语义和使用条件，至于形式和意义联系的理据不是教学的重点。为了提高学习的效率，在很多时候让学生“知其然”就够了，不一定都要“知其所以然”，教学的重点应放在强化记忆和套用固定的语块和句式方面。

赵元任曾结合自己学习外语的体会，强调了背诵的作用①：

“记得我从前在 Cornell 大学学德文的时候，第一年先生是美国人，他很好，在课堂上用德文的时候很多。第二年先生是德国人，他完全用美国传统的旧法子。那时候，美国通行的旧法子，就是在课堂上拿着一本外文的书，看着德文，一句一句翻译成英文。一个学期里面，我就没听到一个整句子的德文。可是我的习惯总是喜欢拿着书哇啦哇啦地念，这一半是受从前读四

① 赵元任《语言问题》，商务印书馆 1997 年版。

书五经的影响，拿着一本书，不求甚解地念。我拿了那个教科书，我不理他，就哇啦哇啦地念，念到句子相当熟。后来考试，我的成绩并不比其他学生差。别的学生也许考得比我好，也许跟我差不多，可是他们没学到德文，我倒是学了一点儿德文，同时考得也不太坏。”

正确的语言输入方法是二语习得的关键，包括唱华文歌曲在内的“背诵输入法”是语言输入的最有效的方式。背诵输入不仅可以克服外语学习者的焦虑情感，使显性语言知识转化为隐性语言知识，增强汉语语感，还可以排除母语干扰，克服母语对汉语的负迁移。背诵还能把语和文结合起来，需要背诵的通常是精华美文，记诵这些经过千锤百炼、凝结着民族智慧和美好情感的佳句名言，能陶冶学习者的情操，增强他们对华文的热爱和对母语的认同。积极的情感与态度是促进目的语习得的巨大力量。同时，背诵输入也是一种主动建构的过程。教师应鼓励学生在理解的基础上背诵，掌握背诵输入这一简单而高效的语言输入方式。

培养华语语感的原则和方法还有很多，但笔者认为输入、交际、转化、建构、记诵这五点是最重要的。

第二节　相关因素[①]

一　华裔学生的口语面貌与强化口头表达训练的必要性

要对华裔学生的汉语口语面貌做全面而详尽的描述是困难的,原因就是状况太过复杂。学生来自五洲四海,生源分布面广,居住国、祖籍地、第一语言与汉语方言背景、社区环境与成长阅历、是土生华人还是新移民子女、来华学习的动机、对母语和母文化的认知程度等方面的情形千差万别,这些主客观因素都可能对学生的汉语口头表达产生直接的、重大的影响,导致个体表现的巨大差异。加上我们目前还缺乏科学有效的量化学生口头表达水平与品质的统计学手段,也没有足够的个案调查可供我们进行定性分析和动态研究,因此,我们对华裔学生口语面貌的考察只能是粗略的、大致的、感性的、扫描式的。

(一) 日常生活交际中的对话能力较强,成段表达能力较差。

由于在初级阶段的口语教学中比较注重单句表达训练,再加上环境的影响,学习、生活中不可避免的交际活动的磨练和引导,加之一些先天因素的作用,华裔学生的日常会话能力形成快,水平较高,一般能够满足平时学习、生活各方面的需要,与中国人交流时虽也存在一定的语言障碍,但几乎不影响双方情感、意愿、主张的理解和沟通。但一旦要进行成段表达,比如讲述一

① 本节选自李善邦《华裔学生的汉语口语教学及其相关因素》,原载《华侨大学学报》2002 年第 4 期。

件事情、解释一个现象、说明一种情况、表达一个愿望，他们中的大多数就会费尽心思沉吟良久，或局促不安语无伦次。进行带理性思辨色彩的成段表达则更是捉襟见肘、困难重重，语义的层次性、逻辑性、连贯性根本无从谈起。

（二）初级阶段口语水平提高迅速而明显，到了中高级阶段反而停滞不前。

一般说来，大部分的华裔学生，即便是零起点的，在经过一段时间的适应性学习之后，听、说能力会迅速提高，基本能够与教学进度同步发展（甚至超前）并达到教学大纲的要求。但在继续学习的过程中，这种进步会逐渐放慢，甚至长时间地原地踏步。具体表现为：词汇短缺，所学过的词语、句型、表达式闲置率和回生率高，知识向技能的转化率低；基本生活会话虽可应付，但习惯使用独词句、无主句，话语长度有限，结构层次简单，不讲究技巧和策略；一旦进入高层次的口头交际，涉及政治、经济、社会文化等具有一定广度与深度的话题时，显得力不从心。

（三）语音面貌好于纯粹的外国人，但带有明显的南方或港台普通话色彩，也体现出居住国语言的某些发音特点。

华裔学生大都具有一定的汉语方言背景，加上青少年学生热衷于对港台艺人及明星的崇拜，喜欢并且经常地、大量地接触港台影视和流行歌曲，因而话语腔调类似南方人口音，或接近港台式普通话。此外，由于受居住国语言的影响，来自不同国家的华裔学生的汉语语音往往有着不同的特征呈现，甚至同一国家不同地区的学生发音特点也不尽一致。比如，来自印尼华人最为集中的城市棉兰的学生，由于当地华人社区通用一种独特的多语融合而成的汉语次生方言（闽南话为主，吸收了广东话、客家话、潮汕话、莆仙话、福清话和当地土著方言成分），其普通话声调、语调和自然度明显好于来自雅加达、泗水、万隆等印尼其他地区的学生。

（四）使用汉语交际时与中国人的文化差异不明显，失误较少，但知识文化几乎是一片空白。

交际是一个信息传递的互动过程。语言在交际中的信息内涵，决定于这种语言的文化因素。如果交际双方属于同一文化系统，其交际过程一般不会因文化差异而受到干扰，反之，则容易遇到文化障碍。

华裔学生的汉语学习虽是第二语言的学习，但就交际文化来说，很难说汉文化是他们的第二文化。绝大多数华裔学生，尤其是东南亚地区的，从小生活在华人社区，对华人的生活习俗、民族特性耳濡目染，心领神会，在其与中国人交往时，文化因素带来的困惑或引发的冲突极少。比如，来自菲、泰、新、马、缅、老、越、印尼的华裔学生，待人接物的态度和方式与我们十分相似。①

但来华前他们对于自己民族的历史，对于祖籍国的政治经济、社会人文却知之甚少乃至一无所知，远不如日韩学生，甚至还比不上欧美学生。之所以如此，不是他们不感兴趣，而是他们几乎没有接受过这方面的教育，也无从获得这方面的信息。因为知识文化的积淀主要来源于长期的学校教育，而华人集中的东南亚一些国家出于民族同化政策的需要，多年来或公开或暗中对多元文化采取种种限制、禁锢措施，国民学校的教育内容中

① 金宁《华裔学生文化教学的探微》，载《海外华文教育文集》，暨南大学出版社1995年版，388页。

要么没有中国和中华文化的一席之地，要么就是违背事实的负面宣传。家庭方面，虽然绝大多数家长都意识到了对孩子进行中华文化教育的重要性和紧迫性，但苦于自身中华文化知识的贫乏（现在的华裔学生大都是第三、第四、第五代华人，他们的父母一般也没有受过系统、全面的中文教育），或专于事业难以兼顾，心有余而力不足，只好顺其自然。而散居在欧美日澳的一些华人新移民，忙于立足生存以便早日融入当地主流社会，无暇虑及子女的母文化教育问题。不过，这种情况现在已有所改变。

知识文化也许不直接影响交际，却是衡量一个人语言水平高低、语言品质优劣的一项重要的隐性指标，作为素质与修养的基本积淀，它对华裔学生口头表达能力向高层次发展有极大的推动和促进作用，这种作用也许是无形的，但可能是决定性的。

通过上面的分析，我们看到，虽然就整体水平而言，华裔学生的口头表达与口头交际强于非华裔学生，口语能力的形成也快于后者，但仍有许多不尽人意之处，离我们学科培养目标的要求还有相当的距离。因此，我们认为，在华文教育中，必须树立和坚持“口语第一”“听说先行”的教学观，加大力度，强化训练，着力培养学生的口头表达能力，进而促进其汉语语言水平、汉语思维能力和中华文化素养的全面提升。

加强口语教学，除了“是培养学生口头表达能力的需要”和“促进语言习得的需要”①以外，其必要性还体现在：

一是强化口头表达训练是提高华文教育的效率、改善华文教育的效果、实现华文教育的效益的最佳途径。现在海外许多

① 吕必松《对外汉语教学概论（讲义）（续十四）》，载《世界汉语教学》1995 年第 4 期。

学校，因受诸多客观条件的限制，再加上教师主观上对口语训练重视不够，导致学生在课堂上练习说话的机会少之又少，这就不符合现代语言教学的规律，也是教学效率低、效益差的一个重要原因。

加强口头表达训练，重视口语能力的培养，最能体现“学以致用”，最能显示华文教育的效果，最能给教学双方带来成就感。从语言技能获得的一般程序和难度来说，听说总是先于读写，也易于读写，读写能力的形成不但滞后，而且需要长期的量的积累。口语教学见效快，学生学一句会一句，会一句用一句。就算我们不这么急功近利，加强口语训练，也有利于中华语言文化的口耳相传，有利于日常交流中潜移默化地对华裔青少年的中华文化人格进行塑造。

二是重视口语教学，同时也是国内华文教育对海外华文教育的一种教学法示范。作为华文教育大本营的国内华教基地，有义务通过自身的教学实践和经验总结，向海外展示这种先进的汉语教学法的优势与长处，并证明，强化口头表达训练有利于实现华文教育的最优化。

二 主体特征及其对口语教学的影响和启示

在教学活动中，学生是主体，他们的年龄、性格、文化程度、学习能力、语言心态、思维方式、语言应用习惯等，对教学的开展和教学的质量都将产生多方面的重要影响。只有了解、把握这些特征，我们的口语教学才能既抓住重点又保证全面，既细致入微又高屋建瓴，既体现阶段性又具有系统性。

（一）第一语言背景与语言能力

多数华裔学生在海外的居住地，语言生态极为复杂，多语交叉、多语混用现象十分普遍，因而他们的第一语言背景也呈现多语融合的特征。他们习惯在日常工作生活中运用的语言，包括所在国国语、英语、居住地方言、华人社区通行或家族家庭使用的汉语方言，个别学生还会说几句普通话。相对于老一辈华人，这些新生代华裔的汉语方言能力明显退化，但英语水平却有所进步，且对居住国国语的认同和熟练程度也远远高于老一辈华人。

（二）年龄、学历、性格

相对于对外汉语方向的纯粹的洋学生，华裔学生具有年龄偏小、学历偏低、性格偏内向的特点。据笔者最近三年（1999.2－2002.2）对100名学生的调查统计，他们入学的平均年龄为17.8岁，只有30%左右接受过或正在接受高等教育，其余大部分为准备上大学的高中毕业生和中学在读生。年龄因素导致多数华裔学生在自制能力、理解能力、知识结构、逻辑思维水平等方面明显不如非华裔学生。另外，华裔学生还具有一般中国人内向、中庸、保守、自谦的性格特征，文静有余，活泼不足，老实听话，缺乏创造性和主动性，不像欧美学生那么具有参与意识，那么好表现。

（三）经验与潜能

复杂多元的语言生态，使多数华裔学生成为能操好几种语言的“多语人”，尽管这主要是环境使然，但以往语言习得的感性体验，能给他们多方面的启发借鉴，有利于他们提高自身语言感觉的敏锐性、语言转换的灵活性和社会文化的适应性。个别学生还由此产生了一种对外语干扰的“免疫力”。而这些，正是我们在口语教学中可以开发利用的宝贵资源。

（四）语言心态——动机、情感、兴趣与信心

华裔学生来华求学，大都是受父母之命，或为了避乱避难，不具备语言学习起码的自愿、自觉动机。即使少数主动前来的，其出发点也多是功利性的而非情感性的。初来乍到，他们对祖籍国的语言文化既好奇又畏惧，既向往又排斥，既感到亲切又觉得陌生，既感兴趣又缺乏信心和毅力，既要顾及家庭对这种语言文化的强调与偏爱，又会想到所在国主流社会对它的否定和歧视，因而呈现出一种复杂、矛盾、多变的心理态势。他们的情绪往往会发生周期性变化，一般都会经历“兴奋——挫折——适应”的循环性波动。

这些主体特征，是我们在教学中必须面对和无法回避的，将给我们在教学的组织、原则、方法和针对性方面以深刻而有益的启示：

第一，在口语教学中，要尽量避免多语思维给学生带来的混乱、障碍和干扰，充分发挥汉语方言的正迁移作用。

学生语言生活中多语共用，对口语教学有弊有利。一方面，容易导致外语和方言成分的大量渗入，在发音、择词、语法、语用、思维方面造成混乱和干扰，使学生的普通话口语带有明显的外语或方言色彩，影响了它的纯洁性、规范性和美感。另一方面又可能使学生凭着多语习得的丰富经验，对不同语言之间的差异有着独特的敏感性和区别能力。特别是汉语方言，作为汉民族语言的一种地方变体，与普通话有着多方面的共性和千丝万缕的联系。尤其在语法方面，方言与普通话的句子结构、语义流程基本一致,不同的仅是些枝节,只要找到了两者的对应规律,就有可能以方言做拐杖和桥梁,提高教学的预见性,有效地帮助学生克服难点,从而大大减轻教学双方的负担,收到事半功倍的效果。

第二,在口语教学中,要善于调动学生积极的情感因素,挖掘其潜在的文化积累,引导主体立场向正确方向转变。

华裔学生,不管他与祖籍国相距多么遥远,不管他对汉语感到多么陌生,骨子里都有一种与生俱来、挥之不去的华人意识和母语情结。他们的情感具有很大的伸缩性。一旦排除了那些阶段性的干扰、障碍,他们的感悟能力、学习潜能、主观积极性和创造性将有可能使他们包括口头表达在内的语言能力突飞猛进。因此,在口语教学中,教师一定要注意运用情感教育的原则方法,密切关注、积极引导学生主体立场的转变,促使他们从教学活动的旁观者变为当事人,从"厌学"变为"愿学",从"要我说"变为"我要说",从说"你们的"语言变为说"我们的"语言。我们还应该建立一个激励机制,鼓励他们想说就说,敢说多说,及时肯定他们的成绩与进步,以增强他们的自信心。学生的自我意识大部分是在教师的评价中萌发、形成、发展的。教师的热情帮助和积极评价,无疑是学生勤学苦练的不可或缺的心理保证。事实证明,学生原来对母语母文化的生疏、怀疑、恐惧是完全可以消除的。

第三,要重视初级阶段的成段表达训练。

人们学习一种新的语言时,往往还是习惯于用第一语言的思维方式进行表达,这对目的语的掌握非常不利。在初级阶段及早进行成段表达训练,有利于帮助学生建立汉语的思维方式和思维逻辑。如果等到中高级阶段再进行这种训练，一切已成定势，要改变将非常困难。①

在初级阶段进行成段表达训练具有许多有利条件。首先，多数华裔学生正值青少年时期，大脑和思维都还处于发育阶段，有很强的可塑性和很大的开发潜力。其次，华裔学生的方言背景，可帮助他们较快地适应、接受和习惯汉语思维模式，并逐渐掌握汉语成段表达的方法。

初级口语课本中的课文一般以会话体为主，不太好进行成段表达训练。这就需要教师根据课文中的词汇、句型、内容精心设计话题。比如让学生对课文内容进行概述或复述，或提出问题让学生讨论。只要引导得法，在早期进行成段训练是完全可行的。

第四，要努力营造轻松、愉快的课堂气氛。

语言学习，常常会使人产生一种焦虑，进而引发“屏蔽效应”。情绪越紧张，信息越不容易输出。在口语课上，由于拘谨怕羞，学生说话时常会手足无措，语无伦次，甚至干脆一声不吭，出现冷场的尴尬局面。因此，创造轻松愉快、生动活泼的课堂气氛，是保证训练顺利进行的一个先决条件。

要创造轻松愉快的课堂气氛，首先必须建立师生间良好的人际关系。华裔学生生长于中华传统人文伦理色彩浓郁的华人家庭，对“人情味”有一种天然的关注和依赖，再加上年龄偏小，大多是第一次远离亲人，感情上特别需要抚慰和关怀。所以，作为老师，一方面要尽心尽力让他们感受到爱的温暖，在师生之间努力营造一种真挚的理解关系；另一方面，又要深入了解学生的

① 顾圣皓、金宁《华文教育教学法研究》，暨南大学出版社 2001 年版。

性格、爱好及学习特点，悉心体察学生的心理状态、情绪变化，帮助他们克服胆怯、自卑等心理障碍。对他们的表达错误，要采取包容的态度，多示范，少批评，以维护他们的自尊心。学生对老师产生了信任，才会消除顾虑，对老师的要求和提问作出积极的回应。

丰富多样的训练方法和张弛有度的教学节奏也有助于保持轻松、愉快的课堂气氛。固定、单一的教学模式容易使学生感到枯燥乏味，所以，教师必须熟练掌握各种不同的训练方法和技巧。这样不但可以调节学生的情绪，还可以提高学生的学习积极性，使他们始终处于一种情绪饱满、积极思维的最佳状态。

三 “环境意识”与“大课堂观”

课堂是语言教学的主阵地，尤其是第二语言的学习，不可能像第一语言那样，有一个自然而然的过程，只能主要依靠学校教育。毫无疑问，华文教育的中心环节是课堂教学。

由于口语教学的目的是培养学生运用汉语进行口头交际的能力，因此在组织课堂教学时，应尽可能地设置情景，创造逼真的交际环境和热烈的交际氛围，使学生的汉语交际能力在生动活泼的课堂实践中不断提高。

但是，口头表达能力的培养光靠有限的课堂实践是远远不够的。我们还必须开辟第二课堂，“开门办学”，走出教室，参加一定的社会语言实践。也就是说，口语教学应从封闭型向开放型转变，应注意课内因素与课外环境的结合。

这是由多种原因决定的。首先，人们学习汉语是为了在华人社会使用汉语作为工作、生活、交际的手段。只有与社会实践相结合的汉语学习，才能真正地为社会实践服务。其次，课堂教学的内容与方式虽然也能以学生的现实需要为立足点和出发点，但毕竟是经过精心设计和巧妙安排的，带有一定的主观性和虚拟性，人为痕迹明显，难免简单化和泡沫化，而纷纭复杂的社会现象却有着难以捉摸的偶然性和突发性，充满了干扰和变数。模拟的课堂很难让人接触和感知各种各样的社会情境以及这些情境中各种各样人的各种各样的语言。同时，课堂语言交际只能是师生或生生之间的单向或双向交流，往往话题狭窄，内容单调，信息量小，实用价值不大。再次，语言是一种社会现象，接触社会对理解汉语并用汉语进行有效交际十分重要，因为这样"极有益于学生的社会观察能力和文化适应能力的锻炼和培养"。①应该看到，学生在汉语环境中学习汉语，这是一个十分有利的条件，有许多社会资源可供挖掘利用，因此，口语训练必须树立"环境意识"和"大课堂观念"，要鼓励、引导学生走出狭小的教室，步入更加广阔、更加开放的社会空间。②

第二课堂语言实践活动的开展要以任务教学法的有关原理和原则作为依据和指导，要做到任务明确、目标明确、方式明确。不能只是把学生带出去随便转一转，逛一逛，放任自流。有形式而没有目标与内容的所谓课外实践，学生充其量只能学会几句简单的马路语言。另外，活动的方式应丰富多彩，不一而足，我们可以经常组织学生到名胜古迹、工矿企业、市场商店、机关学校、渔乡农村、百姓家庭参观、考察、调查、采访，也可举办各种讲座、座谈、讨论、辩论、演讲、表演，还可利用影视音像制品，在娱

---

① 李善邦《文语兼顾育教并重》，载《华侨大学学报》2001 年第 3 期。

② 李善邦《汉语口语课课堂训练方式及其运用》，载《八桂侨刊》2002 年第 1 期。

乐消闲中不经意地接受听说训练。总之，既要有广泛充实的内容，又要有富于创意的形式，因地制宜，不拘一格。

第三节　教学难点①

在对外汉语教学中，“口语课”是培养学习者的口头表达能力和口头交际能力的一门技能训练课。这对来华学习汉语的留学生来说是十分重要的。但多年来口语课的课堂教学并不令人满意，一方面学生渴望学到一口标准、地道的普通话，另一方面却对汉语口语课缺乏应有的兴趣。究其原因，这主要是由于我们对持不同母语的留学生的学习习惯、学习特点、学习障碍等主体特征缺乏准确的把握，在教学中不能有效地突出教学重点和难点，从而无法对学生进行有针对性的指导和训练。

对外汉语教学的主要对象是来自世界各国的留学生，其中有相当一部分是具有华人血统的华裔学生。这些学生无论是在文化背景、语言能力还是语言障碍方面，跟纯粹的外国留学生都有着很大的差异。了解这些特点，对搞好华裔学生的口语教学至关重要。

一　*华裔学生的学习特点*

（一）听说能力强，语感好

据统计，海外华人家庭中，有70%以上的家长或多或少地

---

①　本节选自罗平立《华裔留学生汉语口语教学浅谈》，原载《玉林师范学院学报（哲学社会科学版）》2009年第1期。

使用汉语方言。这个数据说明，华裔学生中相当多的人从小就受到汉语方言的影响，有的还会听、会说一些方言。这对他们的学习来说，无疑是一种极好的有利条件。华裔学生在口语表达方面具有天然的优势，即使是零起点的学生，他们在口语方面的能力也往往大大超出外国留学生。

（二）对汉语和汉文化有较强的感悟力

海外华人大多居住在华人比较集中的社区内，这些华人社区至今还保持着许多古老的中华文化传统。在这种文化氛围和教育环境中长大的华裔学生，在感情、文化和思维方式上和我们有着很多相通之处。他们在学习汉语时，对有关中华文化的内容有很强的感悟力和理解力，并且表现出很大的兴趣。这种对中华文化的认同自然而然地渗透到语言的学习过程中，因而对汉语有着较强的理解能力和接受能力。在学习汉语时，不容易因为文化背景的差异而产生障碍和误解。

（三）语音明显带有华人社区方言和居住国语言的发音特点

华裔学生多数从小受到父母方言的影响，所以学习汉语口语时带有较浓厚的方言特征。尤其是东南亚华人，祖籍多为福建、广东，因而他们学习普通话时一般都带有闽、粤方言的特点，如没有卷舌音 zh、ch、sh，h、f 不分等。声调方面主要是受居住国语言的语音影响，居住在不同国家的华人学生在学习汉语声调时呈现出不同的特征。这些语音上的毛病往往根深蒂固，改正起来难度相当大。

（四）性格内向，不善言辞

来华学习的华裔学生平均年龄大约在 18 岁至 20 岁，只有 30%～40%的人接受过大学教育，其余大部分为高中毕业生或中学在读学生，在自制能力、理解能力等方面比欧美学生差。另外，华裔学生一般性格比较内向，在课堂上沉静有余，活泼不足，学习比较被动。这势必会影响到他们口语水平的提高。所以，在听说教学中教师应努力激发他们的学习愿望和兴趣，鼓励他们大胆、主动地参与到教学中去。

二　华裔学生口语教学的难点分析

在教学中我们发现，来自不同国家和地区的留学生，因其语言、思维、文化背景等方面存在明显的差异，在学习汉语口语时，存在着不同的学习障碍。所以，我们必须针对学生的这些学习难点进行重点训练。华裔学生在学习口语时的难点主要表现在以下几个方面：

（一）语音方面

人们在学习一种新的语言时，常常习惯于用母语的语音规律代替目的语的语音规律。比如外国人学习汉语时就常常用母语中的近似音代替汉语的音素，从而产生了语音的偏误；另外，大部分外国人的母语没有声调，如英语、德语、西班牙语、俄语等，因此在学习汉语时自然没有声调意识，也就很容易出现偏误。因此，我们一般都把语音教学放在很重要的地位。

但是，华裔学生的情况却有所不同。他们在学习汉语口语时，发音明显带有家族方言或华人社区方言的发音特点，跟中国的南方人说普通话差不多，不像外国人的“洋腔洋调”那样让人不能忍受，所以常常不容易引起老师的重视和注意。其特点主要表现在以下两方面：

第一，华裔学生受父母方言影响，学习汉语的发音、声调比外国人要容易。但汉语方言的语音本身跟标准的普通话存在着相当大的差异，尤其是大部分华人所使用的闽方言、粤方言。这些方言对他们的影响往往根深蒂固，纠正起来反而比非华裔学生难度大。比如卷舌音、儿化音、轻声等，华裔学生就很不容易学好。

第二，华裔学生的语音同时也受居住国语音的影响。华裔学生大多来自东南亚，东南亚各国语言多为非声调语言，如印尼语、菲律宾语、马来语等。所以，来自这些国家的华裔学生学习声调难度也很大，在发音方面也明显带有居住国语音的特点，如印尼学生总是把 ü 说成 i，üan 读成 ian，如“我去医院”会说成“Wǒ qì yī yàn”。而泰国学生则常常 uang、uan 不分，uo、ua 不分，把“上船”说成“上床”，“过了一天”说成“挂了一天”。所以，我们在对华裔学生进行口语教学时，一方面要注意研究普通话与学生母语的语音对应规律，同时也应考虑普通话与汉语方言的语音对应规律。根据学生的学习特点，对症下药，才能取得事半功倍的效果。

（二）语法方面

语法是语言的四大要素之一，是人们说话时必须遵守的习惯。汉语与印欧语系的语言在语法上存在着很大的差异。汉语缺少严格意义的词形变化，语序和虚词是表达语法意义的主要手段。所以，外国人在学习汉语时，语法规则常常成为他们学习中最大的障碍之一。

华裔学生因受父母方言的影响，学习汉语有很好的语感。他们学习汉语语法的能力比外国人强得多。一般来说，比较简单、常用的句型，他们不会像外国人那样出现如词序颠倒、乱用时态等错误。但汉语对他们来说毕竟是一种新的语言,语法仍然是他们学习汉语口语的一大难点,他们的语法错误主要表现在如下方面:

第一,汉语方言负迁移产生的错误。

大部分华裔学生在来华学习汉语之前已经会听、会说一点儿方言,这些方言往往会对学习汉语语法产生一些负面影响。比如懂闽方言的学生常常会说出“我有看这个电影”“他回去日本了”等句型。

第二,母语负迁移产生的语法错误。

母语负迁移是影响语法学习的主要因素。学生常常用母语的语法规则来替代汉语的语法规则,因而产生了词序颠倒、词语残缺、词语混用等语法错误。如:“我不要去看电影跟他”“他把书放在椅子”。

第三,对较复杂的语法规则掌握不全而产生的语法错误。

学生常常把学过的语法规则进行不适当的类推,结果产生了语法错误。比如在学习“把”字句时,学生掌握了“把书放在桌上”“把衣服扔在床上”这样的句型,由此类推出“把饭吃在食堂”“把作业做在宿舍”的错误句型。有些汉语句型比较复杂,学生觉得难以掌握,干脆采取回避的态度。

(三) 语用规则方面

在以往的口语教学中,我们一般只注重句子的语义分析而忽略了语用分析。所以学生在实际交际中,往往只注意句子的表面意义,而不理解在具体谈话背景、讲话语境以及交谈双方的左右下产生的实际意义,从而产生理解上的错误;在表达时不能选择适当的词语和句式、适当的语体和应对方式,也会出现词不达意或语用失误,影响了正常的交际。

比如:有时候,中国人见到好朋友可以用"最近死到哪儿去了"来打招呼,以示关系亲密。可是如果外国人也学着这样跟并不熟识的人打招呼,一定会产生误会。又比如用"您今年几岁了"问老人年龄,句子虽然符合语法规则,但不符合语用规则,老人听了肯定很不高兴。

语用规则是很复杂的,它随着交际场所、交际对象、交际目的等的变化而变化,是一种"活"的语言规则。所以,我们在口语教学中不能只局限于教给学生词句的固定语义,而应该把教学放在实际的交际当中,才有可能真正提高学生的口语水平。

(四)成段表达能力方面

成段表达训练是多种语言现象的综合训练,主要包括把句子组织成语段、把语段组织成语篇的能力训练。在实际交际中,人们往往不可能只用单独的一句话来表达自己的思想感情和意见,这就需要掌握句子与句子、语段与语段之间的连接规则。不但要做到有密切的语义联系,还必须条理清楚、层次分明。这对包括华裔学生在内的初学汉语的留学生来说确实困难不小。我们在教学中常常发现,让学生做单句练习时,他们说出的句子并没有什么语病,但在组句成篇时就显得特别别扭。要么层次混乱,要么整段话只会用"然后"连接句子,句与句之间缺乏必要的关联。成段表达能力的欠缺,将直接影响到口语的交际。

三 提高口语课课堂教学质量的措施

华裔学生一般来说性格比较内向,不太爱说话和交际,上课常常只听不练,阻碍了他们说话能力的提高。因此,如何启发、引导学生产生表达的愿望，并帮助他们用尽可能准确、得体的方式表达出来，是口语课课堂教学最根本的任务。

（一）建立欢快活泼的课堂环境

人们在学习一种新的语言时，常常会产生一种焦虑情绪，情绪越紧张，信息越不容易输入大脑。在学习口语表达时更是如此。由于紧张，学生说话时常常会手足无措、语无伦次，在课堂上因为怕羞，就干脆不说话。所以，口语课课堂上常常会出现冷场的尴尬局面。由此可见，创造轻松愉快、生动活泼的课堂气氛，是保证口语课顺利进行的一个重要条件。

要创造轻松愉快的课堂气氛，首先要在师生之间建立良好的人际关系。如前所述，来华学习的华裔学生平均年龄小，自制力和独立性较差，性格内向，不善言辞，因此很容易产生思亲恋家甚至厌学的心理。因此华文教师不仅要传授给他们知识和文化，更重要的是需要给他们更多的关爱，建立起良好的师生关系，帮助他们克服来华后在学习、生活中的各种问题和困难，让他们对老师产生信任，为今后的教学打下情感基础。此外，教师还应深入了解学生的性格、爱好和学习特点，具有针对性地因材施教；同时，由于华裔学生不少正处于青春期，性格敏感、好面子，所以教师还应密切注意学生心理、情绪上的变化，采取多鼓励、少批评的包容态度，以免伤害到他们的自尊心和自信心。

教学方法和课堂节奏是决定教学成败的重要因素之一。古板、单调的方法易使学生感到疲倦无趣而影响教学效果，而灵活多样的教学方法和松紧相间的教学节奏则十分有利于营造活泼、愉悦的课堂氛围。在课堂教学中，运用多种不同的方法进行口语训练，不但可以调节学生的情绪，还可以提高学生的学习积极性。另外，教师应根据学生的年龄、心理、生理特征，适当地调整好上课的节奏，使学生始终处于一种情绪饱满、积极思维的最佳状态。

幽默生动的语言也是课堂气氛的调节剂。老师生动的讲述、幽默的插话，不但可以拉近师生之间的心理距离，给课堂带来轻松、愉快的气氛，而且可以激发学生的学习兴趣，启发学生的创造力，延长注意力集中的时间。生动幽默的语言实际上对学生也起到了一种潜移默化的语言示范作用，学生由此会对所学的语言产生浓厚的兴趣，并积极参与到教学中去。

(二) 营造真实、自然的语言环境

语言环境是指语言表达和语言交际的环境。人们在说话时，会因交际时间、地点、场合和对象等的不同而采用不同的表达方式。所以，我们在进行口语教学时，不但要教会学生课本所提供的词汇、语法、基本句型等的语法意义，更重要的是把它们放到真实、自然的语言环境中进行交际性的操练，并在真实的情景中理解它们的含义。

在课堂教学中，教师必须根据课文所提供的词汇、句型，精心为学生设计出各种现实生活中真实的场景进行口语训练。比如"探望"，我们可以为学生设计出"探望老师""探望长辈""探望朋友""探望同事"等话题进行情景对话训练，让学生了解在什么场合说什么话才算得体。中高级口语更应把如何构拟一个真实自然的语境作为重点、难点来抓。中高级口语的词汇已超出了初级口语日常用语的范围，话题常涉及婚姻、家庭、教育、环保、法律、体育、文化等社会问题，这些话题对于年龄较小、社会阅历较浅的华裔学生来说，与他们的日常生活用语离得较远，课文中的词、句很少有机会在真实的语境中实践。所以，教师为他们营造出跟课文内容相适应的真实语境就显得尤为重要。我们可以通过表演、讨论、辩论等训练方式把学生带入到构拟的情境当中。比如"表演"，老师应先为学生设计出主要情节、分配角色并给定一些课文中的重点词汇、句型要求学生使用。学生利用课余时间讨论、预演之后，再在课堂上进行正式表演。整个过程老师都要参与其中，给他们提供必要的帮助，这样才能取得预期的效果。

（三）加强初级华裔学生的口语段落表达

受家庭语言环境的影响，华裔学生具有一定的语感和较强的听、说能力，在初级阶段的字句表达上也比外国留学生更有优势。因此，一些教师在初级口语教学中就可能只满足于学生零碎的字句表达；而忽视了完整的段落表达。有些人认为，在初级阶段，学生的语法和词汇较少，练习成段表达困难重重，甚至会打击学生的自信心和积极性，不如等到中、高级阶段再进行比较好。实际上，在初级阶段进行段落表达的训练不仅完全可行，而且还十分重要。首先，成段表达是留学生口语教学的难点之一，对那些年龄偏小的华裔学生来说更是如此。不过，由于他们的语言和思维能力还在发展中，模仿力和接受力也很强，所以这时的成段表达训练可以帮助他们从一开始就建立用汉语表达的习惯，使其汉语语言能力和逻辑思维能力同时发展，降低母语思维的干扰和定势。其次，华裔学生具有较好的语感和听、说能力，所以在初学汉语时就加强口语段落表达的训练一方面有助于培养其汉语逻辑思维，另一方面也能够建立他们学习汉语的信心，让他们具有成就感。再次，目前很多口语课本都采取了“功能+情景+交际”的编写模式，在话题设计上也比较新颖，教师应充分利用课本优势组织学生进行成段表达训练。对那些以会话体为主的课文，教师可采取复述课文、看图说话、连句成段、描摹事物、组织讨论等方法；而在成段表达的选题上，我们可以由课文出发，引申出一些与学生学习、生活相关的话题，激发他们的兴趣和表达欲望，再加上教师对特定语法和词汇的精心设计，完全可以引导学生完成一段成功的表达。

（四）有针对性地进行口语语法训练

口语是人们实现交际最重要的手段之一，人们在说话的时候，不但需要掌握大量的语言词汇，而且需要运用相应的语法规则把词或词组组织成句子或语段，才能达到交际的目的。口语课进行语法教学对初学汉语的人来说十分重要，第一，学生在基础汉语课上虽然学习了语法规则，但掌握得并不牢固，而且实际操练的时间很少，所以，一到正式进行口语交际时，常常错误百出，早就把学过的语法规则忘到了脑后。口语课进行语法训练有助于强化学生的语法概念。第二，汉语书面语的语法跟口语语法具有不同的特点，有必要向学生进行说明。第三，口语教学以“说”为主，在学生进行口语表达练习时，更容易发现其语法错误，纠正起来就更有针对性，比讲授语法知识效果更佳。口语课语法教学的目的主要是加强学生学习汉语语法的心理意识，培养学生的语感。

但是，口语课的语法教学与基础汉语课的语法教学应具有不同的侧重点。口语课的语法教学应贯彻少讲多练的原则，并且应该根据学生的学习难点有针对性地进行强化训练，不需要面面俱到。比如“把”字句是一个语法难点，“把”字句的语法规则汉语课已经讲过了，口语课可以少讲或不讲，但教师必须提供大量的“把”字句让学生进行模仿练习，并及时纠正他们说话时的语法错误。除了机械性模仿外，训练的方法可以多种多样，如提问、造句等。在口语课语法教学中，我们还要注意一个问题，那就是要适量、适度。练习量不要太大，时间也不宜过长，一节课重点练习一两个语法点为好。在学生进行遣词造句、成段表达等练习出现语法错误时，应适当地予以纠正，以便加深他们对所学语法规则的印象，尽量减少语病出现。教学实践也证明，在经过有针对性的口语语法训练以后，学生的语感也随之增强，在表达时常常无意识地运用语法规则，自然而然地表达自己的思想。

第四节　现状与革新①

一　引言

作为新加坡华族学生的母语，华语在学校作为单科学习，且在社会里的实用价值不高，再加上英语日渐成为主要家庭用语，华语因而成为第二语言。在华语学习中，学生不仅阅读、写作能力每况愈下，口语能力也愈来愈令人担忧。

① 本节选自吴宝发、张曦姗、谢瑞芳《新加坡中学华语学习中的口语教学初探》，原载《内蒙古师范大学学报（教育科学版）》2011 年第 6 期。

新加坡《联合早报》副总编辑吴元华指出了新加坡华语文的困境："能够讲相当标准和流畅的华语者只占少数。大多数年轻的华人缺乏足够的华文词汇和习惯表达法，在正式场合常常词不达意。在日常生活中，多数人所讲的华语掺杂了英语，甚至是方言或马来语的词汇，使讲地道华语者不知所云。"[①]

此外，不少教育工作者也都很关注学生口语交际能力下滑的问题[②]，然而在新加坡，专门针对中学生华语口语教学问题的研究尚属于起步阶段。有一些学校虽然曾经针对口语教学进行研究，但仅限于个别学校的小型校本研究。[③] 迄今为止，大多数学校仍没有把口语教学纳入正规课程，口语教学仍然缺乏持续性的教学策略，课堂口语教学的效益不高，这些都是困扰新加坡华文老师的问题。而中学生口语能力的提升，就成为许多学者和教师关注和急需探讨的课题。

我们从特级教师的角度，通过多年的教学实践，结合课堂观察以及对多所学校的主任和老师进行电话采访调研，探讨目前学校老师与学生在口语教学中所面对的困难与挑战，尝试提出具体可行的教学理论与框架来帮助老师进行口语教学，进一步提升中学生的口语表达能力。

---

① 吴元华《华语文在新加坡的现状与前景》，创意圈出版社 2004 年版。

② 学者郭振羽、祝新华、周清海和吴英成分别从社会语言学的角度以年轻人用语为研究对象，提到英语社会地位日益提高而华语日渐式微的现象。吴英成在《汉语国际传播：新加坡的视角》还提出"脱华入英"的说法。

③ 新加坡西区第四校群于 2008 年曾经完成"探讨 News maker 如何提高学生的口语能力"的行动研究；2010 年则完成"如何通过多媒体平台培养学生口语自学能力"的研究报告。巴耶礼峇美以美女子学校（中学）的王学萍老师也于 2008 年完成"运用校园播客进行口语训练，提高中二高级华文学生的口语表达能力"的研究报告，但这些都是属于比较小型的口语校本研究。

二 新加坡华语口语教学的现状

根据新加坡教育部2002年中学华文课程纲要(简称课程纲要),语文微技能听、说、读、写是在综合教学法框架下进行的。该课程纲要强调系统地、循序渐进地培养语文能力,传授语文知识。课程设计以单元为主,教学上采取自学探究、重点讲授、综合训练、总结巩固等方法。这种教学法对培养学生的自学能力、系统地掌握知识的能力以及发展学生的智力有利。学生通过配合教材设计的教学活动激活主动性思维,亲自去探索和发现课文和辅助教材里深邃的人文内容和语文知识,如句型、写作和表达手法。综合教学法也很好地融合了新加坡教育部和国家政府所提倡的创意教学。在课堂教学中,学生运用创造性思维进行语文学习,意识到身边的生活经历和生活事件对个人的作用与影响,敏感地发现事先未知的结果,或主动地探索新的阐释观点,通过不同的管道与途径,发表自己的观点和看法。

综合教学法在新加坡的成效是有目共睹的,然而,在教学上,听、说、读、写四大语文微技能不容易彻底贯彻始终。不少学校教师在工作岗位上尽心尽力,发挥创意设计了不少新颖的教学活动,比如:生活剪贴簿、创意阅读报告、创意写作等。这些教学活动显然更多集中在写作和阅读的培训上,易造成语文技能学习上的失衡。截至2006年,新加坡剑桥普通教育证书(普通水准)华文会考虽考核听、说、读、写四大技能,但听、说所占的比例仍比较小。此外,在综合教学法大框架下,一位课堂教师必须同时注意学生在听、说、读、写方面的要求,这种一把抓的要求反而分散了语文学习的焦点。在新加坡越来越多的家庭选择以英语作为主要家庭沟通语的大环境下，华文教师陷入四大语文微技能教学捉襟见肘的窘境。①

对于一般学校来说，听、说、读、写是在教室里有限课时进行的，在操作上有很大的改进空间，在听说方面尤为迫切。课堂听说教学一般采取以下方式进行：

在听的方面，按练习机会的多寡整理如下：(1)聆听新加坡教育部配合教材制作的课文录音，学生完成听话训练。(2) 学生在教师解释课文内容前聆听课文录音，扫除生字生词的障碍。(3) 在上课时，聆听老师的教学内容，比如对词语的解释，内容说明，活动指示。(4)聆听同学们针对老师提问的回答。

在说的方面，按练习机会的多寡整理如下：(1)回答老师在动机教学活动时的点名提问。(2)回答老师针对课文的点名提问。(3)向老师提出疑问。(4)校内考试和全国大考前的针对性密集式的准备。②

根据以上整理，我们不难发现在课堂上确实有听说教学活动教师是听说教学的中心，活动围绕课本内容，主要是以提问和回答对话式进行，注重的是对篇章内容的理解与掌握。在进行听说教学时，学生多数时候处于被动状态，是一种简单的刺激与反应学习模式，学习的主动性被忽略。此外，在这样的听说教学方式下，学生说话机会多寡直接取决于老师的点名，学生在说话时会担心自己答案的正确性，性格内向和语文水平低的学生有

① 新加坡教育部于 2010 年 4 月 21 日在《联合早报》上公布一项调查，指出近 60%的小一新生家长表示英语是他们家庭的主要用语。

② 校内口试以老师和学生一对一的方式进行。在毕业班阶段，多以老师分析考题和讲解考试要求为主，大多在每年六月会考后和第三学段前两周进行。

被边缘化的可能，失去了口语学习的机会。

2006年新加坡剑桥普通教育证书（普通水准）会考对试卷三（即口试和听力理解）作出了考试分数比重的调整，从25%增加至30%，反映了“先听说、后读写”的语文学习理念。[①]

然而在教学方面，教科书设计继续以重理解课文内容的师生对话式为主；在培训方面，听说教学的培训课程如凤毛麟角，多数老师误以为目前的听说教学就是口语教学。

三　华语口语教学改革的方向

实际上，近年来新加坡教育工作者已经开始重视学生口语能力的培养，在课堂教学上注意学生口语的训练。虽然新加坡中学教师囿于种种原因，常将应考式会话和听力教学等同于口语教学。但课堂口语教学并不是一片空白，语文知识有词汇、句型，教学策略上有合作式学习，如小组讨论与报告、专题作业报告等口语交流和表达方式纷纷出现在课堂里。一些学校甚至不惜投入资金，建立多媒体平台，让学生上传所录制的录音片段和所拍摄的录像短片作业，或设立学校新闻台让学生进行角色扮演，制作和报道各类校园新闻[②]，或购买 News Teach 等教学软件，通过虚拟有趣新闻的场景训练学生的口语能力。一些校群通过集体合作开发学生口语自学平台。近来，还有学校或聘请戏剧专才，或派遣老师进行戏剧培训，将戏剧引入课堂教学，利

① 新加坡考评局网站资料，网址：http://www.seab.gov.sg/。2005年及之前的口试和听力试卷占25%，其余分别是试卷一（实用文和作文），试卷二（综合填空、阅读理解）。

② 尤索依萨中学校内特别辟设校内新闻摄影棚供老师进行语文教学。

用戏剧呈现各类生活话题，然后借用戏剧表演中的定格法让学生讨论其中的话题，并借助戏剧表演中表演者和观众打成一片的方式，让学生和学生演员进行沟通。[①]

这些听说教学法无疑比被动式听说教学活动跨进了一大步，以学生为学习中心的交流式学习替代了以教师为中心的对答式学习。教学活动的多样化提高了学生学习的兴趣，其学习主动性、积极性、参与性大为提高。教师也有意识地设计课堂听说教学活动，走出现有教材的有限范围，拓展教学内容的广度与深度，在课堂上创造口语教学的有利条件，具体如下：(1)设计配合课文主题的听说活动。(2)利用网络媒体资料，如 Youtube 等网上视频为辅助教材，加强学习的互动性与参与性。(3)强调社会新闻或事件对个人的作用，提高学生对生活类话题的关注。

但是，这类听说教学活动仍存有很大的讨论空间，主要表现在话题的随机性强，无法确定学生的参与度，应考性强，仰赖学校教师的自觉性和参与度。首先，由于听说话题是扩展性质和辅助性质的教学，这便决定了活动进行的时机和内容的随机性，给教学设计带来极大的挑战。按中学华文教育内容循序渐进的学习原则，从低年级的个人与家庭的主题逐渐向高年级的个人和社会环境主题学习转变。一些话题如环保、升学、青年压力等常青话题的争议性比较少，教师在选择这些话题入题时挑战也相对小。可是，其他话题如新加坡服务业、接纳新移民、客工和女佣、黄丝带改造计划等多为一时的热门话题，时间性比较强，内容涉及层面比较广泛，同时涵盖语文知识学习点，给课堂教学

① 武吉班让政府中学、毅道中学和德明政府中学都系统地将戏剧融合入华文教学中，在课堂教学时采取戏剧定格法，让学生讨论戏剧里的话题。

带来一定的挑战。

其次,一些活动如讨论小组等无法确保学生的参与度。性格文静内向,语文能力差的学生在小组活动时多处于被动地位,参与度较低。另外,学生在活动进行时使用英语沟通增加了教师课堂管理的负担,也影响了学生在活动时应有的参与度。

再次,听说课题的设计与选择仍摆脱不了应考的影子。实际上,学生中四(中五)所参加的新加坡剑桥普通水准证书会考所考核的内容基本上离不开学生的生活与社会话题,然而这类话题繁多,教师往往陷入为应付考试而准备的境地,忽略了学生在交际沟通上的需要。这也是中学语文教学上一直存在的误区:教师误以为学生在口试中考到特优或优等的成绩等同于完成了口语能力的培养。

有鉴于此,我们认为新加坡中学未来的华文口语教学必须符合以下原则:(1)厘清口语教学和传统听说教学的不同,前者的口语学习不仅仅为应试,而是将它视为一种终生语文技能来学习。(2)继续全面采取由扶到放的教学策略,摆脱只为应付校内口语考试的备考式教学。(3)采取针对性强的二语教学,认清学生主要沟通语言是英语的现实。(4)从过去仅重课文理解的师生互动扩展为生生互动,配合课文创设真实学习情境,让学生重新发现语言的实用性。(5)重视校本口语教材的开发,一方面辅助口语教材,另一方面也让教师得到专业成长。

四 校本口语教材的编制与教学策略

(一) 校本口语教材的编制

教材是课堂教学的主要依据,教材的编写是否符合未来口语教学的要求,能否提高学生的口语能力非常重要。教育管理机构在开发口语教材上责无旁贷,然而面对不同学校不同学生的学习需求[①],教育管理机构也只能起引导作用。中学教师可以借助教育部门和校群的力量,根据学生素质与教课状况开发一套系统、科学、操作性强的校本口语教材,以达到最佳的教学效果。在编制校本教材时,应注意上文提到的口语教学原则:

1.教学目标明确。教材的教学目标不仅要明确,而且要有系统性。系统性即指由浅入深,由点到面,考量从中一到中四(或中五)的难易程度。再者,教材的编写不应该一味强调以应试为目的,口语的训练与培养是一项技能,学生在离开学校、踏入社会后,仍然可以运用这门语言技能,终身受益。因此,口语教材编制的基本目标应该充分体现学习的实用性,以激发学生的兴趣和学习动力。

2.贴近时代、社会与学生的生活。教材的编写不能脱离实际,一定要与时俱进,与社会新闻事件挂钩,紧密联系学生的现实生活经验,提供真实的、可操作与应用的语料,让学生明了课堂上的学习是实用的,是在为将来的职场生活做准备。

3.趣味性与多元性。对很多新加坡中学生来说,华文一直是他们心中沉重的负担。因此,编写教材时要考虑学生的心理特点,从版面设计、插图、语料、内容到教学活动都要注意其生动性与多元性。根据教育学理论,兴趣是最好的老师,学生对教材有了兴趣,就会产生学习的内在动力。

4.设置具体真实的情境。口语教材必须考虑创设与实际生

---

① 新加坡教育体系里设有特选中学、自治中学和一般中学(俗称邻里中学)。课程方面则设有直通车课程、快捷课程、普通(学术)课程和普通(工艺)课程。

活类似的情境，以学生为主体，让学生在虚拟却又具体的情境中有一种身临其境的感觉，再基于自己的理解与认识自由发表看法，从中锻炼口语能力。

校本教材编写完成后，老师在课堂上要灵活使用，并在必要的时候做出适当的调整。在使用教材时，教师一定要懂得因材施教，因时制宜。

(二) 口语教学策略

前文已经提及新加坡中学口语教学的种种不足，究其原因，不外乎很多老师不知道如何有系统地编排口语教学活动，手上也没有一套完整的口语教材，因此并没有把口语教学纳入教学进度中，口语教学变成一种随机教学，没有明确的教学目标与策略。

一般而言，语文教学的基本框架涉及语言的输入与输出。美国语言学家克拉申提出了语言“输入假说”（The Input Hypothesis），认为语言输入应该遵循“i+1”原则。[①] 克拉申认为人们学习语言是通过输入略高于现有能力水平的信息与新的内容而习得的。理想的语言输入应该既有趣又有关联，而且有足够的输入量，如此一来，学习者才能根据自己的水平，不断努力，吸收新的语言材料，逐步提高其学习语言的技能。学习者的语言水平就可由 i 发展到 i+1。而克拉申认为这样的“i+1”原则是会自动生成的，无须刻意追求。

M.Swain 通过对加拿大法语浸入法学习计划的长期研究发现：只有大量的可理解输入而没有准确性的输出也无法成功

---

① Krashen, S. *The Input Hypothesis: Issues and Implications*. London: Longman, 1985.

学习语言。[①] 因此，她提出"输出假说"（The Output Hypothesis），指出只有通过语言表达和语言实践才可以提高语言表达的准确性与流畅性。

根据 Krashen 和 Swain 语言输入、输出理论，学校老师、高级教师、科主任和部门主任不应视口语教学为随机性的，而应有意识地将教学活动和教学策略结合，进而提高口语教学的效率。以下建议的课堂教学策略只是众多策略之一，建立在上文所提到的口语教学原则上。

1. 课前 3 分钟的口语练习活动：很多老师往往一踏进教室就分秒必争地进入课文讲解，生怕无法完成教学进度。其实，每次上语文课时，安排一名学生进行 3 分钟的口语练习并不会浪费教学时间，反而会调动学生的学习主动性，通过长年累月地口语训练达到由扶到放的教学效果。

3 分钟口语练习的形式不妨由学生选择，例如：讲述生活中亲身经历的小故事、热门的新闻、一部电影或一本书的观感甚至一句名言警句对自己的启迪等。让每位学生一年四个学期之中，至少有两次与全班同学和老师分享他自行选择的说话素材，这样不仅能锻炼口语表达能力，也能为生性木讷内向、不善辞令的学生提供在大众面前说话的机会，提高自信心。

2. 融合多媒体的口语训练活动：21 世纪是信息时代，学生对新媒体极为熟悉，接受信息的方式也更为多元化。因此，课堂里的教学方式也应该与时俱进，以先进的多媒体改变现有的师

---

① Merrill Swain. Integrating Language and Content in Immersion Classrooms: Research Perspectives. *The Canadian Modern Language Review*, 1996.

生互动，并强化生生互动，配合多元智能学习需要。

观看录像视频就是一个简易有效的方法。例如在与中学生谈及亲情的话题时，可采用新加坡知名导演陈子谦的12分钟电影《小字条》，以短片中温馨的母子情展开话题；又比如“环保”是一个非常贴近生活的社会话题，让学生上网观赏多所学校所呈现的新闻剧场，在学生了解了基本的环保知识与背景之后，再展开口语交际的训练，效果肯定事半功倍。

3.结合阅读篇章安排相应的口语交际训练：报章新闻不仅是一个贴近生活的教学资源，也是灌输和修正价值观的好题材。例如：2010年6月5日的《联合早报》上有一则“涉在地铁车身外涂鸦，瑞士籍男子今天被控破坏公物与私闯禁区”的本地新闻。老师不妨以这则轰动本地的新闻为基础，有目的地设定教学目标，配以合作学习的教学策略，充分发挥口语教学互动性强的特点，使学生积极投入学习，生生互动，培养口语能力。

进行合作学习时，必须先指导学生如何以“六何法”叙述事件，再让学生掌握相关的词汇、句型、话题背景等知识。当合作小组进行讨论时，要求学生要把活动延伸到讨论破坏公物、涂鸦、鞭刑、严刑峻法所起的作用等。在活动进行时，老师必须严格让学生以华语参与讨论，并从中给予协助，让学生在讨论中提升口语能力。

4.课外访谈、课堂口头呈现报告：为了避免口语教学陷入随机教学的境地，任务型教学（Task-Based Learning）有目的性和情境鲜明的教学模式值得参考。换言之，教师安排学生在完成某个任务的过程中学习并掌握语言技能和语言知识。这种任务型的学习是让教师大胆地安排学生走出课室，到生活中去运用语言，让他们切身感受华语是一门活的语言，是绝对能够学以致用的。

在任务型教学下，教师针对中三快捷课文《原貌馆》和《羔呸店》设计"寻根"主题教学。先教这两篇课文，让学生对我们祖先的生活面貌有一个初步的了解，并掌握了一定的语言知识之后，安排学生利用访谈的方式，用华语和家中的长辈沟通，了解长辈远渡重洋、披荆斩棘一路走来的血泪事迹。老师针对学习需要设计一系列的问题。如：

(1)请问您的原籍在哪里？

(2)请问您小时候的生活和现在小孩的生活有什么不同？

(3)为什么您会选择从事现在的行业？

(4)您有什么经验要和后辈分享？

这样的学习活动不仅提高学生在学习上的参与性，也能加深学生对家人的认识，提高家庭的凝聚力；更重要的是，学生经过与家人的访谈、回到班级与同学的讨论分享、口头呈现报告这一连串的口语输出活动，肯定能达到老师在设计这项活动时的教学目标。

5. 创设学习情境提升口语能力：在口语教学过程中，老师应善于创设学习情境，学生通过角色扮演、戏剧定格法等途径让口语教学深入地展开。例如：新加坡不久前刚成功举办首届青少年奥运会，学生可以从电视新闻、报章等媒介获知与青奥会有关的信息，这便是一个贴近学生生活的话题。教师可以预先在课堂上与学生讨论新加坡主办青奥会的前因后果与来龙去脉，然后创设一个街头访问的情境，安排一名口语能力与组织能力比较强的学生担任记者，再由数名学生扮演路人，访问他们以下问题：

(1)身为国民,你如何为青奥会尽一份力?

(2)你认为新加坡主办青奥会有什么好处?

(3)有人说新加坡这样一个小国,无须承办如此大型的活动,你同意这样的说法吗?

老师在口语教学过程中的定位是指导者、组织者与教材开发者,学生则是角色扮演的核心人物。搞清楚了角色的分配与教学目标,教学活动必能顺利进行,而这样的一堂口语教学无疑是成功的。

五 结语

口语教学是语文学习重要的一环,要学生学好口语,教师对学生的背景的了解与掌握至关重要。在新加坡语言复杂的大环境下,学生的华文水平并不都是零起点的,会在程度上有差别。在了解了学生的华语学习背景和他们可能面对的学习困难后,教师能够更好地针对学生的学习需要,给予适当的教导和鼓励。

此外,教师在教学观念上的转变也是口语教学成功的关键。由于社会语言环境的转变,英语日益成为交际沟通的主要用语。教师必须摒弃过去课堂上以教师为中心、对话式的教学模式。新加坡教育管理部门提供的现成教材,仅是提纲。要满足不同语言背景的学生,学校势必要进行校本课程的开发与教材的设计。实际上,新加坡教育部在华文学习上一贯提倡"保底不封顶"①,鼓励为程度较好的学生提供更具深度和广度的学习;反

---

① 所谓"保底不封顶"的原则,就是让有能力的学生能够学得更多,但学习有困难或能力比较差的学生,政府希望他不要掉队,能够跟得上也学得快乐。参见周殊钦等《政府将落实母语"保底不封顶"愿景》,《联合早报》2010 年 5 月 19 日。

之,语文能力不佳的学生,就要多扶一把。从这一方面来说,校本口语教材也反映了新加坡按能力学习、因材施教的教育理念。

第五节 策略与方法

壹 教学模式

一 写说一体化口语教学模式①

(一) 问题的提出

有效的课堂教学应是合理地选择教学内容,采用适合的教学策略,让课堂教学最大限度地符合学生的学习需求、现有水平、年龄、性格及学习风格等方面的特点。同时,在课堂教学过程中,教师所依据的教学理论、所持有的教学理念对课堂教学也起着至关重要的作用,这些往往都隐含在具体的教学环节和教学策略中。

1.华裔学生的特点

华裔是指华侨在侨居国所生并取得侨居国国籍的子女,他们在侨居国或来中国把汉语作为外语或第二语言进行学习,我们称之为华裔学生。在本文中,华裔学生特指来华留学学习汉语的海外华侨子女。

---

① 本节选自张春红《针对华裔学生的写说一体化中级汉语口语教学模式》,原载《语言教学与研究》2013 年第 6 期。

与一般外国留学生相比，华裔学生在很多方面都有自己的特点。主要表现在以下几个方面：第一，华裔学生年龄偏小，正处在学习的黄金年龄阶段。以笔者任教的学校为例，华裔学生分长期班和短期班，长期班的华裔学生学习时间一般为半年到两年，约95%的学生年龄在16—25岁之间。短期来华的华裔学生都处在小学、初中阶段，年龄在6—16岁之间。第二，语言学习经历复杂，汉语水平很少是真正的零起点。即使来华是零起点，与非华裔相比，他们起始阶段的进步也是飞快的。第三，富有中华文化底蕴。与中国人"神似"的传统文化背景，使华裔学生在来到中国后生活上不会有太多的"文化震撼"，他们会更加顺畅自然地融入到大语境中去，倾向于与中国人交谈、看电视、听歌等生活化的习得型学习过程。[①] 从以上特点可以看出华裔学生在学习汉语方面与一般外国留学生相比所具有的优势和不同。

2.针对华裔学生的口语教学现状及存在的问题

当前针对华裔学生的汉语口语教学，并没有充分考虑到华裔学生与一般非华裔外国留学生的不同特点，在教材选择、教学方法上都与面向非华裔成年汉语学习者的教学没有区别，因而造成针对华裔学生的口语教学存在很多问题，归纳起来有以下几个方面：

(1)教学内容远离学生的生活经历，与华裔学生的年龄、兴趣、学习特点等极不相符合。

(2)教学方法单调死板，不重视学生的主体性。

① 郭熙《华文教学概论》，商务印书馆2007年版。

(3)对个体口语表达的独特性、创造性重视不够。

(4)华裔学生语感上的优势得不到充分的发挥。

(5)学生个体表达中的错误得不到重视和纠正。

适应华裔学生的特点,在口语课堂教学中贴近华裔学生的实际生活,重视学生的主体性,发挥华裔学生的语感优势,关注华裔学生个体语言表达的创造性、独特性以及纠正个体表达时出现的错误等,是解决针对华裔学生的中级口语教学所存在问题的关键。针对以上问题,本文提出面向华裔学生的"写说一体化中级汉语口语教学模式"(以下简称"写说一体化口语教学模式"),目的是寻找适合华裔学生表达与交流的口语教学内容与教学方式,发挥华裔学生在汉语学习过程中的优势,克服劣势,从而提高华裔学生口语表达的积极性和口语教学的有效性。

(二)写说一体化口语教学模式及其理论基础

教学模式是基于一定的理论基础和教学理念,面向教学目标和教学主体,使用适当的教学策略形成相对完整、稳定、系统、可操作的教学活动实施过程的范式。合理的教学范式需要理论的指导,更需要实践的检验。①

"写说一体化口语教学模式"是在建构主义学习观、维果斯基的"最近发展区"理论、克拉申的可理解性输入假说、口语的产生过程、基于内容的第二语言教与学等多种相关理论的指导下提出的。该模式的教学对象为具有准中级以上汉语水平的华裔学生,教学实施过程包括"写话阶段""教师时刻""学习与记忆""说话阶段"四个基本教学环节,每个环节都有其各自的理论依

① 毛悦《特殊目的汉语速成教学模式研究》,北京语言大学出版社2010年版。

据和教学目标。四个环节环环相扣，构成一个完整的教学过程，最终实现华裔学生口语表达“准确、流利、得体、多样”[①]的核心教学目标。

写说一体化口语教学模式的四个基本教学环节是有先后顺序的。首先在“写话阶段”，通过“写”放慢和凸显口语表达中话语建构阶段的言语思维过程，“教师时刻”和“学习与记忆”则是通过教学与真实的口语交际丰富和深化表达内容，修正言语表达形式，并内化为学习者的言语能力，最后通过“说话阶段”让学习者完成高于原有水平的口语表达，实现口语教学的目标。这样的教学顺序与口语的产生过程相一致，也与本模式所依据的相关教学和学习理论相契合。下面分别加以论述。

1.建构主义(constructivism)学习理论

建构主义学习理论认为学习是一个主动的建构过程，学习者不是被动地接受外在信息，而是先根据自己所知道的知识构建出一个内在的结构或图示，再根据这一认知结构对外界信息进行主动选择和加工，逐步建构起内部心理表征及新知识的意义。而且在此学习过程中学习者是在一定情境中，借助于其他人(包括教师和学习伙伴)的协作与会话，利用必要的学习资料，通过意义建构的方式获得知识。[②]

在“写说一体化”口语教学模式中，四个教学环节形成一个建构的学习过程。“写话阶段”是学生根据已有的知识和经验独立建构话语的过程；然后通过“教师时刻”与教师协商与沟通，交

---

① 赵雷《对外汉语口语教学目标的实现》，载《汉语学习》2008年第6期。

② 陈琦、刘儒德主编《当代教育心理学》，北京师范大学出版社2007年版；
毛悦《特殊目的汉语速成教学模式研究》，北京语言大学出版社2010年版。

流意义。在这个过程中，教师根据学生话语的内容和形式，与学生在其话语情境中进行沟通与协商，并适时适量地输入新知识（词汇、句式、结构的调整方式等）；学生在与教师交流的基础上，发现自己的话语问题，选择、吸收教师输入的新的话语形式，对原有语言形式进行修正与完善；再通过"学习记忆"过程，将新的知识内化、整合到自己的话语中，完成一次新的建构过程；最后的"说"是多次建构过程的结果，学生就所选择的内容实现更加正确得体的口语表达，体验到口语能力的提升。

教学实践证明，写说一体化口语教学模式符合建构主义学习理论，大大提高了针对华裔学生口语教学的有效性。

2.维果斯基的"最近发展区"

维果斯基在论述儿童智力发展时提出了一个重要的概念——最近发展区，即现有发展水平与潜在发展水平之间的差距。① 维果斯基指出，只有在最近发展区内才有可能进行真正的学习。根据这一理论提出的"支架式教学"是建构主义的重要教学方法之一。"支架式教学"根据学生达到教学目标的潜力和现有水平之间的差距，确定学习者与学习内容相关的最近发展区。教师根据最近发展区设计支架的呈现方式和难度，通过教学过程，实现学习者从"现有发展水平"到"潜在发展水平"的跨越，并不断创造新的最近发展区。②

根据这一理论，在口语教学过程中，寻找和确定学习者汉语

---

① Vygotsky, L. S. *Mind in Society*: *The Development of Higher Psychological Processes*. Havard University Press, 1978.

② 陈琦、刘儒德主编《当代教育心理学》，北京师范大学出版社 2007 年版；陈忠《汉语作为第二语言"脚手架"教学法初探》，载《世界汉语教学》2009 年第 2 期。

口语发展的现有水平和潜在水平,即确定最近发展区,并在最近发展区通过搭建“支架”的形式进行教学,应该是最有效的方式。写说一体化口语教学模式中通过“写话阶段”找到学生现有独立、实际的话语水平,就是确定“最近发展区”的过程,这也是该教学模式为什么强调“写”先于“说”的原因所在;“教师时刻”即教师在“最近发展区”为学生提供指导与帮助,亦即搭建“支架”的过程,引导学生向第二个潜在的、期待的话语水平过渡;再通过“学习记忆”过程巩固完善第二个阶段的话语水平;最后的“说”是展现第二个话语水平的结果,也是形成新的“最近发展区”的过程。

3.克拉申的可理解语言输入假说

克拉申认为可理解的语言输入是语言习得的必要条件。所谓“可理解的语言输入”是指学习者听到或读到的可以理解的语言材料,这些材料的难度应该稍高于学习者目前已经掌握的语言知识。如果语言材料中仅仅包含学习者已掌握的语言知识,它对语言习得不具有意义。如果语言材料太难,大大超过了学习者目前的语言知识,它对语言习得也不具有意义。因此,克拉申把学习者当前语言知识状态定义为“i”,把语言发展的下一个阶段定义为“i+1”。这里的“1”就是当前语言知识状态与下一个阶段语言状态的间隔距离。这样,只有学习者接触到的语言材料属于i+1的水平,才能对学习者的语言发展起积极作用。①

克拉申强调了语言习得的必要条件是可懂输入。口语交际

① Krashen,S. *The Input Hypothesis*: *Issues and Implications*. London: Longman,1985.

蒋祖康《第二语言习得研究》,外语教学与研究出版社 1999 年版。

也必须建立在意义可理解的基础上。“写说一体化教学模式”遵循克拉申可理解性输入的观念,采用“自然途径教学法”建构可理解的、真实的交际会话情景,在学生自己的话语意义中,进行可理解的话语形式输入,从而习得高一层次的词汇和句式,修正完善学生的旧有话语内容与结构。通过“写”确定学生“i”的程度,在此基础上通过“教师时刻”输入“1”,不断转化学生“i”与“i+1”的话语状态,最后达到“i+1”的话语水平。

4.口语的产生过程

言语的产生是涉及各种技能的一个复杂过程。口语的产生必须经过话语计划、话语结构的建立、言语计划的执行三个阶段。话语计划,即说话人根据自己的意图计划自己说话的内容(思想);话语结构的建立,即在确定了话语的思想和内容后,要运用词语和句子将他们言语化,这样才有表达的可能。从思想到话语,需要从长时记忆库的心理词汇中选择合适的词语,并把他们提取到工作记忆(相当于短时记忆),在那里做句子和成分计划,即按照语法规则将选出的词语加以排列,成为有意义的句子形式或词组形式;执行阶段是通过语音形式将句子表述出来。①

由此可见,口语产生是一个从深层结构到表层结构的加工过程。写说一体化口语教学模式的教学环节设计,与口语产生的过程是一致的。首先通过“写”展现出学生话语深层结构的加工过程:想说什么,选择怎样的词汇,怎样组织等等,这正是话语计划和话语结构的建立阶段;然后通过“教师时刻”完善、提升学

---

① 桂诗春《实验心理语言学纲要》,湖南教育出版社1997年版。

生话语的计划与建构，再通过“学习记忆”巩固教师输入的新的语言形式，增强新知识和信息长时记忆的效果；最后的“说”是话语执行的最后阶段。写说一体化口语教学模式正是依据口语产生的过程而设计的，口语教学的过程也就是口语产生的过程。

5.基于内容的第二语言教与学

西方自20世纪80年代中期以来兴起了一个外语教学法流派“基于内容的第二语言教与学”。这一流派强调要成功地习得一门第二语言，第一取决于以意义为中心而不是以形式为中心；第二取决于略高于学习者当前水平的语言输入（input），第三取决于有着充足和有意义的互动机会的环境和条件。基于内容的语言教学，是不以语法为纲，甚至不以功能—意念为纲，而以语言内容（例如专题）为纲，克服了过去教学法上仅仅注意语言形式、忽视语言内容的弊端。从这一流派的观点出发，以内容为中心的教学，可以增强课堂教学的实用性、丰富性和趣味性，使语言回归工具的本质特征，使语言形式的学习变得更加有目的性。①

写说一体化口语教学模式是一种基于内容的语言教学模式。课堂教学内容来自学生自主选择的话语内容，教学以交流意义为核心，输入略高于学生话语水平的新的语言形式，在充分的有意义的真实语言环境与条件下进行口语交际活动与教学。不以语法为纲，不以功能—意念为纲，整个教学过程就是基于内容的交际过程。

综上所述，写说一体化口语教学模式是在多家理论的指导下提出的。上述理论带给我们共同的启示是：从学生的角度出发的

① 李柏令《基于内容的第二语言教与学——互动的思路·导读》，世界图书出版公司2006年版。

教师才是有效教师,从学生现有水平起始的教学才是有效教学。

(三)写说一体化口语教学模式的教学环节及理念

根据对上述理论的认识与理解,遵循合理的教学理念,我们将写说一体化口语教学模式的教学环节设计、每一环节的教学目标及其与相关理论之间的关系图示如下:

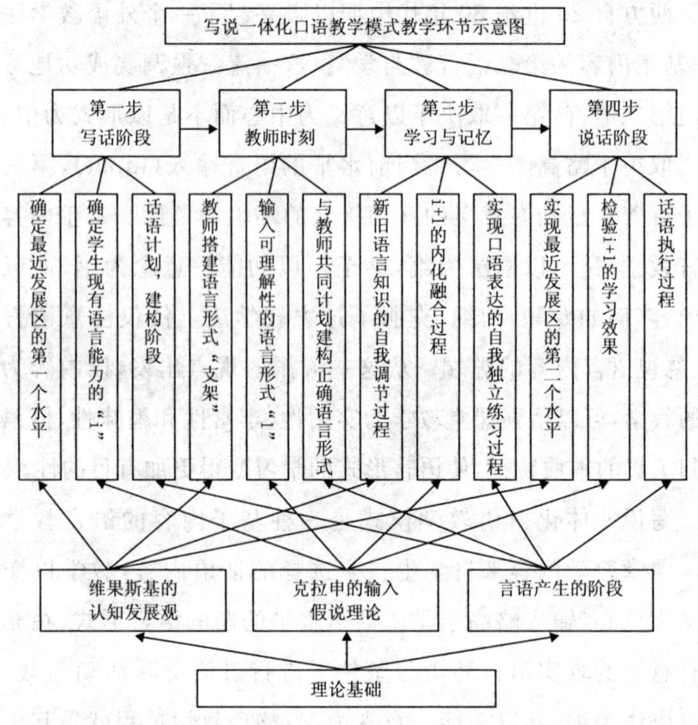

图3-1　写说一体化口语教学模式教学环节示意图

第一步“写话阶段”,让学生自主选择一个感兴趣的话题,独立写出自己希望表达的内容。“写”是为了放慢和凸显口语产生的思维过程,是为了将言语的思维过程固化成具体有形的文字形式。这一步学生运用已有知识和能力,进行话语计划与建构,目的是发现和确定学生与表达内容相关的口语能力最近发展区，亦即克拉申可理解输入假说中的“i”，为教师能够基于学生的话语内容并在学生话语的“最近发展区”进行有效的指导创造条件。鉴于汉语自身的特点，这一环节要考虑学生的实际汉字水平，不强制要求全部使用汉字，可以借助汉语拼音来完成。

第二步“教师时刻”，目的是修正、提升、完善学生写出的话语，借助“文字”了解学生的话语思维过程和现有的口语表达能力，对其不足、错误予以补充和纠正，指导学生话语意义与形式的正确结合，并在指导中完成一次与个体学生基于会话内容的真实交际的会话学习过程。这一过程对个体学生来说十分重要。在这一过程中，学生可以学习并运用正确的汉语词汇句式，体验到扎扎实实、一步一个脚印的学习成效。教师在与学生语义交汇的过程中，输入的是有效而又实际的内容，是学生乐于接受和渴望表达的内容，潜移默化地培养学生口语表达正确、得体、流利、丰富的语感能力。这一步是新旧知识和经验交汇阶段，是教师引导学生达到口语教学期望目标阶段，是教师输入“1”的阶段，是整合话语的建构阶段。

第三步是学生“学习与记忆”，目的是内化教师提供的语言知识和经验，将其整合到自己原有的知识、经验和口语表达中。维果斯基认为学习涉及符号的获得，这种符号通过接受教育以及从他人那里得来的信息而获得。发展意味着将这些符号加以内化，以便在没有他人帮助时自己也能够思考并解决问题，这种能力叫自我调节(self-regulation)。[①] 就语言习得来说，要形成

---

① Ratner C. *Vygotsky's Sociohistorical Psychology and Its Contemporary Applications*. New York: Plenum, 1991.

自我调节和独立思考的能力需要的过程是:第一步是建立特定的声音和意义之间联系的过程;第二步是通过与人交谈来掌握语言;第三步是自己运用符号进行思维和解决问题。经过这三步后,符号系统得到内化,自我调节能力渐渐形成。在这一过程中维果斯基特别强调“自言自语”,他认为自言自语是个体将集体共享的知识转变为个体知识的一种机制。吸收了他人的言语,之后用这些言语来帮助自己解决问题。个体经常会自言自语,面临困难的任务时表现得尤为明显。[①] 研究发现,大量使用自言自语的儿童比其他儿童更能有效地学习复杂的任务。[②] 从维果斯基的观点看,我们也可以说这一步是学生“自言自语”的记忆学习过程。

第四步为“说话阶段”,目的是正确流利地表达出经过内化整合的话语,引出口语教学的话题与内容,并在教师的引导下,激发其他同学的参与和交流。“说”是为了实现话语思维的结果,实现口语表达的最终目标。前三步是准备性的、慢镜头的口语学习过程,第四步是口语教学核心、关键的一步。在这一环节,一个学生事先准备好的话题和内容就是口语教学内容,教师在其表述的基础上,激发别的同学进行参与、交流与讨论,并引导词汇、句式的学习,内容的沟通,以及“搭建支架”疏导课堂交际情境中出现的语言障碍,以便大家顺畅交流。

---

① Diaz, R. M. & Berk, L. E. *Private speech: From Social Interaction to Self-regulation*. Mahwah, NJ: Erlbaum, 1992.

② Berk, L. E., & Spuhl, S. Maternal Interaction, Private Speech, and Task Performance in Preschool Children. *Early Childhood Research Quarterly*, 1995.

Bivens, J. A., & Berk, L. E. A Longitudinal Study of the Development of Elementary School Children's Private Speech. *Merrill-Palmer Quarterly*, 1990.

这四步的尾声是课后作业，在课堂即兴交流与讨论的基础上，其作业还是“写”，利用交流讨论中教师提供的新的词汇及结构形式，写出自己就本话题内容想表达的话语来。

需要说明是，写说一体化口语教学模式的四个教学环节是循环上升的口语学习过程，每一步都有其核心目标，但并不绝对、单一，有时会有交叉。如修正话语阶段会再含有“写话”的内容，只是写出的话语是教师修正后的话语。这样的交叉正是前进的、阶梯性、螺旋式语言学习与成长过程。

写说一体化口语教学模式从关注个体的口语表达为起点，以此激发群体的关注与群体的口语跨文化交际过程。营造的课堂氛围是学生与教师都处在真实口语交际状态中，学生是口语交际主体，教师是“解惑”者，在交际过程中出现语言障碍时及时“搭建”汉语词汇、句式等“支架”，以求学生课堂交际的顺畅。因此，写说一体化口语教学模式是一种重在过程、关注过程的口语学习模式，这一模式可以显现华裔学生每一步的言语进步，让学生在具体目标的要求下，逐渐形成正确的汉语口语表达方式，最终实现口语教学的目标。

（四）写说一体化口语教学模式的教学实践与评估

笔者运用写说一体化口语教学模式进行了为期一个学期的口语教学实践。教学对象是学过一年汉语的 16 名华裔学生，口语课为每周四课时。学生在第一年周课时为 24 课时，课程设置每周包括汉语综合课（10 课时）、口语课（6 课时）、听力课（4 课时）、写字阅读课（4 课时）。经过一年的学习，学生已经具备基本的听说读写能力，词汇量达到 1000 以上。

写说一体化口语教学模式允许学生自主选择他们感兴趣，

想表达的话题，保证了学生表达的主动性和积极性。表3-2是笔者运用这一口语教学模式在一个学期的口语教学中搜集的16个教学话题。

表3-2　写说一体化口语教学模式教学实践的16个话题

序号	话题
1	悲剧的春节
2	谈读书
3	给在中国学习汉语的华裔学生的建议
4	樱花与日本人
5	AA制是最好的办法
6	谈谈我对中国的感情
7	我在中国度寒假
8	乘客是上帝
9	来中国以后的感受
10	我家的小狗
11	谈漂亮
12	泰国的人妖
13	随父母移民后的海外生活
14	福建之行
15	女孩嫁得好还是干得好
16	私家车的利与弊

从学生自主选择的话题内容，大致可以看出华裔学生的兴趣所在。这些内容可以归纳为以下几个类别：第一，在中国的留学生活；第二，成长过程中的经历与感受；第三，居住国和目的语国家的社会生活与文化；第四，旅行；第五，移民生活；第六，时尚话题；第七，爱好；第八，知识性内容，等等。

虽然笔者进行的写说一体化口语教学模式实践没有严格意义上的对照组，但与传统上依托一本固定的口语教材进行的口语课堂教学相比较，其优势可以归纳为以下几个方面：

第一，运用写说一体化口语教学模式能够不断发现华裔学生感兴趣的口语表达内容，这对有针对性地编写以及更新面向华裔学生的口语教材具有借鉴和指导意义。

第二，运用写说一体化口语教学模式教师可以更好地关注个体学生的口语学习过程，弥补班级教学的不足之处。而正处在青春期成长过程中的华裔学生非常看重教师对个体的关注程度。作为教师，关注到学生的个体言语，更有利于因材施教，使学生获得更具针对性的有效指导。

第三，运用写说一体化口语教学模式，教师可以更好地把握口语教学的内容特点，如交际的现实性、个体性、不定性等，真正实现课堂口语交际的真实化。

从教师本人的课堂教学感受和学生在课堂上的表现来看，写说一体化口语教学模式的教学实践取得了令人满意的教学效果。具体体现在以下几个方面：

第一，教学内容是学习者的主动选择，学习者感兴趣，有表达欲望，有话可说；

第二，学生的言语错误得到了有针对性的修正与指导，学生能够感觉到自己的进步；

第三，激发了学生口语学习的热情和表达欲望，课堂气氛活跃；

第四，突破了以往中级口语教学的“瓶颈”，学生有口语表达上的成就感。

运用写说一体化口语教学模式进行的口语教学，学生的出勤率明显提高。全班 16 名同学中，15 名同学口语课为全勤，全勤率达到 94%，远远高于传统的口语教学课堂。从学期末教学评估的结果来看，对口语课教学方法的满意率达到 97.8 %，认为口语课对提高口语水平非常有帮助的达到 100%。写说一体化口语教学模式在教学实践中取得了很好的教学效果，受到学生的广泛欢迎与好评。

（五）结语

写说一体化口语教学模式是在多种理论指导下，针对华裔学生特点与口语教学中存在的问题而设计的一种具有较强针对性的口语教学模式，在教学实践中取得了令人满意的效果。针对不同的教学对象和学习需求，如果进一步关注“写—说”之后“写”的环节，这一模式可以进一步扩展为“写—说—写”模式。写说一体化口语教学模式理论上也适用于具有相同年龄特点和学习需求的非华裔汉语学习者。

写说一体化口语教学模式弥补了当前口语教材及口语课堂教学之不足，使口语教学更加鲜活生动，实现了口语课堂教学的交际最大化。

二 以元认知为主导、信息科技为辅的口语教学模式[①]

（一）引言

提倡“双语教育”是新加坡教育自 1956 年以来一贯秉持的

---

① 本节选自陈育焕、陈成志、张永慧《以元认知为主导、信息科技为辅的口语教学模式探索》，原载《世界汉语教学》2009 年第 4 期。

方针[①],所有的中小学学生在课程中都必须修读英语和各自的母语这两个语言科目。所谓“母语”一般是指华文、马来文和淡米尔文,一些少数族群也可以修读他们各自的少数民族语言。母语教育受到新加坡政府的高度重视,因此历年来数次成立了检讨委员会来对当时的母语教学进行评估并为改革提出建议。就华文教学而言,新加坡政府就在 2004 年 11 月的国会上通过了《华文教学改革白皮书》(Singapore Ministry of Education),同意对华文的教学政策和方法进行多项重大改革。我们就《华文教学改革白皮书》中的两项建议做了思考并展开本文所要讨论的一次教学研究。这两项建议分别是:一,增进对听说教学的重视;二,通过信息科技辅助教学以培养学生自学的能力。

Liu,Kotov,Rahim 和 Goh 曾指出针对新加坡华文课堂的教学情况所展开的研究数目有限。[②] 此外,据我们本身的经验与观察,语言学习虽然有“听”“说”“读”“写”四大环节,但是课堂教学很多时候是重读、写能力的培养而轻听、说能力的发展。这种情况显然不是新加坡华文课堂独有的,因为中国的语文教师也有类似的观察。[③] 这种倾向的产生其实反映了实际课堂教学

---

① Gopinathan, S. Language Policy Changes 1979－1997: Politics and Pedagogy. In S. Gopinathan, A. Pakir, W. K. Ho & V. Saravanan (eds.), *Language, Society and Education in Singapore: Issues and Trends* (2nd ed.), 19－44. Singapore: Times Academic Press, 1998.

② Liu, Y., R. Kotov, R. A. Rahim & H. H. Goh. Chinese Language Pedagogic Practice: A Preliminary Snapshot Description of Singaporean Chinese Language Classrooms. Retrieved December 12, 2005, from http://www.crpp.nie.edu.sg/file.php/254/RRS04－011_fina l_version_.pdf.

③ 丁炜《关于小学语文口语交际教学现状的调查》,载《上海教育科研》2002 年第 2 期。

潘涌《直面世界:口语交际教学新概念》,载《语文教学通讯》2005 年第 15 期;张永林《初中口语交际教学的现状与对策》,载《语文教学通讯》2004 年第 8 期。

中所存在的一些限制。

在华文课堂中,老师要一对一、手把手地为班里的每一个学生进行口语的指导是不太可能做到的。一来是课时有限,教师无法让每一名学生都有机会在一堂课上做口语的练习,同时又得到表现的评价;二来则是一般的课室并没有配备任何录音设备。相对于书面文字而言,声音是一发即逝的。在没有录音的情况下要学生回忆一段练习的过程与内容并让教师为其做指导是困难的。在实际操作中,学生往往只能凭空想象与回忆,并不能肯定教师所指出的问题的确切所在。另外,华文课堂普遍还是以教师为中心①,口语课的进程往往由教师支配,学生对于知识的自主性学习与建构因此被忽略了。在白皮书的改革指导下,华文口语教学要如何突破课堂的种种局限并从一个以教师为主导的教学模式过渡到一个以学生为中心的自主学习模式,是我们所要关注的问题。就此问题,我们尝试借助元认知的理论并配合有声博客科技的应用来建构一个解决方案。由于口语教学的活动多式多样,例如看图说话、朗诵、复述、即席发言、采访、辩论等,我们参考了中学华文课程标准②中所设的教学目标后选择了"命题说话"一项能力进行研究。

这次研究的主要目的是探讨一个以元认知为主导、以有声

---

① Liu, Y., R. Kotov, R. A. Rahim & H. H. Goh. Chinese Language Pedagogic Practice: A Preliminary Snapshot Description of Singaporean Chinese Language Classrooms. Retrieved December 12, 2005, from http: //www.crpp.nie.edu.sg/file.php/254/RRS04-011_fina l_version_.pdf.

② 2005 年 10 月 16 日下载自 http://www.moe.gov.sg/cpdd/doc/chinese/CLSy llabus% 202002% 20% 20Folder /CL% 20Syllabus% 20Secondary% 202002.pdf.

博客科技为辅的口语教学模式，并围绕以下三个问题进行研究：1.学生在接受以元认知为主导的训练后，其命题说话能力是否有进步？2.学生在给予同学评语和进行个人反思的活动中如何运用元认知并受其影响？3.学生在有声博客中的交流与活动还会出现哪些不涉及元认知的情形？

（二）相关研究与文献回顾

1.元认知与口语教学

研究显示，要使学习者走上独立思考与自主学习的道路，发展学习者的元认知是一个有效的途径。① 元认知（Metacognition）的概念最早是由美国心理学家 John H. Flavell 所倡导的。他把元认知解释为“对于认知现象的理解与认知”②，并指出元认知是一个人监测个人的认知活动的途径③，同时又是产生对他人思想和感受的理解、意识的途径④。Flavell 把元认知分为四大类，即：1.元认知知识（metacognitive knowledge）；2.元认知体验（metacognitive experience）；3.目标/任务（goals/tasks）；4.行动/策略（actions/strategies）。⑤ 后来的学者普遍利用“对思维所做的思考（thinking about thinking）”来定义元认知并将之归属

---

① Chamot，A. U. Learning Strategy Instruction in the English Classroom [Electronic version]. *The LanguageTeacher* 23. 6. Retrieved December 12，2006，from http://www. jalt-pub lications. org/tlt/articles/1999/06/chamot.

②⑤ Flavell，J. H. Metacognition and Cognitive Monitoring：A New Area of Cognitive-development Inquiry. *American Psychologist* 34.10，906－911，1979.

③ Wenden，A. L. *Learning Strategies for Learner Autonomy*，*Englewood Cliffs*，NJ：Prentice Hall，1991.

④ Flavell，J. H. Speculations about the Nature and Development of Metacognition. In F. E. Weinert & R. H. Kluwe（eds.），*Metacognition*，*Motivation and Understanding*，21－29. Hillsdale，New Jersey：Lawrence Erlbaum Associates，1987.

于高层次思维。[1] 元认知意识(metacognitive awareness)是指语言学习者对于个人的学习过程和引致成功的学习策略的认识。[2] 通过对元认知的意识,学习者能了解各自在学习时所经历的认知过程并对其进行操纵。[3] 简言之,元认知是个以学习者个人为主导的反思过程。[4]

着眼于在语文课堂中将学生导向以元认知为基础的个人反思,Wenden 对 Flavell 的元认知知识进行了次级分类,即个人知识(person knowledge)、任务知识(task knowledge)及策略知识(strategy knowledge)[5],并倡议了一套引导学习者自主学习的理论。根据 Wenden 的诠释,个人知识是指学习者对于年龄、态度、动机、学习方式等因素如何影响自身语言学习的一般性理解;任务知识是指学习者对于成功完成各语言学习任务所需具备的要求的理解,可包括任务的目的、性质和难易度等方面;策略知识是指学习者在语言学习过程中所累积的各种完成语言任

---

① Livingston, J. A. Metacognition: An Overview. Retrieved November 11, 2006, from http://www. gse. buffalo. edu/fas/shuell/CEP564/Metacog. htm.

② Chamot, A. U. Learning Strategy Instruction in the English Classroom [Electronic version]. *The Language Teacher* 23. 6. Retrieved December 12, 2006, from http://www. jalt-pub lications. org/tlt/articles/1999/06/chamot.

Goh, C. C. M. Metacognitive Awareness and Second Language Listeners. *ELT Journal* 51.4, 361-369,1997.

③ Hyde, A. A. &M. Bizar. *Thinking in Context: Teaching Cognitive Processes Across the Elementary School Curriculum*. New York: Longman,1989.

④ Goh, C. C. M. & D. Zhang. A Metacognitive Framework for Reflective Journals. In A. S. C. Chang&C.C. M. Goh (eds.), Teachers. *Handbook on Teaching Generic Thinking Skills*, 8-21. Singapore: Prentice Hall,2002.

⑤ Wenden, A. L. *Learner Strategies for Learner Autonomy*. Englewood Cliffs, NJ: Prentice Hall,1991.

务的策略。[①] 除了具备元认知知识外，学习者在学习语言的过程中还会监测个人执行语言任务时的表现。Paris & Winograd 就将这种监测机制二分为自我评价(self-appraisal)和自我管理(self-management)。[②] 通过这两种监测机制，学习者能够在学习任务执行前或执行后，甚至是在执行任务时针对个人的语言知识、掌握能力以及心理状态等方面进行反思，以促进个人对自己作为一名语言学习者的了解。

有关元认知与口语教学相结合的研究目前所见不多[③]，但涉及研究的专家学者[④]都肯定了元认知对于学习者的口语能力的影响是正面的。

本次研究中我们通过运用 Goh & Zhang 的元认知策略

---

① Wenden, A. L. *Learner Strategies for Learner Autonomy*. Englewood Cliffs, NJ: Prentice Hall, 1991.

② Paris, S. G. & P. Winograd. How Metacognition Can Promote Academic Learning and Instruction. In B. F. Jones & L. Idol (eds.), *Dimensions of Thinking and Cognitive Instruction*, 15 – 51. Hillsdale, New Jersey: Lawrence Erlbaum Associates, 1990.

③ 尚卫红《元认知策略培训与口语教学的试验研究》，载《社科纵横(新理论版)》2007 年第 1 期。

Nakatani, Y. The Effects of Awareness-raising Training on Oral Communication Strategy Use. *The Modern Language Journal* 89.1, 76 – 91, 2005.

④ 闵玉娟《试析课堂讨论法与英语口语教学》，载《教育与职业》2007 年第 15 期。

于秀梅《元认知在大学英语口语教学中的实践》，载《内蒙古电大学刊》2007 年第 7 期。

Vitanova, G. & A. Miller. Reflective Practice in Pronunciation Learning. *Internet TESL Journal*, January, 2002. Retrieved November 11, 2006, from http: // iteslj.org / Articles / Vitanova-Pronunciation.html.

Zhang, D. & C. C. M. Goh. Strategy Knowledge and Perceived Strategy Use: Singaporean Students. Awareness of Listening and Speaking Strategies. *Language Awareness* 15.3, 199 – 219, 2006.

(metacognitive strategies)框架[①]来探讨学生如何利用他们的元认知知识去反思他们过往的命题说话练习以及计划下一次的练习。这个框架结合了上述 Wenden 对元认知知识的诠释[②]以及 Paris & Winograd 对监测机制的解释[③]并以之为理论基础，再以数次英语听说教学研究中的成果[④]为基础发展而成。在此框架下，学生能选择计划(planning)、监测(monitoring)和评价(evaluating)三种策略来进行自我评价和自我管理。这三个反思的策略都要求学生运用他们的元认知知识。研究开始时我们给学生提供了一些支架性的问题以引导学生进行反思，但是整个过程未和学生提及“元认知”一词及其相关概念，目的是为了不让学生增加心理负担。

2.信息科技与口语教学

结合信息科技的口语教学研究并不多见[⑤]，但是尝试过的

---

① Goh, C. C. M. & D. Zhang. A Metacognitive Framework for Reflective Journals. In A. S. C. Chang & C. C. M. Goh (eds.), Teachers. *Handbook on Teaching Generic Thinking Skills*, 8－21. Singapore: Prentice Hall, 2002.

② Wenden, A. L. *Learner Strategies for Learner Autonomy*. Englewood Cliffs, N J: Prentice Hall, 1991.

③ Paris, S. G. & P. Winograd. How Metacognition Can Promote Academic Learning and Instruction. In B. F. Jones & L. Idol (eds.), *Dimensions of Thinking and Cognitive Instruction*, 15－51. Hillsdale, New Jersey: Lawrence Erlbaum Associates, 1990.

④ Goh, C. C. M. Metacognitive Awareness and Second Language Listeners. *ELT Journal* 51.4, 361－369, 1997.

Zhang, D. Singaporean Secondary Three Students. *Metacognitive Knowledge about English Oral Skills Learning*. Unpublished MA thesis, Nanyang Technological University, Singapore, 2001.

⑤ Chun. D. M. & J. L. Plass. Networked Multimedia Environments. In M. Warschauer, & R. Kern, (eds.), *Network-based Language Teaching: Concepts and Practice*. Cambridge, England: Cambridge University Press, 2000.

学者都见到了良好的效果,例如 Volle 通过让学生发电子邮件时将内容口述录音后发送,学生的西班牙语有显著的进步。[①] Wang 尝试使用视像会议系统来辅助远程的英语教学等。[②] 随着多媒体科技的发展,教师和学者[③]都乐于尝试把这些技术带入语文课堂,例如通过图像或视频等方式让学生针对所看到或感受到的内容展开口语教学。多媒体的使用也被视作能适应不同学生的学习方式(learning styles)的需要。[④] 但是,上述多媒体的口语教学主要还是在以教师为中心的教学模式下进行的,如何能将学习转变为以学生为中心呢?为达到此目的,博客便是我们所选择的信息科技,下一节里将集中介绍和探讨其功能。

3.博客与口语教学

博客(又作网络日记或网络日志),英文一词 weblog (简称 blog)最早是由 Jorn Barger 在 1997 年提出来的,而博客后来普遍发展成了网络日记。[⑤] 作为"日记"这一载体,博客中的内容

---

① Volle, L. M. Analyzing Oral Skills in Voice E-Mail and on Line Interviews. *Language Learning & Technology* 9. 3, 146 - 163,2005.

② Wang, Y. Supporting Synchronous Distance Language Learning with Desktop Video Conferencing. *Language Learning & Technology* 8.3,90 - 121,2004.

③ 刘香群、周素江《利用影视资源训练学生说话》,载《小学教学研究》2007 年第 12 期;

石美珊《信息技术在普通话教学中的运用与思考》,载《中国电化教育》2007 年第 9 期;

隋海英、侯溪萍《浅谈多媒体技术在说话教学中的应用》,载《中国电化教育》2002 年第 1 期。

④ 王丽欣《高等教育中非外语专业学生交际能力的培养》,载《黑龙江高教研究》2004 年第 1 期。

⑤ Nardi, B. A. , D. J. Schiano, M. Gumbrecht & L. Swartz. Blogging as Social Activity, or, would You Let 900 Million People Read Your Diary? *Proceedings of the 2004 ACM Conference on Computer Supported Cooperative Work*, 222-231. Chicago, IL. : ACM Press,2004.

（或作帖子）一般是记叙中带有反思的。① 这次研究中我们使用了"有声博客(audioblog)",它和一般博客的唯一不同只在于帖子中的文字由录音取代了。②

博客网站与一般网站最大的区别在于其"评述(comment)"功能。通过此项功能,浏览者能够针对博客中的帖子进行留言或评述。当站主回复留言时,一场"对话"便由此展开,而参与对话的人除了站主与留言者之外,其他浏览者也可以留言参与其中。一场多人的交流与知识建构就这样展开了。

从教育心理学的角度而言,教学中运用博客是符合维果斯基的社会性建构原理的。③ 博客使得学习者有一个可以通过语言展示个人思维的平台。由于博客是一个公开的平台,学习者能看到彼此博客中的内容,因此可形成一个学习社群。这个学

---

① Oravec, J. A. Blending by Blogging: Weblogs in Blended Learning Initiatives. *Journal of Educational Media* 28.2-3, 225-233,2003.

② 有声博客与播客(podcast)在帖子的内容方面有本质上的不同,故这里不以"播客"称之。欲了解这两项科技的异同,可参考 Tan & Mong (2006)。

Tan, Y. H., E. G. J. Ow & S. C. Tan. Audio Blogging: Supporting the Learning of Oral Communication Skills in Chinese Language. Paper presented at the AECT Research Symposia, Indiana, United States. Retrieved September 1, 2006, from http://www.moe.gov.sg/edumall/rd/publications/aect 2006.pdf.

The Guardian. Personal Sound Tracks. December 2004.2. Retrieved November 04, 2005, from http://technology.guardian.co.uk/online/story/0,3605,1363637,00.html.

Tan, Y. H & K. T. Mong. Audio Blogging and Podcasting in Education—A Literature Review. Retrieved December 31, 2006, from http://www.moe.gov.sg/edumall/rd/litreview/audioblogg_podcast.pdf.

③ Ferdig, R. E. & K. D. Trammell. Content Delivery in the - Blogosphere. [Electronic version]. *T. H. E. Journal*, February 2004. Retrieved February 01, 2005, from http://www.the journal.com/magazine/vault/articlepr intversion.cfm?aid=4677.

习社群能够通过在博客平台中针对性地相互评述、交换意见，以达到建构知识的作用。①

语文教学中结合博客与教学的尝试主要集中在“读”②和“写”③这两方面，涉及“听”“说”方面的④是相对少的。相信本次研究有助于填补“说”方面的研究空白。

（三）研究对象与方法简述

1.研究的对象

参与本次研究的对象是来自新加坡一所邻里中学的中二年级学生。研究对象最初是从中二全级158名修读华文第二语文的学生中随机选择的，但基于各种原因，最后参与研究的人数一共是25名学生，其中女生13名，男生12名。他们都是华裔（其

---

① Krause, S. Blogs as a Tool for Teaching. *Chronicles of Higher Education* 51. 42, B33 - B35, 2005.

② 柴迎红、秦罡引、崔丽《博客辅助英语教学的研究》，载《外语电化教学》2006年第5期。

Huffaker, D. The Educated Blogger: Using Weblogs to Promote Literacy in the Classroom. First Monday 9.6. Retrieved December 19, 2006, from http://firstmonday.org/issues/issue9_6/huffaker/index.html.

③ 屠铁梅《博客在小学习作教学中的应用研究》，载《小学语文教学》2007年第Z1期。

Downes, S. Educational Blogging. EDUCAUSE Review 39. 5, 14 - 26. Retrieved February 01, 2005, from http://www.educause.edu/pub/er/erm04/erm0450.asp? bhcp = 1.

Eastment, D. Blogging. *ELT Journal* 59.4, 358 - 361, 2005.

Kennedy, K. Writing with Weblogs. *Technology & Learning* 23.7, 11 - 12, 2003.

④ 柴迎红、秦罡引、崔丽《博客辅助英语教学的研究》，载《外语电化教学》2006年第5期。

Tan, Y. H., E. G. J. Ow & S. C. Tan. *Audioblogging: Supporting the Learning of Oral Communication Skills in Chinese Language*. Paper presented at the AECT Research Symposia, Indiana, United States. Retrieved September 1, 2006, from http://www.moe.gov.sg/edumall/rd/publications/aect2006.pdf.

中包括一名印尼籍华裔)，年龄介于13至14岁。这25名学生最初通过随机的方式被分配成5个5人小组，后来在第四周调整为7个3人小组和1个4人小组，目的是为了进一步提高学生在博客中进行交流的质量。

2.研究的活动流程

整个研究的过程历时三个月，包括一次前测和一次后测，以评定学生“命题说话”的能力。其间，学生一共参与了8次课堂活动。在每次历时1小时的活动中，我们都会和学生回顾他们在之前一周(第一周除外)课下活动的情况，并交代新的课下活动。每星期完整的活动流程一共有五个环节：1.按新题目做第一次命题说话录音；2.听同学的录音并给予评语；3.读同学听了录音后所给予的意见；4.针对第一次录音进行个人反思；5.按旧题目做第二次命题说话录音。

命题说话的题目主要围绕学生较熟悉的一些日常生活话题，例如《校园恶霸》《压力》《青少年离家出走》《青少年沉迷于网上游戏》等。

3.为活动所提供的支架性引导

由于一般的华文课堂不会让学生系统地进行评语和个人反思等活动，因此我们为他们提供了一些开放式的例句作为支架性引导，以帮助他们在研究开始时进行思考同时避免学生无所适从。其中个人反思的引导性问题是按照Goh & Zhang的元认知框架[①]来设计的(表3-3)。

---

① Goh, C. C. M. & D. Zhang. A Metacognitive Framework for Reflective Journals. In A. S. C. Chang & C. C. M. Goh (eds.), Teachers. *Handbook on Teaching Generic Thinking Skills*, 8-21. Singapore: Prentice Hall, 2002.

表3－3　供学生进行个人反思的支架性引导例句

评语类别	句子范例	元认知策略
自我评估	1.我对我自己的录音很满意，因为…… 2.我这一次有进步，因为……	监测、评价
比较评估	1.和某某同学比较，我在内容上…… 2.和我上一次的录音比较，这次我……	监测、评价
谋求进步	1.下次录音时，我的目标是…… 2.下次，我应该尝试…… 3.下次，我要在某某方面用功……	计划
总结经验	1.我听了同学们的录音后，最大的收获是…… 2.我看了同学们的评论后，最大的收获是…… 3.这次的经验让我明白了……	监测、评价

4.为活动所提供的科技配置

参与研究期间，每一名学生都配有一个可随身携带的MP3录音播放机以及个人的博客网站。MP3录音播放机的功用即允许学生在任何地方、任何地点都可以针对话题进行说话录音。个人的博客网站（限于篇幅，博客的截图及操作界面从略）主要扮演三项功能：1.它是一个学生上载并展示与分享个人命题说话录音的平台，让一发即逝的声音得以保存下来，并可供学生本人或其他同学选听参考；2.它是学生进行反思的平台，同时也成为日后的一个记录，可供学生本人或其他同学参考；3.它实现了同学之间的网上交流，提供了同学间相互给予评语的便利，同时也记录了交流的内容，可供学生本人或其他同学参考。

（四）研究结果分析

1.研究结束时的情况与分析资料的选择

本次研究是在课后时间进行的，所以参与的学生除了要完成正规的课业及课程辅助活动外，每个星期还要额外抽出一个小时的时间来上课。过后他们还得分配时间进行与研究相关的录音、评语、反思等活动。对于参与的学生而言,这是需要很大的精神与时间付出的。因此,并不是所有参与研究的25名学生都能如期完成研究中每一次每一个环节的活动。严格地说,只有7名学生如期地完成大部分的每周作业。因此,为了更具体地了解整个研究对学生所产生的影响,我们以这7名学生作为深入分析的对象。我们除了分析他们博客中的个人录音和反思以外,也同时搜集并分析他们给予其他同学录音的评语的内容。下来我们按研究问题逐一分析讨论。

2.研究问题一的资料分析方法与结果

研究问题一寻求的是一个直观、量化的分析。虽然分数的多少对于本次研究的重点即学生的元认知的考察并没有太大的意义,但是从教学的角度出发,分数上有没有进步往往是家长、教师与课程决策者共同关注的问题。因此为了满足这一需要,我们找到三位资深的华文教师为学生的前测、后测以及每一次命题说话练习的录音进行评分。三位教师前测和后测的评分都具有良好的一致性(Cronbach's α系数为.88和.79)。由于学生人数少(n=7),我们采用了Wilcoxon的非参数秩和检验法来比较前测和后测的平均得分,各个学生的得分情况如表3-4所列:

表3-4　学生前测和后测平均得分的Wilcoxon非参数秩和检验①

学生	Xa(前测平均得分)	Xb(后测平均得分)	Xa-Xb	Xa-Xb的非参数秩和检验
Meng	13.50	21.00	-7.50	-6.0

① 学生的姓名都经过易名,以保护他们的真实身份。

（续表）

学生	Xa（前测平均得分）	Xb（后测平均得分）	Xa－Xb	Xa－Xb 的非参数秩和检验
Ning	20.00	26.75	－6.75	－4.0
Shing	20.75	26.25	－5.50	－3.0
Ting	20.50	25.00	－4.50	－1.5
Hwee	14.00	24.75	－10.75	－7.0
Yuan	20.25	24.75	－4.50	－1.5
Zen	12.75	19.75	－7.00	－5.0
		秩和检验总和，W		－28.0

分析显示学生在分数上都取得明显的进步（$W = -28, n = 7, p = .02$）。换句话说，学生在接受以元认知为主导的训练后，其命题说话能力有可能因此而得到提升，但是限于本次研究的局限，我们并不能据此而断定学生所接受的训练是导致分数进步的直接原因。如上所述，分数仅仅作为一组数字，并不能说明一切，研究所使用的以元认知为主导的训练对于学生的思考究竟产生了什么影响，他们的元认知又起了什么变化，这有待我们继续探讨。

3．研究问题二的资料分析方法

研究问题二真正进入本次研究的重点，即元认知的问题。为寻求学生如何在训练过程中运用元认知并受其影响的线索，我们运用内容分析法①分析了收录在学生博客中的所有个人反

① Guba，E. & Y. Lincoln. *Effective Evaluation：Improving the Usefulness of Evaluation Results through Responsiveness and Naturalistic Approaches*. San Francisco：Jossey-Bass，1981.

Miles，M. B. & A. M. Huberman. *Qualitative data analysis*. Beverly Hills：Sage，1984.

思和评语的内容。为了增强内容分析的可靠度，我们采用了重复测试法①，前后两次分析一共间隔了两个月。接下来我们通过两个方面来探讨学生在活动中运用元认知知识②及元认知策略③的情况。首先我们关注学生总体的个人反思以及他们给予同学录音评语时的情况；其次我们将在文中通过一个个案分析来一窥学生在整个训练过程中如何因同学的评语而影响其元认知知识，并于个人的反思之中利用元认知知识，以至影响本身的命题说话的表现。

4.元认知知识与元认知策略的使用情况

我们首先关注学生个人反思中所反映出的情况。这一环节中我们一共从上述7名学生收集了32篇个人反思进行分析，其中一共有175处句子中显示了学生在进行反思的过程中运用了不同的元认知策略。我们在表3-5中列举了一些实例。

从表3-5中我们可以观察到学生在反思的过程中，最常运用的策略是"监测"，可见他们都倾向于从具体的说话内容去思考自己在刚完成的命题说话录音中的表现，较少的时候是视整个命题说话的内容为一个整体去评价自己的表现。当我们见到"计划"策略的使用频率相比"监测"的次数要少时，这显示了学生在反思时所关注的问题较多，但是在计划下一次的命题说话

① Fraenkel, J. R. & N. E. Wallen. *How to Design and Evaluate Research in Education* (6th ed.). NewYork: McGraw-Hill, 2006.

② Wenden, A. L. *Learner Strategies for Learner Autonomy*. Englewood Cliffs, N J: Prentice Hall, 1991.

③ Goh, C. C. M. & D. Zhang. A Metacognitive Framework for Reflective Journals. In A. S. C. Chang & C. C. M. Goh (eds.), Teachers. *Handbook on Teaching Generic Thinking Skills*, 8-21. Singapore: Prentice Hall, 2002.

时只选择关注较少的方面以谋求进步。

表 3-5 个人反思中所使用的元认知策略举例①

元认知策略	例子	次数(百分比)
监测	1)和我上一次比,我还是没有改掉我 SINGLISH② 的坏习惯。 2)在这次的录音里,我的停顿变少了,但我会结结巴巴的。 3)我听了同学们的录音后,最大的收获是录音时要自然点。	105(60.0%)
计划	1)下次录音时,我应该在比较适合的时间录音,讲的[得]跟[更]快,也应该讲得有感情。 2)我在下次的录音也要减少停顿的部分。 3)我觉得我应该进步在我的停顿上。	37(21.1%)
评价	1)但是,我还是对我这次的录音感到满意,因为我能在短短的时间里想出好多的例子。 2)我对自己的录音很满意,比以前的更好。 3)在下次的录音里,我会尝试说多一点成语。	33(18.9%)
	总次数	175(100.0%)

我们接着看看 7 名学生在做个人反思时运用元认知知识的整体情况(表 3-6)。

表 3-6 个人反思中使用元认知知识举例

元认知知识	例子	次数(百分比)
任务知识	1)在这次的录音我少了原因的部分,希望在下次录音我能把它加上。 2)但是和 Ning 比较,我在内容上比较差。 3)我觉得我这次的录音做得不错,因为我在过程中停顿的时候已经减少了。	151(86.3%)

① 以上的例句皆反映学生的实际用语,未经修改,方括号中为别字的注释。以下同。

② Singlish 是指存在于新加坡的一种英语地方变体,其主要表现是在词汇和语法方面受到来自汉语方言和马来语的影响。

（续表）

元认知知识	例子	次数(百分比)
个人知识	1)可能我平时间讲话太快了,已经成为我的习惯了。 2)可能是我当时的心情很紧张,因为我的外婆叫我做东西,我也很赶时间,所以才没有做到那么好。 3)因为我录的时候在生病[,]所以我的语调不是很标准。	10(5.7%)
策略知识	1)在下次的录音里,我会尝试说多一点成语,不要笑和给多一点意见。 2)下次,我觉得我应该时时[试试]看多讲,把内容多增加。 3)以后应该不把录音机放太紧[近]嘴巴。	14(8.0%)
	总次数	175(100.0%)

从表3-6中我们可以观察到元认知任务知识的运用在学生的反思中占了很大的比重,涉及策略知识和个人知识的时候占少数。这说明了学生非常关注并把精神都锁定在完成命题说话这项“任务”所需的各种要求之上。无论是在之前讨论过的元认知监测、评价还是计划策略中,他们大多数时候只运用本身对于命题说话任务的了解去做思考,而忽略了学习者的各种个人因素以及完成语言任务的策略可能带来的影响。

我们接着关注学生给予同学录音的评语中所反映出的情况。这一环节中我们一共收集了27段评语进行分析,其中共有135处句子显示了学生在进行反思的过程中运用了各式元认知知识。通过表3-7,我们罗列7名学生分别使用元认知知识的情况。

表 3－7 给予同学录音的评语中利用元认知知识的频率

学生	个人知识	任务知识	策略知识	频率(次)
Meng	1 (4.8%)	20 (95.2%)	0 (0.0%)	21
Ning	3 (33.3%)	6 (66.7%)	0 (0.0%)	9
Shing	0 (0.0%)	11 (100.0%)	0 (0.0%)	11
Ting	0 (0.0%)	4 (100.0%)	0 (0.0%)	4
Hwee	2 (6.9%)	27 (93.1%)	0 (0.0%)	29
Yuan	0 (0.0%)	26 (96.3%)	1 (3.7%)	27
Zen	2 (5.9%)	32(94.1%)	0 (0.0%)	34
总频率	8 (5.9%)	126 (93.3%)	1 (0.7%)	135

从表 3－7 中我们可以观察到元认知任务知识的运用在学生的反思中占了主导，涉及个人知识和策略知识的时候少之又少。这或许说明学生在听完同学的录音后给予评语时仍旧把精力都放在命题说话这项任务所需的各种要求之上，希望从这个角度给同学的录音提意见。除了对策略知识的忽略和前边做个人反思时的情况相似以外，个人知识运用得少或许是可以理解的，因为在本次研究中，25 名学生（包括这 7 名学生在内）来自四个不同的班级，所以他们之间对于彼此的认识可能不深，因此要从同学身上去寻找个人因素是不太容易做到的。

总结这一节里我们对于学生在活动过程中涉及元认知的情况的观察，我们认识到，学生无论是在给予同学的录音评语或是进行个人反思时，主要都是运用了任务知识，即对于进行和完成命题说话这一项任务时的各种要求的理解。他们相对较少运用个人知识和策略知识来进行思考，这或许是他们对于这两类知识会对完成命题说话起作用的意识不足所致，因此值得我们在教学中关注。

5.个案分析学生在个人反思中对元认知的涉猎

这一节我们通过一个个案分析,深入到学生在整个研究中所完成的每一次个人反思,以一窥元认知在这一过程中所扮演的角色。与此同时,我们也以每一次反思的内容为起点,对照命题说话录音中的情况以及他们和同学间交流意见的内容来进行思考。我们这里选择了学生 Hwee 作为个案分析的对象,在进入其个人反思的内容前,我们先来了解一下这名学生的情况。

(1)Hwee 的语言使用背景以及整体表现

Hwee 来自一个说英语的家庭。他和家人只用英语沟通,和朋友沟通也主要使用英语。只有偶尔碰到习惯说华语的同学时,Hwee 才有说华语的机会。和 Hwee 有着类似的语言使用背景的学生在新加坡有日益增加的趋势。[①] 整个研究中,Hwee 一共完成了五轮的活动。图 3-2 显示了他的每周得分。每一次的分数都是上述三位华文教师各自评分后的平均分。三位教师的评分具有良好的一致性(Cronbach's α系数为.89)。

从图 3-2 看,我们不难发现 Hwee 的分数有进步的趋势。在前四次练习中,Hwee 的第二次录音在分数上和第一次一样或有稍微进步。但第五轮练习的情况则正好相反,第一次录音的得分比较高。

---

① Singapore Ministry of Education. Report of the Chinese Language Curriculum and Pedagogy Review Committee [Electronic version]. Retrieved October 26, 2005, from http://www.moe.gov.sg/press/2004/CLCPRC%20Comm ittee%20Report.pdf.

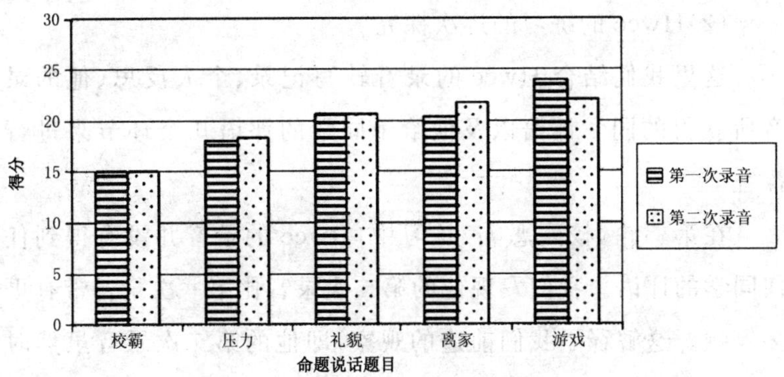

图 3-2 Hwee 的每周命题说话练习得分①

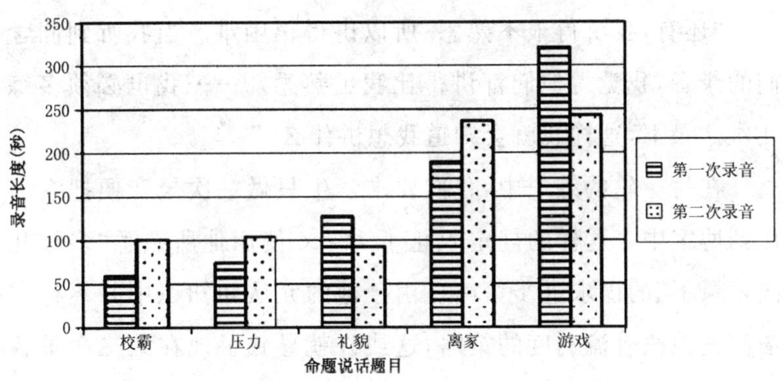

图 3-3 Hwee 的每周命题说话练习的时间长度②

图 3-3 显示的是 Hwee 每一段录音的时间长度。我们可以看到 Hwee 的录音长度有增加的趋势，而且有三次的第二次录音比第一次的长。Hwee 的录音得分和其时间长度之间的相关系数是.82，这表示那些较长的录音在内容上一般较为充实，因此都获得较高的分数。

①② 图中各题目经过笔者缩略。

(2)Hwee 的练习的逐次探究

这里我们结合 Hwee 的录音转写记录、个人反思、他的录音所获得的同学评语以及他给予同学的评语几个环节来进行探究。

在第一轮《校园恶霸》练习中,Hwee 的录音并没有得到任何同学的评语。我们发现他的第二次录音比第一次录音带有更多停顿。这解释了我们前边的观察,即他的第二次录音虽然时间较长,但得分却和第一次相同。针对这一流畅性的问题,Hwee 在他的个人反思中运用策略知识写道:

“还有,我讲得很不熟悉,所以讲得很困难。当我听到同学们的录音,我觉得他们都讲得比我更熟悉。……我也必须多练几次才录下,这样我就会知道我想讲什么。”

在每一轮的练习中,我们要求学生只做一次录音便把它上传到博客中。这样的规定阻止了 Hwee 使用他所熟悉“多练几次才录下”的谋求进步策略。由于他的元认知知识中并不存在任何其他改进流利度的策略,这或许就导致了他在第二次录音中无法取得进步,甚至还出现停顿增多的情况。

就命题说话的内容而言,我们发现 Hwee 的第二次录音除了复述第一次所提到的重点外,还添加了两个新的观点。就此 Hwee 写道:

“我听了同学们的录音后,最大的收获就是向他们的录音和同学们学讲什么。”

比较两次的录音,我们相信 Hwee 的第一次录音是在家中的宁静环境下完成的,而第二次则应该是在学校录音的。尽管第二次的环境嘈杂,Hwee 的录音除了复述第一次所提到的重点外，还添加了两个新的观点。就此Hwee写道："下次我录音时，我必须更多大声一点。"

来到第二轮《压力》的练习时，Hwee再一次没有得到任何同学给予他的录音评语。在个人反思中，他回顾同学的录音时结合任务知识写道："我的录音时间比她少，内容上比她差。"并随即采取计划策略并结合策略知识写道："下次，我觉得我应该时时[试试]看多讲，把内容多增加。"当我们比较前后两次的录音转写记录时，我们发现内容上Hwee不但谈及学校和家庭的压力问题，还谈到了压力的影响及其疏导方法，可谓丰富了不少。

往下一轮《新加坡人有礼貌吗？》的练习中，Hwee的录音得到了四位同学的评语。这些评语主要是"继续加油""做得很好"等鼓励性的文字，只有一名学生针对录音的内容和表达给出了意见，并建议Hwee多注意说话时的流畅性。当我们比较两次的录音时，Hwee的确在这方面下了功夫。我们同时也注意到Hwee的第二次录音的结束部分和第一次录音的结束部分完全相同，这或许是受了同学的评语"我觉得你的总结说得很清楚很有道理"有关。因为这样一种重复相同内容的行为在前两轮的练习中是前所未见的。显然地，Hwee在反思中为谋求进步有意识地计划要重复讲出可取的内容。

《新加坡人有礼貌吗？》的第二次练习中还出现了一个引起我们注意的地方。Hwee在说话中套用他从同学录音中听到的一个想法后，补充评述道：

"就像捷威说过，当我听到他的录音时，我想笑可是我也是不可以笑。因为当他说……可是我是觉得是因为他们有些也是不敢见老师或向对他们点头。……”

在我们的教学经验中，学生在一般课堂上的命题说话练习中不太容易记住其他同学所说过的内容，更不会在自己的说话内容中为同学所表述的意见进行述评。这种情况的出现说明，我们结合科技后赋予了华文教学一种全新可能性。

接着一轮的练习围绕《青少年离家出走》这个题目展开。Hwee 的录音得到两个同学的评语与认可。他们在评语中都提到自己同意 Hwee 所提出的观点，并鼓励道：“总共，你有进步”“总结其[起]来，你做得，好！”当我们对照 Hwee 的个人反思时，却见到：

“这次我觉得我有进步，因为大家都说我讲得好，可是，如果要进步，什么就是好呢？”由此可见过于简单或是非针对性的评语对于说话技能或是元认知知识的增进都是没有帮助的。但尽管如此，我们发现 Hwee 还是在反思中关注录音质量与嘈杂声的问题，并运用及修订其策略知识于计划中。他的第二次录音除内容更充实外，基本上也解决了从前的声音质量问题。

Hwee 最后一轮题目为《青少年沉迷于网上游戏》的练习得到两个同学的评语，而他们除了称赞 Hwee 说话流利外都不约而同指向他说话中接连把一个想法重复三次的问题。Hwee 在反思时那么写道：

“我这次不小心说了一样的句子台[太]多次，可能是因为我忘了想要说了什么，所以不下[小]心乱说了。”

通过任务知识的运用，Hwee 也觉得自己的录音时间太长了，并计划在第二次录音中纠正此问题。完成这一次的个人反思后，研究也即将告一段落。在这最后的一篇反思中 Hwee 写道：

“做了这些录音后，我觉得我比较容易说华文，比以前更好。”

这一句话虽然简单，却聚焦了 Hwee 八个星期来的不懈努力。从上述的分析中，我们可以看到 Hwee 如何反复地运用元认知于其反思之中，并在其作用下为自己的下一次录音寻求进步，同时对其元认知知识的修订与补充也是不间断的。

6.研究问题三的资料分析方法与结果

我们对于这一部分的内容其实是和研究问题二同步进行探究的。例如上面一小节的个案分析中我们就可以看到一些这样的情况，例如学生 Hwee 在自己的说话中复述并评述之前同学的说话内容、同学间互相给予的评语有时过于简单缺乏针对性等。对于这第三个研究问题的探讨，我们一共深入分析了其中三名学生的有声博客的所有内容（包括每一次的命题说话录音、每一则个人反思、每一则他们给予其他同学录音的评语等），上一节分享的是其中一例。纵观三个个案的分析所得，我们归结出以下三点：

一，同学的评语直接起了指点和提醒的作用。我们观察到学生通过阅读同学给予的评语后能发现一些单靠自己而无法发现的问题。例如一名学生说道：“下次，我应该尝试一下我讲的话比较大声一点，和我应该加点内容，所以录音时间也会比较长一点。”除了点出问题所在之外，同学间也起了一种监督和提醒作用。一名学生就为自己连续犯下的停顿问题在反思中写道：“我这次的停顿又有问题了。我说话也太过快了。……可能我平时间讲话太快了,已经成为我的习惯了。我应该改掉我的坏习惯。"由此可见信息科技的运用同时推进了群体协作学习,并为参与者带来好处。

二,个人的反思可以联系过去的练习。我们也观察到学生反思的内容除了涉及每一次的练习外,还可以在反思时联系之前一轮命题说话练习的内容,例如:"和我上一次比,我还是没有改掉我 Singlish 的坏习惯。……下一次录音,我不会再讲 Singlish 了。"几次练习下来,学生由于出现老毛病"又"犯了愁,写道:"我又开始说 Singlish 了……我在先部分会比较快,我觉得我应该进步在我的停顿上。"这样的可能性再一次说明是由我们所使用的有声博客科技所赋予的,这是传统命题说话课堂所无法实现的。

三,过于简单的评语无助于同学取得进步。学生之间积极地相互评论,但我们上一节也见到学生 Hwee 就反映道:"这次我觉得我有进步,因为大家都说我讲得好,可是,如果要进步,什么就是好呢?"类似的意见在其他学生的反思中时而出现。为什么学生的评语会流于表面无法深入呢?这是一个值得我们去思考的问题。

7. 研究问题的综合分析与探讨

上文分别讨论过三个研究问题后,我们尝试把分散各处的发现进行综合与总结,整理出如下五点:

一,学生无论是在给予同学的录音评语时,或是在进行个人反思时,对所使用的元认知知识都有所偏重。他们主要是运用了任务知识,反观个人知识与策略知识则是极少运用的。这或许反映了学生并不十分了解个人作为语言学习者的各项因素

（由个人知识赋予）以及用以完成语言任务的策略（由策略知识赋予），都会影响他们整体的命题说话表现。教师视学生的情况来给予适当的支架性引导，能有效地解决这方面的偏颇问题。

二，在有声博客中给予同学的录音评语以及为自己的录音进行个人反思这两项活动，有助于改变学生的元认知知识和元认知意识。但是，这并不意味着他们马上就会把这些改变付诸其后的命题说话练习。在这个寻求改变进步的过程中，有些学生会显得心有余而力不足。评语中同学的不断鼓励有助于让该学生坚持不懈。

三，某名学生若在一次练习中没有得到同学给予评语，他仍可通过听其他同学的录音而在内容和表达上取得进步。但是，在缺少同学评语的情况下，这名学生可能无法完全识别自己在进行命题说话时所出现的问题，甚至以为自己的表现已经很好而感到满足。在这里，群体参与协作学习的重要性就更显突出了。

四，学生在有声博客中相互听录音和给予评语的同时也在不知不觉中交换彼此的元认知知识。有迹象显示这样的一种交流间接地提升了学生的元认知意识，并促使学生在之后的命题说话练习中取得进步。

五，学生在有声博客中展开自主性学习的同时，教师的重要性更加凸显了。我们观察到学生在有声博客中进行交流时有时在元认知知识和元认知意识方面会显得能力不足。他们虽然知道同学的命题说话需要改进，但却无法很好地说出同学具体的问题在哪里，以致于做出过于简单的评语。这时候，教师由于具备更丰富的元认知知识和更强的元认知意识,便可根据具体情况为学生进行纠正与引导。教师的辅导有助于学生进一步发展他们的元认知意识。

(五) 本次研究的局限性

本次研究存在一定的局限性,希望今后的研究能把这些问题考虑在内,以求完善研究的设计并得到更理想的结论。

首先,从分数以及内容分析的角度来看,虽然学生都有所增进,但是可能存在其他的因素引致这种进步。例如 Bygate 就发现语言学习者接连两次地复述一个相同的话题,尽管在这两次之间并不存在任何人的指导,学习者也是有可能在某种程度上取得进步的。[①]

其次,本次研究无论从设计、参与人数或是学生的积极性的角度都未达到理想的标准。这主要归咎于我们是以外来者的身份进入一所学校做研究,研究又是以课程辅助活动的形式展开的。因此,我们研究还未开始就出现 10 名学生退出的状况,理由是家长反对、时间与其他课程辅助活动冲突、学生觉得现有课业繁重等;实验组的设置显然也是不实际的。参与研究的学生的繁重课业大大影响了他们付出额外时间参与研究的动力,以致只有 7 名学生较积极地投入到每一次活动中。如果这项研究是由在校的教师进行则问题会相对减少。教师除了可进行试验研究,以某些班级做对照组,同时还可以将研究融入平日的课堂

---

① Bygate, M. Effects of Task Repetition: Appraising the Developing Language of Learners. In J. Willis & D. Willis (eds.), *Challenge and Change in Language Teaching*, 136 - 145. London: Henemann, 1996.

教学，一来能减轻学生的负担，二来参与研究的学生人数也能得到保证。

另外，这一次研究把“口语教学”从语言教学的整体中独立出来探讨。这虽然满足了试验操作的需要，但显然不是最理想的做法。将语言四大技能的能力培养有机地结合在一起是不少学者所倡议的。①

（六）总结

在本次探索性研究中，我们观察到了以元认知为主导的口语教学模式对学生的元认知起到了一些积极的作用。相较于传统课堂教学，我们很大程度地提升了学生的参与性以及自学的机会。元认知策略和元认知知识在运用的同时也不断进行修订改变，整体的元认知意识也因此获得提升。当然，这整个教学模式的设计是倚赖有声博客作为辅助性工具展开的。尽管我们把大部分注意力放到学生身上，教师在这过程中却也扮演非常重要的角色。教师根据学生的能力与情况提供支架性的引导是必要的。最后，我们希望本次研究的这一点发现能为华文及对外汉语教师提供借鉴并起到抛砖引玉的作用，鼓励其他教师也与时并进，利用信息科技所带来的各种可能性为口语教学做出新的思考与尝试。

---

① E-lKoumy，A. A. *Teaching and Learning English as a Foreign Language：A Comprehensive Approach*. Cairo，Egypt：Dar An-Nashr for Universities，2002.

Maxwell，R. J. & M. J. Meiser. *Teaching English in Middle and Secondary Schools* (2*nd ed*.). Upper Saddle River，N.J.：Merrill，1997.

贰 情景教学①

一 中级口语情景教学的必要性

1.中级口语教学目标

在汉语学习的不同阶段，口语教学承担的教学任务有所不同。在初级口语阶段，教学“着重语素的学习和言语技能的训练，目的是让学生学会单句，而中、高级的口语教学则着重语义交际技能的训练。”②也就是说，中级班学生已经储备了一定的语言知识和技能，由简单对话向根据不同交际情景中进行成段表达的学习过渡。这些“都超出了单纯的语言成分和语法范围，而是涉及语境、场景乃至社会、文化等各种因素，属于语用的范畴”。③因此，中级口语训练更应该从交际目的出发，注重言语交际能力的提高。教学内容更多地体现言语表达的实用性、交际性和得体性，成为中级口语教学的目标。围绕这一教学目标，教师进行课堂教学指导性训练的着眼点也应体现表达的合理性、交际（实用）性与得体性。

为此，教师课堂上的指导训练，通过合理、有效地设计一些交际语境（情景铺设），让学生在具体场景中“自然而然”地体会、学习，这对他们语感的培养和表达较为复杂的思想大有益处。情景设计的材料要讲究，既能让学生对教学内容感兴趣，有感而

---

① 本节选自沈力《口语教学法之情景教学——谈中级口语教学的课堂设计》，原载《第二届华文作为第二语言之教与学国际研讨会论文集》，2011年版。

②③ 李晓琪《对外汉语口语教学研究》，商务印书馆2006年版。

发，又可以确保教学内容的完成。

2.中级口语教学原则

主张以学生为教学中心或教学主体的教学法，越来越得到大家的认同，它在口语课教学中尤为突出。口语课作为一门技能课，以培养、训练并提高学生的口语表达能力为最终目标。因此教学过程中学生的开口率十分重要，应该说任何的指导与训练过程的“主角”都是学生。这也是对外汉语教学的基本原则之一。

(1)教学以学生为主体的必要性

第一，利于课堂上教师与学生的互动。口语课堂上教师和学生的互动非常重要。教师唱“独角戏”的做法是违反对外汉语教学规律的，是不可取的。如何引导学生参与到教师的教学活动中并完成教学目标呢？课堂实践告诉我们，教师营造一个合理、有效的教学情景，引导并启发学生感知、理解并接受语言信息，使学生肯于并乐于表达。教师在整个教学环节中的定位是指导者。

第二，利于教材内容的学习、消化和巩固。教学内容的交际性和实用性，需要一定情景的展现和辅助，而一定情景的设计又有益于教学内容的展开，降低学习难度，使学生通过具体场景的感知、熟悉、理解，进而记忆、消化、巩固，促进学生知识“内化”过程的完成。这是提高学生口语表达能力的重要保障。

第三，利于课堂气氛的调整，最大限度地调动学生学习的积极性和自主性。无论什么样的情景，都离不开一定的时间、地点、人物、事件(发生、发展、高潮和结果)。情景设置的合理、准确十分重要，而合理、有趣的生活情景是引发学生兴趣的重要因素。学生的"兴奋点"在于亲身经历、亲眼所见、亲耳所闻的生活片段,以及实际体验中自己的所思、所感。

(2)课堂上情景设计的可行性

我们知道,听和读属于接受和领会,是被动行为;说和写属于表达和应用,是主动行为。口语表达作为一个较为复杂的语言生成过程,说话者在发话之前要在大脑中形成思想,根据周围环境的刺激形成反应,提取大脑记忆库中的有关语料,形成自己的言语表达。表达过程中的语言和心理因素都起着比较关键的作用。学生的投入程度(参与度)很大程度上取决于学生对教学内容是否感兴趣、教学内容是否"言之有物",这有赖于课堂教学情景的合理、准确、有效和生动。就教师而言,它也是对备课功底的一种考验。

邵菁、金立鑫指出,对外汉语教学中"教师不是用母语或目的语向学生传授或解释语言规则,而是要利用学生的语言能力,让学生积极主动地在教师提供的经过精心设计的有效语料的基础上"完成教学任务[①]。而"有效语料是指教材或教师为服从某一教学目的向学生提供的准确的、规范的、数量上足以让学生认知目的语某一语言规则的语言材料"[②]。可见,有效语料的选取既要带有交际性、合理性,又要便于教师操作,这是完成真实交际情景下的言语训练的必要保障。

教学实践证明,教师在授课环节中需要把握好如下五个词,即"预测、启发、调动、引导、鼓励"。所谓"预测",是指在课前需要针对教学内容以及学生的反应及需求有一个充分的准备、估

①② 邵菁、金立鑫《认知功能教学法》,北京语言大学出版社2007年版。

计，其中包括对教学内容的难易程度的取舍、对教学对象的语言接受程度以及有效性的考虑与选择，做到“心中有数”，即选取有效材料；在课堂的“启发、调动和引导”过程中，教师亦如导演一般，在具备好剧本（提供话题）、好气氛（铺设情景）和好调动（分配角色）的同时，激发学生兴趣，达到接近真实的情景交际训练。实践证明，这种训练形式学生喜闻乐见，也易于使他们产生真实想法，便于表达，进而提升学生口语表达的实际运用能力。

二 中级汉语水平学生的学习特征

1.学生来源、构成及文化程度

以北京华文学院为例，该校学生以印尼、泰国等来自东南亚国家的华裔学生为主，另外，也有来自日本、韩国、蒙古、美国、欧洲等国家和地区的华人及其后代。他们大多具有华裔背景，高中、大学毕业学生占多数。

2.学生学习特征

(1)学习目的性的差异

特定的华裔家庭背景和语言背景（多为汉语方言背景）使他们在听说方面具有一定的优势，相似的文化背景和文化心理，亦可产生文化认同，增添师生交往的有益因素；而亚裔学生普遍存在的内敛、含蓄、害羞甚至惰性的心理，对语言学习特别是口语表达带来一定的消极影响，特别是部分学生迫于家长要求来京留学，无疑学习主动性较弱。

(2)汉语水平及其存在的问题

作为中级班的学生，他们虽已掌握一定的语言知识，可较熟练地完成日常会话，但要完成包含一定思想内容的成段表达，首先的障碍是词语量的限制。而且随着学习难度的加深,初学的热情和新鲜感被随之而来的厌倦、失落、畏难等情绪占据,这种现象在中级班华裔学生中较为普遍。

对部分听说能力较强或者语感稍好的同学来说,一些固有的,比如受到父辈方言影响的不规范的词语和句子表达,包括发音、声调等方面的"顽症",对口语的进一步学习也造成了某种程度的影响。

(3)交际意识强烈的同时急于求成

特定的家庭和文化背景,使得他们在这种既陌生又"似曾相识"的环境中,特别是受到新鲜事物的刺激后容易产生沟通欲望。这是难得的学习动力,作为教师应敏锐地发现并利用好这一有利因素。但同时,这种欲望也使他们急于表达,并产生不切实际的期盼心理。他们对自身的学习能力甚至课堂教学产生某种疑虑,在一定程度上会影响教学效果。

三　中级口语教学的情景设计

1.设计原则和要求

(1)设计原则

如前所述,学生在具体情景下去感知、理解、领会和运用语言,比单纯地被动学习和接受,效果要明显得多。因此,中级阶段的口语教学,教师对具体交际情景的铺设和把握十分关键。

情境的来源既要忠实于教材,又要有所超越。"源于教材"是指以教材为蓝本,结合课文主要内容,设定具体情景来引入学习内容,这无疑增加了学生对所学内容的熟悉程度,有利于巩固知识;"有所超越"指的是为学生提供多种有效的语言材料,进行扩充性训练，以增强学生语感，提高自由表达的能力。因此，教学情景设计同样要遵循教学内容的交际性、合理性、趣味性以及可操作性指导原则。

设计的实用性和合理性，强调教学情景的铺设，以营造出与真实生活关系紧密的生活场景为准。那些为学生所熟知、既便于理解又利于表达的素材，可以激活学生大脑记忆库中已有的语言信息及其相匹配的生活常识和生活体验，经过思维后转化为语言的输出。这样的具体情景让学生的表达"言之有据""言之有物"，知道从何下"口"。当然教师必要的提示和及时的指导与鼓励也必不可少。

内容的趣味性，指的是教师备课时务必考虑到学生的年龄特点、思维特征、个性差异和语言接受的程度，努力寻找符合他们特点又具备现实特征的话题。应该说越是贴近学生的生活素材越能引起他们的兴趣。

可操作性是指教师设计的课堂情景要利于教师的指导和监控，要有针对性；要避免学生脱离话题或者不着边际地漫天乱说现象的发生。合理的情景铺设加上教师针对性的指导方可防止这一现象的发生。

课前，教师还需要就班级每个学生可能出现的问题做一个预测，对他们的难点、弱点做到心中有数，这样的指导才更有针对性。学生在表达中出现的"卡壳"现象，需要教师根据上下文对其表达内容进行判断，尽量"猜出"学生的意思，使之有所收获，增强信心，促成课堂教学的良性循环。

(2)设计要求

设计合适的情景，选取适合的、有效的语料，要注意三个方面的问题。

一是所选内容的难度要适宜。要充分考虑学习内容的难易程度及使用频率。难于理解且不常使用的生词，让学生望而却步，产生挫折感，增加了不必要的学习负担；话题材料较易，学生没有兴趣，也缺少成就感，所以选用适当的话题材料非常重要。比较切实可行的方法是围绕课文内容的中心话题，挖掘出相关话题材料并由此展开，既巩固了旧知识又扩充了新内容。

二是选取的材料要贴近实际日常生活。如果能够结合学生自身的生活经历和经验，就更易让他们产生兴趣，比如网购、网瘾、网恋等内容，与学习者的生活常态息息相关。及时捕捉社会、生活中的新鲜事物、新鲜词汇作为教学情景设计的补充，教学效果也会显著。

三是抓共性的话题。学生来自不同国家，即使是有着相似的文化背景，对事物的认识和看法也千差万别。而涉及人类共性的话题，比如网络、交通、环保、教育、婚姻等带有普遍性的话题素材，在一定的外在因素（情景）的刺激和内化条件（语言知识和词汇等）的调动下得以完成，学生收获较大。有效语料越丰富，越利于学生表达，他们的"知无不言"可形成一种较理想的教学氛围。作为教师，不必对学生表述的内容本身做过多的正误、是非评判。

2.设计内容及其形式

为了便于表述清楚，以下将从词汇、语法点（句式、结构）及段落表达层面分别阐述，在实际教学环节中，它们是密不可分的。

（1）词汇

传统的口语词汇教学，是将词语教学在学习课文内容之前先行完成，而教材中提供给学生的母语解释毕竟有限，所以处理词汇最好的方法就是把词汇放到合适的、具体的情景中。邵菁、金立鑫认为："孤零零的生词教学是失败的。只有把生词放在有效搭配中，在一些固定的搭配中进行教学，生词教学才具有结构和语义认知上的意义。词语辨析最有效的途径就是将词汇放入一定的语境中。"①

采取提问的形式带出重点生词，是一种可行的做法。步骤如下：以课文呈现的具体情景带出所学生词，再以生词还原课文句子，即所提问的内容就是课文中出现的句子。这样做的好处有两个：一是词汇在具体语境下出现，学生理解起来更加直接易懂、记忆深刻，也避免了单纯讲解的刻板；二是生词的反复出现，可增加词汇的复现率，对学生来说是一种巩固性学习，也利于教学环节的衔接，教学效果事半功倍。值得注意的是，这种词汇教学任务的完成，对教师熟练掌握教材内容提出了更高的要求。

在巩固练习的基础上，设计一些具体情景进而完成词汇的扩展性训练。具体操作方法可将课文中的重点词语、句式以板书形式呈现，再把课前设计好的具体情景提供给学生，让他们分小组表达。板书的词语和提供的情景，在练习中起到提示、限制的作用，对学生的语言思维也有帮助。

针对中级班学生的实际情况，可考虑在教学环节中给予适量的词语补充。根据词性、同义或反义、词义类比、联想式补充等形式扩大词汇量。值得注意的是，补充的词语要适度，要选择反映现实生活的"活"的词语，即那些既带有时代气息，又简单、

---

① 邵菁、金立鑫《认知功能教学法》，北京语言大学出版社 2007 年版。

实用的词语。

(2)句式结构(包括含功能语法的句式)

“注意句子所要求的语篇环境,因为任何一种句子结构都只有在一定的上下文语境中才能确定它的适合度。句子和语境之间的关系可以理解为双向选择关系。语境选择句子,同样句子也选择语境。”①这里指出,任何句式或者句子的意义和功能都与特定的情景相连接,也只有不同情景下的重复练习和使用,才能够帮助学生正确地掌握它,做到用好、用对。

应该说,中级口语教学中的句式,包括含功能语法的句式的讲练,更适合在教师铺设的具体情景下展示、完成。这样可以“表现”得更生动、更直接,更便于记忆和理解,也更容易“让学生掌握在具体相同交际功能的不同语境中使用这一句型的规则,训练学生正确识别并在语境中正确使用恰当句型的能力。”②

请看教材里出现的两组句式:“别看……可……”和“别说是……就是……”。课堂上如果根据字面意义直接进行解释,远不如通过一些贴近学生实际生活的情景设计,以提问的方式引导学生回答,让他们自己体会并归纳出句式的语义及其用法。经过反复提问与回答,学生掌握的程度远远优于讲解后再练习的模式。

(3)成段表达

语言中的段落由一个个句子组成,如果说,句式结构提供了话语表达的框架,那么段落就是对词汇和句式结构(句子)的有序整合。所谓“有序”,表明人们的言语表达一定要符合汉语语

---

①② 邵菁、金立鑫《认知功能教学法》,北京语言大学出版社2007年版。

法规则并具有思维的逻辑性;"整合"是在"有序"排列句子来表达明确意义时,要充分考虑交际时环境因素对语言表达的影响和制约。正如《认知功能教学法》提到的"社会、交际语境等因素对语言单位有选择和制约作用,人们使用语言必须服从于特定交际目的、交际环境等因素",交际中的"每一个句子的形式不是随意组成的,语篇的上下文对每一个句子又有制约作用,同时每一个句子在形式上也必须服从语篇上下文要求"。[①]

从中级学生学习成段表达的实际情况来看,有两个方面值得在教学中加以重视。

一是段落中连接词语的使用。拥有一定词汇量的学生,特别是中级下的学生,在课堂上比较愿意表达自己的想法。但问题是他们在表达中更多地把语义上有关系的句子罗列在一起,缺少表示逻辑关系的连接词,最终让人听起来像在"蹦句"。造成上述现象的原因一是思维的逻辑问题,二是缺少必要的连接词。为了解决这个问题,在教学操作环节中,可以进行必要的引导。比如把有关词语用板书写下来,然后让学生根据具体情景(有很好的提示作用)在相应的位置把表示逻辑关系的连接词语补充出来。不论是个别表述、小组比赛,还是教师示范的形式,都可以对他们的思维和表达起到一定的作用。久而久之,连接词语的训练会对学生汉语思维和语感的培养起到积极的作用。

二是具体交际情景下表达方式的选择。在设计原则中我们阐述了选取规范、实用而有趣的语料对教学情景设计的重要性。同时,在现实交际中,表达的得体性也不可忽视。以"人"为例,

---

① 邵菁、金立鑫《认知功能教学法》,北京语言大学出版社2007年版。

“人物”的存在同样构成语境的一个重要参数。对同一情况或问题，不同的人有不同的表达方式，即使同一个人在不同交际语境下的表达方式也有所不同，这些都与语境的要求和限制有关。因为一个人在完成交际活动的过程中，其身份、情绪、受教育程度，以及当时所处的交际环境，包括谈话对象等都对其选择表达方式有着重要影响。在一定教学情景设计中，表达者的语调、语气都要考虑进去。而这种语言意识和习惯的学习，只有在特定情景下展现出来，才能够更清晰、明了；也只有通过反复体会，才能逐步建立并培养出语感来。

有关情景的设计，可根据课文内容，选取、筛选出一些重点词语、句式，把它们集中起来，按照一定的逻辑关系，改换原有课文内容，设计出不同的实际交际情景，让学生分角色扮演不同的人物，表达不同的说话语气。为保证教学任务的顺利完成，教师可事先就不同“人物”的表达方式和学生进行商量或讨论，做一些前期的指导。值得提出的是，越是贴近学生生活场景的铺设，教师的可操作性越强，学生的表达也越到位。

叁　能力训练

一　*口语交际能力的训练*①

（一）前言

成功的二语教学必须引起学生的学习兴趣，并让学生在学

---

① 本节选自王玮愉、黄黛菁、邹速庭《脑、心、手并用的未来取向二语口语交际能力训练》，原载《第二届华文作为第二语言之教与学国际研讨会论文集》，2011年版。

习的过程中获得成就感。为了让二语初学者能在做中学、玩中学，教师必须利用摸得到、看得到的真实教具进行课堂活动，让学生多听、多说、多表现，使学生觉得自己能用华语表达自己的意思，进而能自信地用华语与他人沟通。

21 世纪的学生必须掌握交际能力，才能有效地与他人合作，跟上快速变化的社会步伐。为了提高学生的交际能力，我们将这种以沟通为目的的二语教学和“软技能”的训练结合，从“为理解的教学”模式出发，设计并落实结合语用层面及社会语言层面的口语交际能力训练架构，并对试验结果进行分析。

（二）文献评介

1. 口语交际能力训练的重要性

2010 年，新加坡教育部制定了“二十一世纪技能与理想教育成果”框架。[①] 框架分以下三个层次：

（1）框架的中心是“核心价值观”[②]；

（2）第二层是“社交技能与情绪管理学习核心技能”[③]；

（3）最外层是“二十一世纪技能”——公民素养、全球意识及跨文化技能，批判思维，信息与沟通技能。

由此可见，培养沟通技能是新加坡语文教师的重要任务之一。如何着手设计并落实高效的二语口语交际训练，是一个值得新加坡华文教师探讨的课题。

---

① http://www.moe.gov.sg/committee-of-supply-debate/files/nurturing-our-young.pdf，2011 年 6 月 25 日。

② “公民与道德教育”六大核心价值观为“责任感”“尊重”“正直”“关怀”“应变能力”“和谐”。

③ “社交技能与情绪管理学习”五大核心技能为“自我层面的认知”“自我规范”“社会层面的认知”“人际关系的处理”及“负责任的决定”。

2.二语习得与二语教学

1967年,Corder发表的论文《学习者语言偏误的意义》开启了第二语习得研究的先河。研究表明,第二语言教师对学习者语言习得过程了解得越多,对第二语言的教学越有帮助。[①] VanPatten提出了以下五个二语习得的假设:

(1) 二语习得是一个多层面、多阶段的过程;

(2) 二语习得是动态的、缓慢的;

(3) 二语习得涉及隐性语言系统的建立;

(4) 语言技能的获得(学习)不等于隐性语言系统的建立(习得);

(5) 大多数二语学习者不能获得像其母语一样的语言能力。[②]

由此可见,二语学习者应用二语的能力有赖于隐性语言系统的建立。Kramsch和Larsen-Freeman等学者认为,由于语言的意义是交际的产物,具有社会性和互交性,因此二语学习不能脱离语境和语言使用,二语教师更不应该把语言技能的获得视为隐性语言系统的建立。[③] 换言之,二语教师应少做脱离语

---

① Corder, S. P. The Significance of Learners' Errors. In Wallace-Robinett, B. & Schacter, J. *Second Language Learning: Contrastive Analysis, Error Analysis, and Related Aspects*. Ann Arbor: University of Michigan Press, 1967.

② VanPatten, B. *From Input to Output: A Teacher's Guide to Second Language Acquisition*. New York: McGraw-Hill, 2003.

③ Kramsch, C. Second Language Acquisition, Applied Linguistics, and the Teaching of Foreign Languages. *Modern Language Journal*, 84(3), 2000.

Larsen-Freeman, D. Language Acquisition and Language Use from a Chaos/Complexity Theory Perspective. In Kramsch, C. (ed.), *Language Acquisition and Socialization*. London: Continuum, 2002.

境的操练，多采用互动性的教学策略。

3.二语口语交际训练

Bakhtin进一步认为，语言在本质上具有社会属性，话语的结构和话语中前后表达的衔接需要说者和听者共同参与，因此口语交际是二语学习者建立隐性语言系统的主要途径。① Ellis提出，成功的二语口语教学必须以训练交际能力作为重点，注重语用层面，让学生学会在情境中说恰当的话，并供给学生大量语言输入与输出的机会，通过与人互动、沟通提升语言水平。②

综上所述，高效的二语口语交际训练应具备以下特征：

(1) 融入语用层面——让学生掌握实用的沟通策略；

(2) 融入社会语言层面——在创设的社交情境中用语言完成有意义的任务；

(3) 让学生做中学——让学生以互动的方式达成学习目标。

(三) 二语口语交际训练框架

1.二语口语交际训练框架的设计

融入语用层面及社会语言层面，并强调做中学的二语口语交际训练应该是脑、心、手并用的(见图3-4)：

(1) 动脑(语用层面)：以“社交技能与情绪管理学习”五大

---

① Bakhtin, M. *The Dialogic Imagination: Four Essays*. Austin: University of Texas Press, 1981.

② Ellis, R. *The Study of Second Language Acquisition*. Oxford: Oxford University Press, 1994.

核心技能作为主轴，让学生有机地掌握沟通策略；

(2) 动心（社会语言层面）：以“公民与道德教育”六大价值观作为主题，创设贴近生活的情景；

(3) 动手（做中学）：通过生生互动，让学生多听、多说、多表现，在实践中提升口语交际能力。

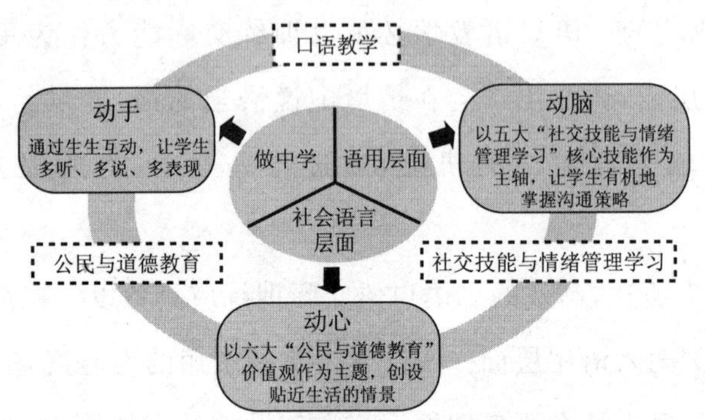

图 3－4　脑、心、手并用的二语口语交际训练框架

2. 二语口语交际训练框架的落实

“为理解的教学”是哈佛大学教育研究生院研究开发的一个教学模式，强调“理解”是在新的场景中灵活运用概念的能力，进行一系列活动展示对主题的掌握。“为理解的教学”包括以下四个部分：启发性论题，理解目标，理解活动以及持续性评价。①

我们从“为理解的教学”模式出发，把脑、心、手并用的二语交际训练框架落实于口语课堂设计中（见表 3－8）：

① Doughty, C.J. & Long, M.H. *The Handbook of Second Language Acquisition*. Malden, Mass: Blackwell, 2003.

表 3－8 脑、心、手并用的二语口语交际课堂设计

启发性论题："责任感"（"公民与道德教育"六大价值观之一）［动心］ 持续性评价：同侪互评（四人异质小组）				
"社交技能与情绪管理学习"核心技能［动脑］	理解目标	理解活动列举［动手］	思维层次	开放性
自我认知	认知哪些事情是应该自己做的	说一说你玩过玩具后，应该怎么做。	低 ↓	低 ↓
自我规范	知道应该如何把自己该做的事做好	你怕忘记带功课上学，说一说你怎样提醒自己。	↓	↓
社会层面的认知	了解自己在家里和学校的角色	在厕所里看见同学没有把水龙头关好，我会对他说："____"	↓	↓
人际关系的处理	顾及自己的行为对他人所造成的影响	朋友要请我吃糖果，我因为怕牙痛，我会说："____"	↓	↓
负责任的决定	明辨负责任与不负责任的行为，对自己的选择负责	我不小心打破了老师的杯子，我会这样对老师说："____"	高	高

具体而言，脑、心、手并用的口语交际课堂应该如何展开呢？教师可采用"先例－后说－再练"的课堂步骤，操作上述的课堂设计（见图 3－5）：

（四）研究方法及历程

参与这次行动研究的学校选出两班程度相近的四年级学生，一班作为实验组，另一班则为比照组。行动研究设计如下（见表 3－9）：

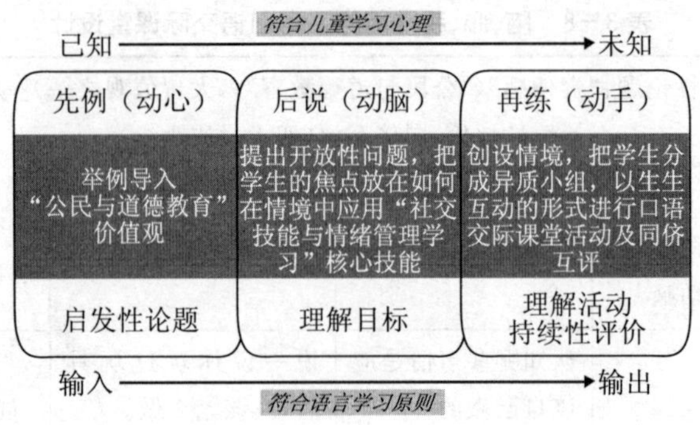

图 3－5 脑、心、手并用的二语口语交际课堂步骤

表 3－9 行动研究设计

组别	前测	实验处理	后测
实验组	O	X	O
比照组	O		O

O＝观察　　X＝实验处理

参与研究的教师利用脑、心、手并用的口语交际能力框架进行课堂设计(见表 3－8)及编排课堂步骤(见图 3－5)，编写了 6 份教案(“公民与道德教育”六大价值观各一份)。实验组根据教案，进行了 6 堂口语交际训练课。①

这次行动研究从 2011 年 3 月开始，至 2011 年 6 月结束，为期四个月左右(包括教案编写、6 次教学及前后测、实验结果统

① 行动研究中“再练”步骤的操作：学生四人一组，以互动形式进行与该堂课的价值观相关的理解活动(见表 3－8)。教师课前准备好情境卡、棋子、棋盘和骰子。每张情境卡上有一个虚拟的社交情境。第一位组员丢骰子，然后抽取一张情境卡，读出情境卡上的社交情景，并说明应对社交情境的方法，其他三位组员要仔细聆听。若其他三位组员皆认同第一位组员的答案，第一位组员才能按骰子的点数前进。如果第一位组员的答案不被其他三位组员接受，第一位组员就不能前进，其他三位组员必须说明不接受答案的原因。如果答案有争议，可以举手寻求老师的帮助。组员轮流重复上述步骤，如此类推，先到达终点的组员赢。

计与分析)。行动研究历程如下(见表3－10):

表3－10　行动研究历程

时间	步骤
2011年3月	编写教案
	设计前测/后测
	制定口语交际能力评量表
	划一评分标准
2011年3－6月	进行前测
	口语交际教学(共六次)
	进行后测
2011年6月	实验结果统计与分析

(五) 分析与讨论

1.统计方法

这次的行动研究共有50名四年级学生参与,实验组及比照组各25人,利用实验组学生及比照组学生前后测的分数进行单尾独立样本t-检定(One-Tailed Two Sample t-Test),分析运用脑、心、手并用的口语交际训练框架进行教学后,学生的口语交际能力是否有显著的提升。

2.达显著水准分析

统整数据后,我们以95%信赖水准(Confidence Level),用单尾独立样本t-检定进行了显著水准分析。

针对实验组及比照组的学生(两组的样本数皆为n＝25),我们检定了关于以下四个测试项目的虚无假设($H_0: D_{expt} \leqslant D_{ctrl}$)是否成立[①](见表3－11)。

---

① 若t值不高过1.68,虚无假设($H_0: D_{epxt} \leqslant D_{ctrl}$)成立,意即实验组成绩不显著高于比照组成绩。若t值高过1.68,对立假设($H_1: D_{expt} > D_{ctrl}$)成立,意即实验组成绩显著高于比照组成绩。

表 3-11 达显著水准分析

测试项目	满分	前后测平均差		t 值	H_0	实验组显著高过比照组
		实验组 (D_{expt})	比照组 (D_{ctrl})			
1.听说能力①	10.00	0.40	0.08	1.72	不成立	是
2.语用能力②	10.00	0.88	0.24	2.84	不成立	是
3.社会语言能力③	10.00	0.84	0.08	3.88	不成立	是
4.总得分	30.00	2.12	0.40	3.84	不成立	是

根据表 3-11 呈现的结果,实验组的总得分前后测平均差(2.12)显著高过比照组(0.40),说明脑、心、手并用的口语交际训练框架显著地提高了学生的口语交际能力。实验组的学生在"听说能力""语用能力"和"社会语言能力"方面的表现,皆明显地胜于比照组。

实验组学生在"语用能力"及"社会语言能力"方面的进步最为显著(前后测平均差分别为 0.88 及 0.84)。这证明了以生生互动的方式让学生做中学能有效地加强二语学生在口语交际中运用沟通策略的能力及应付社交情景的能力。

(六) 结论

行动研究结果证明,脑、心、手并用的二语口语交际训练框架能达到预期的效果。换言之,脑、心、手并用的二语口语交际训练框架是有实用价值的,因为它具操作性,是能落实到课堂中的。教师可从脑、心、手并用的二语口语交际训练框架出发,进行一系列的口语交际课堂规划,铺排课堂步骤,并设计相应的形

① 学生听懂教师提问的能力及其口语表达能力。

② 学生运用"社交技能与情绪管理学习"核心技能沟通的能力。

③ 学生作出符合"公民与道德教育"价值观的回应的能力。

成性评估活动。

由于脑、心、手并用的二语口语交际训练框架的设计基础是建立在二语教学理论之上的，因此它对二语教师而言有一定的参考价值。虽说二语口语教学强调大量的输入加上大量的输出，但这些输入与输出并不等于盲目的语文技能操练，教学时更不应该为了活动而活动。脑、心、手并用的二语口语交际训练框架强调的是让学生以沟通为目的完成贴近生活的任务，通过在创设的情境中互动而逐渐建立学生的隐性语言系统，让口语交际策略根植在二语学生的长期记忆里。

脑、心、手并用的二语口语交际训练框架突显了口语交际教学与传统口语教学之间的差别。传统口语课堂上常用的核对式问答和全班提问是脱离语境的，并不能让学生在情境中体会语言。脑、心、手并用的未来取向二语口语交际能力训练强调实用性，是互动式的、启发式的，并且融入了语用层面及社会语言层面。这么一来，二语学生才能学会如何在日常生活中用华语表达自己的意思，并且有信心应付现实生活中的华语对话。这对于加强二语学生学习华文的成就感及提高二语学生在华文课以外使用华语的频率都是有帮助的。

肆 口语策略[①]

曾有人在250多名初中级汉语学习者中进行过一次非正式的问卷调查。调查结果显示，约95%的学习者将“汉语会话”列

① 本节选自蔡明宏《从“跃进”到“渐进”——在菲律宾进行汉语口语教学的策略分析》，原载《广西民族大学学报（哲学社会科学版）》2009年第S1期。

为他们最希望拥有的技能，约75%的学习者将“口语”列为他们最需要加强的技能。看到这一组数据，可能有人会觉得欢欣鼓舞，因为强烈的学习动机是直接推动学习的内部动力。教育实践和教育心理学实验都表明，正向而积极的学习动机能激发学生的学习兴趣，保持一定的唤醒水平，从而提升学习效果。如此看来，口语教学在对外汉语教学课程中应该是比较受欢迎，而且是比较好操作的课程。但是，请再看下一组数据，在受调查的学生中，只有约46%的学习者表示“很喜欢口语课”，人数不到一半；而表示“会在口语课上积极发言”的学习者更是仅有33%。这是一组反差极大又令人黯然沮丧的数据，它暗示着一个颇为严峻的现象：尽管很多人迫切希望掌握汉语口语交际能力，但是相当多的学习者有着“畏惧”“逃避”的心理情绪，他们对汉语口语“爱”在心里，却“口”难开。这一现象其实也是菲律宾汉语学习者常见的现象。在教学中我们发现，“动机主动”而“行为被动”的学习者不在少数。很多学习者在将汉语知识转化为语言技能，并最终形成流畅自如的交际能力方面有较大的障碍。菲律宾华人社会汉语学习者在口语课上比较腼腆和被动，与他们同属亚洲文化圈的性格特征有一定的关系。根据第二语言学习策略分析，亚洲地区的学生比较内向，对自己的情绪比较敏感，自信心不足，容易焦虑。为了学好语言，他们需要经常采用自我鼓励等情感策略来增强自信。而欧美地区的学生比较外向，他们更多地采用社交策略来学习汉语。因此，如何用系统而灵活的口语教学策略使学习者克服心理障碍，“撬”开“封闭”的嘴巴，融入口语教学情景，是一个很值得研究的课题。

一 “零到十”的跃进

在社会科学、文学艺术、成长教育等诸多领域，“零到一”的突破被很多专家认为是最难获得、最值得关注，也最值得肯定的成效。但是，在语言教学，尤其是口语教学上，一位零起点的汉语初学者，当他能够说出“你好”“谢谢”“你是哪里人”“你好吗”等简单的中文语句时，这个“零到一”的突破并不是一件很难的事情。相反，这种语言学习的初期成功带来的兴奋度可以转化为推动学习的强化剂，新鲜的语言刺激带来的愉悦感让他们初尝甜果。但这种亢奋度在进一步的深入学习中会遇到某种阻碍，陷入一定的瓶颈，产生焦虑情绪。这时的汉语学习者已经获得了“一”的初步成功，但在迈向“十”的过程中，他们陷入了茫然和踯躅。克拉申（Krashen）的情感过滤假设说[①]告诉我们，第二语言习得的进程还受到情感因素的影响，它包括动机、自信心和焦虑程度。情感因素是可调节的“过滤器”。语言输入只有通过过滤器才能到达大脑中的语言习得机制，并为大脑所吸收，最终发展成为习得能力。焦虑、自信心的缺失带来的情感屏障阻碍了语言输入，这种学习上的停滞不前又影响了他们的自信，让他们在口语课上更加地内向和谨慎。所以，具备了初级的汉语口语能力、渴望进一步获得流畅表达的学习者在这里遭遇了他们学习中的第一个重大转折。他们渴盼突破，却步步谨慎，而教学者也在这里遇到了一个难题：这些可以进行简单口语交流的学习者，不知不觉地在用后退的情感态度抗拒进一步的学习提

---

① Krashen, S. *Principles and Practise in Second Language Acquisition*. Oxford: Pergamon Press, 1982.

升。因此,“一到十”的突破成为第一个无法回避的重点。要跨过这个瓶颈,如下几个经过教学实践验证的教学方式可供参考。

1.“以背促说”法

开启很多汉语初学者“无话可说”桎梏的第一把钥匙,就是背诵。这是个说来简单,但百试不爽的好办法。很多学习者虽然懂得基本的口语交流,但是在口语课上死活不开口,对于教师的提问,他们宁可用点头或摇头等肢体语言代为表示。他们的内心渴望和面子障碍之间的冲突让老师看在眼里,急在心里。这时,背诵课文段落就是一根救命稻草。对于停留在简单对话阶段的学习者,可以要求他们背诵教材中的对话篇章,每次上课前就进行两两配合,共同完成脱离课本的背诵。只要经过五六次的课堂背诵检阅,你就会发现那些不愿开口的学习者在这种“被迫”的发言中,渐渐消失了恐惧和紧张,背诵的语言只是一种简单的复述,说对说错都与他们无关,与他们的面子无碍,心理负担自然减轻。而且,他们还会惊喜地发现,那么多流畅的汉语从自己的口中潺潺流出,似乎也不是什么难事,对汉语的感觉不知不觉“随风潜入夜”,开始了“润物细无声”的第一步。

2.“口口相传”法

“以背促说”是消除语言恐惧的第一步,接下来,难度要进一步提高。在讲解口语教材篇章的过程中,教师每讲解一段,就指定一个学生复述老师的讲解,这时学生要调动他的听力、理解、记忆等诸多能力,并将之组合成顺畅、有逻辑的口头表达。这种方式既可以检验学生对讲授知识的理解程度,又提供给学生口语锻炼的材料,不会陷入情景交际设置中为话题而话题的被动和尴尬。这种方式也可以用在学生之间。在课前,笔者往往会指定部分学生上台进行简单的口语演讲。很多学生会在这个时候因“事不关己”而走神。为此，笔者要求演讲结束的学生可以指定任意一位同学上台简单复述他刚才的讲述。这时，不管是演讲者还是倾听者都会陷入紧张的学习状态中，而“口口相传”的复述因为有事可说、有据可依，充分调动起了口语学习者的逻辑思维、情感判断等诸多能力，对他们从简单对话到篇章演讲间的突破起到了很好的桥梁作用。

3.“就事说事”法

长期以来口语教学都比较注重单句的句型，学习者可以说出正确的单个句子，但很难说出结构衔接、意义连贯、表达顺畅的话语。那么，让学生在课前讲一个故事、说一段新闻、介绍一本书、讲述一张家庭照片背后的故事等，都是不错的办法。有时连一向语不成句的学生，当他拿出自己的一沓照片向大家讲述时，都会精神亢奋、滔滔不绝。而有些富有同情心及社会关怀度的学生，在讲述起社会新闻中的悲情故事，甚至言语哽咽，感人肺腑。这些话语，发于心、出于情，对新语言的恐慌、害羞、自尊心受挫等焦虑，因其情感的关注而得到了抑制。学生在潜移默化中突破了心理障碍。

二 “群体性渐进”法则

当这些“突破”性训练达到一定程度，学生用汉语表达不再那么艰难、抗拒的时候，学生的语言屏蔽效应已经减轻，可以进入中介语偏误的纠错和修正的“渐进”工程。众所周知，中介语的偏误具有顽固性，语言中的某一部分可能会停滞不前，产生“僵化”或“化石化”（fossilization）现象。这种现象的产生有时是受第一语言的影响，菲律宾的学生从小就要学会多种语言——“大家乐”语（菲律宾语）、英语，甚至闽南话。这些语言无法避免会对目的语的学习产生一定的负迁移。学习者因为这些偏误并不影响交际，便满足于已取得的进步而停滞不前，他们往往利用回避、简化、语言转换、语义替代、体势语等交际策略来代替语言表达手段。而第二语言的获得是一个逐步积累、逐步完善的连续过程，它是学习者不断通过“假设—验证”主动发现规律、调整修订所获得的规律，进而对原有的知识结构进行重组并逐渐创建目的语系统的过程。这个过程需要教师进行适当的引导和纠偏，否则学习者可能一辈子都停留在使用中介语的状态，无法真正掌握目的语。因此，在“突破”训练中，教师往往以旁观者和欣赏者的身份出现，而在“渐进”训练中，教师则应从一个“倾听者”恢复到“指导者”的身份。而学生在“突破”训练中往往以单独的身份出现，在“渐进”训练中，则应以群体的身份出现。因为“渐进”训练是一个纠错的环节，在维护学习者自尊心和当众纠错的两难选择中，“群体出动”是一个缓和尴尬、增加安全感的好方式。菲律宾人性格乐天开朗、喜欢群体活动，他们的独立、叛逆性格并不强，喜欢三五成群，不管是游玩还是逛街，都是以团体出现。而各种社团、宗亲会、校友会等团体在菲律宾星罗棋布，身兼几十个会的会员的人并不少见。在学习汉语上，班上学生也有很多是母子、父子、兄弟、妯娌、祖孙、夫妇结伴相携。强烈的“群体性”特征，让他们在口语课堂上对群体性、小组性训练情有独钟。“渐进”的训练方式如下：

1.“小组循环提问”法

三到四人为一小组，A 根据课文内容问 B 一个问题，B 回答后，也根据课文内容问C一个问题，以此类推，最后D循环问到A。这种方式可以促使学生积极思索课文内容，将语言活用，同时也让学生在准备问题的过程中互相交流、纠错。在这个环节中，简单的问答方便了老师及时纠正，它也改变了教师一味给答案的大量知识输入而造成的语言堵塞现象。学生为自己能找出课文中的问题而自豪，往往兴致盎然，很多学生甚至拿出手机进行拍照留念。

2.“团队竞赛”法

在菲律宾华人社会有一个特殊的现象，即非常注重荣誉。某人某项比赛获得名次，学校往往将其巨幅照片挂在门口，不亚于当红明星；学业结束，取得学士文凭，要将照片登报祝贺；当了某社团理事长，也是用“深庆得人”“多有建树”等颂词占据报纸版面。这种荣誉感渗入菲律宾华人社会中，体现在口语课上，学习者遇上竞赛类练习往往争先恐后，群情激动。团队竞赛的方式有很多，比如“组词造句接龙赛”，将学习者分成不同的小组，老师给出一个词语，学生进行造句，下一个学生从该学生的句子中任意找出一词，也进行造句，以此类推，看哪一小组在单位时间内造的句子最多、最准确。教师在活动过程中，可以及时排除错句，错句不能算入句子竞赛总量，在活动结束后，再详细讲解错处。这时，学生思维活跃，态度专注，吸收能力强。

3.“对话—表演”法

在前两项练习进行到一定阶段后，学生的单句叙述能力已经得到一定的提高，此时，要引导他们将单句汇聚成篇，可以让学习者根据教师给予的主题，自主设计两三人一组的对话。说，是语言生成能力的集中体现。在对话训练成熟后，可以进入较大型的表演练习，例如教师设计一个故事情节，如"生日当天渴望得到祝福——同学故意假装不理睬——回家哭诉——得到意外惊喜"，让几个学生组成一小组现场表演，要求学生临场发挥，随机应变进行应答，每人说出的语句不得少于十句。为此，一些平时不爱开口的学生为了达到话语数量，争相抢话。因表演过程随机自然，学生充分发挥主观能动性，往往能获得意外效果。

4.辩论法

辩论是汉语语言艺术的最高表现形式，辩论者要将自己的思想用语言完美地表达出来，这些语言还要兼有准确性、艺术性、攻击性、逻辑性、多样性和感染性，如此高的要求让很多人认为这对于第二语言学习者而言是不可企及的事情。其实，教师这时只要改变传统辩论的固定程序，为我所用，辩论不失为一个很好的语言训练形式。传统辩论的一般程序是一辩陈述、自由辩论、四辩总结。在汉语口语课上，可以不拘人数多少分为两组，正方阐述自己观点后，提出一个反问，指定反方队伍中任意一人回答，同组人员可以互为提示，回答结束后，反方队员同样指定正方小组任意一人回答其棘手的问题。这种你来我往的方式虽然不是传统严格意义上的辩论，但是它充分达到了辩论训练所要求的思维清晰、反应敏捷、想象丰富、配合默契等要求，很多精彩的话语潺潺而出，学生的潜力得到了充分的发挥，往往超出老师的想象。

5."模拟配音"法

教师截取一个精彩的电影片段，让学生反复观看。然后去掉声音，让学生分别担任影片中的不同角色，根据影片字幕进行配音。这是运用现代多媒体手段进行教学的极好尝试。我们知道，掌握一种新语言，建立新的语言自我，有时无法避免地要暂时地放弃一部分自己的性格特征并建立新的性格特征。就像中国人学习外语要获得地道的目的语语音，往往要刻意地模仿洋腔洋调，以达到惟妙惟肖的效果。而这种移情对某些学习者来说并不是一件容易的事情，他们因为种种原因不愿意放弃本有的个性而转换另一种面目去模仿目的语的腔调、思维习惯、性格特征。这种隐性的角色话语转换极为微妙。而模仿电影配音，就无形中削弱了学习者第二语言性格转换的尴尬和抗拒，他们不再执着于“我”——母语叙述者的传统身份，他们乐于在扮演角色的掩饰下释放另一个全新的语言自我。在电影配音的过程中，他们开始去适应目的语陈述的语速、语调、言语习惯，语言教学此时不再是堆砌的、枯燥的输入，而是自主的、紧张的、俏皮的、创造性的输出。

“渐进”阶段五种方法的难度呈梯级上升趋势，它更倾向于微观练习，教师在训练过程中不仅要教给学习者目的语知识，培养目的语能力，同时还要对其学习策略和交际策略进行指导。与“渐进”阶段的训练方式趋于微观不同，“突破”阶段更注重宏观锻炼，它的重点在于获得语言感觉，消除学习者的情感焦虑屏蔽，强化学习者潜移默化的语言习得能力，重在“开口”而非纠错。这两种教学方式的分阶段配合，可以起到互为表里、相得益彰的效果。

菲律宾华人社会的汉语学习者有其自身特点：他们同属亚洲文化圈，他们腼腆、含蓄，渴望得到赞美和认同，荣誉感强烈，群体性依赖明显，容易融入群体活动氛围。这些特征都提醒着“教授者”（即施动者）和“学习者”（即受动者）的角色不能只是定位在传统的“老师”和“学生”身份上。教师，是教材的第二作者、再创造者，与教材保持着“若即若离”的适当距离，根据受动者的反馈及时调整自己传播信息的强弱，采用灵活多样的教学方式引领受动者改变静止的、被动的接收状态，通过吸收、消化、思考、创造等诸多环节，用参与性、投入性的姿态进行语言创造。心理学研究也证明，学生接受同类信息的时间越长，学生的兴奋点和注意力也会随之分散和淡化。因此，过于稳定的教学模式不利于学习者的吸收，灵活多样的教学方法才能适时地调整学生的学习心理节奏，达到良好的教学效果。

所谓“流水不腐，户枢不蠹”，努力营造汉语口语教学中的“施”和“受”、“教”与“学”之间的一种永久流动、平等开放、充满活力的良性循环系统，是我们的期盼。

伍　课堂技巧[①]

一　引言

华文教学虽是母语教学，但却属于第二语言教学。第二语言教学的特殊性要求我们的教学活动必须严格遵循实践性原则，强化“学”的功能，这既是素质培养的客观需要，也是优化教学的必然途径。

口语课的课堂教学，必须以学生的操练为主。学生围绕某一语言项目或文化知识开展练习，并通过这种反复的、大量的、

① 本节选自李善邦《汉语口语课课堂训练方式及其运用》，原载《八桂侨刊》2002年第1期。

频繁的操练，最终得以正确、熟练、灵活、得体地掌握，形成技能。当然，学生的练不能是盲目的，必须在教师科学的有计划的指导下进行，必须通过具体的方式方法来实施。

课堂训练形式活泼多样，不拘一格。从性质看，有机械性的、理解性的，更有创造性的；从方式看，有纯口头的，也有口头书面相结合的；从目的看，有训练语音能力的，有训练遣词造句能力的，有训练成段成篇表达能力的，还有训练学生汉语思维能力、文化认知能力与社会交际能力的。总之，口语课堂训练虽有一定的目标，但无固定的模式，丰富多彩，不一而足。

口语课课堂训练的基本程序是：语音训练——单句训练——情景训练——实际运用。语音训练就是训练学生的语音能力，即对声韵调、语调语速等的掌握。目前华裔学生的语音面貌普遍存在声韵调不准、语调变化不明显、语流不畅等诸多问题。这些问题成为制约学生掌握运用说话技能、迅速提高汉语水平的瓶颈因素。而口语课是学生语音训练的主要途径。单句训练是指利用教材中的语料，使学生掌握其中的词语、句式、表达式，形成单句表达能力。情景训练是借助、利用、设计、创造各种情景，让学生在特定环境中自然、自觉地运用所学过的词语、句式和相关的功能项目，如设计一个打电话的情景，给出一些特定的词语句式，让学生据此进行对话展开交际。实际运用训练是指现场实地练习，这是课堂训练的延伸和外化，如带学生逛街购物、采访工厂农村或中国人家庭。此类练习可事先选教一些语言项目，然后让学生在实践中灵活运用、自由发挥，而且也并非一定要到高年级才开展，在初级阶段就可有选择地进行。

二 华文口语课中的训练方式

依据华文教学的学科性质，针对口语课的课型特点，我们在借鉴、吸收现行汉语口语教学方法的基础上，总结、设计了一系列既简便又实用、既易于操作又行之有效的训练方式。必须指出，文中所罗列的种种训练方式，多数并非笔者首创或独创，而是许多教师在教学实践中曾经或正在运用的。本文所做的只是系统化的收集、整理与归纳，着重点在于对其设计原理、实施意图、运用规则进行分析说明。

1.带读—跟读：老师带读，学生跟读，也可让语音好的学生带读，其他同学跟读，内容可以是一个(组)拼音、一个(组)词语、一个(组)句子、一段对话或一篇短文。

这种练习方式有利于发挥教师的发音示范作用，帮助学生克服发音障碍，纠正发音偏误。但也有三点欠缺：(1)所用言语不是自然言语，实用价值不大；(2)程度好的学生自己纠音能力较强，教师带读作用不大，吸引力相对减弱；(3)学生必须依赖视觉，必须忠实于原文字句，无形中削弱了听说训练。①

2.朗读：若语料为会话体，最好分角色朗读，角色分配要考虑到人数、性别；若语料非会话体，则视篇幅长短，安排学生单个朗读、集体齐声朗读或分段轮流朗读。

朗读的长处是有利于培养学生准确的语音语调、正常的节奏语速，逐渐形成语感，同时调动了视觉的积极参与，把说话与识字对应起来。不足之处在于，虽然表面上机会均等，但实际上

① 周继圣《高级汉语口语课的新尝试》，载《语言教学与研究》1988年第4期。

却浪费了语音基础好的学生的时间。另外,集体朗读,大家的声音混合在一起,教师很难发现哪个学生的发音有错,即使听出来了也无法当场纠正;而单个朗读,若对其错音一一纠正又必然会耽误其他同学的时间。朗读练习当然必不可少,但最好安排在课后让学生自己去读,课堂上只进行有针对性的抽查。

3.带说—跟说:教师把书面的语料转换成一句句口头的话语,让学生在脱离课本的情况下跟着说。

这种做法可部分弥补“带读—跟读”和“朗读”的不足。其好处有三:(1)“听—记—说”三个环节兼顾,耳、脑、口并用;(2)减轻了学生的视觉疲劳,增加了教学的趣味性和对学生的吸引力;(3)学生说的虽不完全是自然言语,但比读书式的表达有更高的自然度。

4.对画线或重音部分进行提问。例如:

△他去教室。▲他去哪儿?

△今天星期三。▲今天星期几?

5.改说:

(1)用指定词语或短语改说。例如:

△原来是这么回事,你说了我才明白。(不……不……)

▲原来是这么回事,你不说我不明白。

△在老师的帮助下,我的汉语水平有很大的提高。(没有……就没有……)

▲没有老师的帮助,就没有我汉语水平的提高。

(2)用指定句式改说。例如:

△我不知道他干什么去了。(改成反问句)

▲我哪儿知道他干什么去了?

△咱们收拾一下房间吧。(改成“把字句”)

▲咱们把房间收拾一下吧。

△你们是学生吗?(改成正反疑问句)

▲你们是不是学生?

△王大夫治好了他的病。(改成被动句)

▲他的病让王大夫给治好了。

(3)根据例句或按要求改说。例如:

△我是九月来的,现在是十二月了。(用助词“了”和数量补语改说)

▲我来了三个月了。

(4)将书面语体改为口语体。例如:

△承蒙指教,在下深感荣幸。

▲能得到您的指教,我感到非常荣幸。

汉语的句式和表达式十分丰富,同样的意思,可以有多种不同的表达。以上练习,可帮助学生建立表达的灵活转换机制,以及根据具体语境选择最得体表达方式的能力。

(5)将会话体改为叙述体,将叙述体改为会话体。

6.完成句子或对话:

(1)有限制条件的,例如:

她________________。(既……又……)

(2)无限制条件的,例如:

A:________________。

B:是的。

A:________________。

B:行。

7.扩展:将词扩展为词组,将词或词组扩展为句子,将句子扩展为句群。例如:听说——听说王老师生病了——听说王老师生病了,要住院——听说王老师生病了,要住院,今天的口语课改上听力课。

8.组织:组词成句,组句成段。教师提供一些词语、短语,打乱顺序,让学生组成一个句子,或提供一些句子,打乱排列顺序,让学生连结成语段。例如:

△您 公司 热烈 代表 向 欢迎 我 表示 的

▲我代表公司向您表示热烈的欢迎。

△ A 我连“你好”都不会说

B 时间过得真快

C 我到这儿学习汉语

D 我已经能够流利地和中国人交谈了

E 记得刚来的时候

F 一转眼快两年了

▲时间过得真快,我到这儿学习汉语,一转眼快两年了。记得刚来的时候,我连“你好”都不会说,现在我已经能够流利地和中国人交谈了。

扩展与组织练习的目的在于培养学生对汉语句子、句群的结构、语序、连接方式和逻辑关系的认识,帮助学生建立汉语连词成句、连句成段、连段成篇的思维方式,加强表达的层次性和连贯性。

9.口头造句:

(1)用指定词语或句式造句。例如:

△千万

▲过马路时，千万要小心。

△不但……而且……

▲珊珊不但聪明，而且很用功。

(2)用指定词语按指定格式造句。例如：

△送礼物(造双宾语句)

▲姐姐送我一件礼物。

(3)模仿造句。例如：

△他一下课就出去了。(一……就……)

▲我一紧张就想不起来了。

口语教材课文中的主要生词，即出现频率较高、构句能力较强的生词，一般都应要求学生造句。若词语较多，可先写板书，重点词用红笔标明。让学生从中任选一个或数个词语说一句或一段话。教师既要完全尊重学生的自主意识，又要积极引导，充分鼓励和调动每个学生参与，并尽可能地做到机会均等，不挫伤任何一个学生的自尊心和积极性。学生说话时，其他学生要注意听，并随时准备复述。教师对学生的错误要有一定的宽容度，纠大放小，带普遍性的错误则要详细分析。也可由学生来改错，以培养他们发现错误、纠正错误的意识和能力，检验、训练他们的语感。

造句练习看似简单，实有奥妙，最大的优点在于其自由度与开放性。在接近于零干扰的条件下，学生爱用哪个词语就用哪个，想怎么说就怎么说，愿意如何表达就如何表达，空间很大，不受限制，自主意识得到充分的展现和发挥，学生真正地成为课堂的主体。随着练习的展开和深入，往往出现许多戏剧性场面，高潮迭起，生趣盎然。

10.问答：从交际要求看，上述种种操练方式大都属于以汉语语言知识为中心内容的练习，还算不上真正意义上的交际，而“最简单的交际便是一问一答”①。

(1)用指定词语、短词或句式回答。例如：

△你喜欢那些孩子吗？（调皮）

△他怎么来的？（是……的）

(2)查验式问答：教师在已有明确答案的情况下提问，检验学生是否理解，能否表达。如课文中写着：“王丽、张平和许玲玲打算暑假去北京旅游。”教师问学生：“谁打算去北京旅游？”“有几个学生暑假去北京旅游？”“王丽、张平和许玲玲暑假有什么打算？”“王丽、张平和许玲玲想去哪儿旅游？什么时候去？”

(3)询问式问答：发问者不知道问题的答案。这种提问已进入实际语言交际，所以能引发学生的思索，进行紧张的思维活动，搜寻学过的词语，组织句子，按实际情况回答。例如，教师问：“你喜欢厦门吗？为什么？”学生在这种问题的问答中独词句、简单句的使用大大减少，句子长度扩大了，结构层次也比较复杂，尽管错误也多，但因为已进入实际交际，学生乐于接受，愿意多说。

(4)商讨性问答：交际各方就某一问题进行探讨。比如，“你认为代沟的存在是必然的吗？为什么？两代人之间应如何沟通？”这种问题思辨性、逻辑性较强，要求思维严密、条理清楚。

(5)听后问答或看后问答：让学生先听或先看一遍语料，然

① 张国辉《说话课的地位及其训练方法》，载《语言教学与研究》1992年第1期。

后提问，问题可以是客观性的，即要求学生能够对语料内容进行部分或全面的复述，也可以是主观性的，即在掌握语料内容的基础上学生对自我观点、自我认识的阐发。这种练习形式的优点是能够把听与说、读与说联系、结合起来。

11.组织学生会话：只有老师问，学生答，学生始终处于不平等地位，拘束、紧张、被动，自主意识得不到足够的尊重。组织学生会话，一来一往，有问有答，可以充分使用学过的词语、句型，自由发挥，所以学生参与热情高，说者、听者都很踊跃，课堂气氛轻松活泼。学生会话前，可先由教师与一水平较高的学生进行示范；结束时，再由一对学生表演，教师讲评，对严重的或普遍性的错误予以指正。

12.复述：听后复述或读后复述。复述是从单句表达到成段成篇叙述表达的过渡。可分为几小类：

(1)节略性复述：只复述大意或梗概。

(2)还原性复述：基本将原语料复述出来，词句不必跟原文一致，但主要内容和意思不能有太多的疏漏。

(3)拓展性复述：可让学生根据原语料提供的线索，进行扩展，或将原语料内容拉长，或将其中的某些人、事、物进行变换，或改变原语料的风格体裁，如叙述体与会话体互换、第一人称介入等。

13.看图说话：可以看单幅图画说一句或几句话，也可看连环画组织一段较长的话。

14.根据所给题目讲一个故事，叙述一件事或描写一种现象。

上述两种练习不但能够训练学生的观察、领悟、反应能力，还有助于培养他们语言思维的严密性、语言想象的丰富性、语言生成的灵敏性、语言组织的逻辑性和语言表达的准确性。

15.释义:让学生按自己的话来解释、说明一个词(含短语、成语),一句话(包括俗话、谚语、歇后语),或一段短文的意思。

16.口译:将外语口译成汉语,或将汉语方言译成普通话。

这一练习不但能训练、培养学生的口译能力("译"是听说读写之外的另一项重要技能,为将来可能从事的翻译工作学习技巧、积累经验),还有助于帮助他们建立一种内在的语言参照与对应机制,提高语言感觉的敏锐性、语言转换的灵活性和社会文化的适应性,减少或避免第一语言负迁移作用以及双语或多语思维带来的混乱与障碍,形成抗干扰的"免疫力"。

17.课堂交际训练:教师设置情景,给学生创造交流、交际的语言环境,要求他们说的话要恰当、得体,符合情境要求,具有一定的控制与应变能力。"情境设计得越具体,越实际,训练效果就越好。"[①]比如,学生学了"订餐"一文后,教师可设计一个在饭店的情境,将学生分成迎宾员、顾客、服务员、经理等,顾客从进门开始,领座、就座、点菜、就餐、买单,一切按实际步骤进行,不同的人说不同的话。情境设计应着眼于应用,因而必须真实、具体,不仅有时间、地点、事件,还要规定说话各方的身份、关系。

18.语言游戏。比如:猜谜语,看动作、表演、看图画猜成语,联词(人——人民——民歌——歌舞——舞会——会议——议论……),联句(我喜欢这个工作——作业太多了,做不完——完成任务才可以吃饭——饭店里坐满了人……)。

---

① 张国辉《说话课的地位及其训练方法》,载《语言教学与研究》1992 年第 1 期。

19.新闻报告：让学生把自己听到或看到的广播、电视、报刊新闻或社会新闻，以自己的语言向全班同学报告。

20.讨论与辩论：一般分为控制性讨论和非控制性讨论。前者指讨论前教师不但规定讨论的题目、内容，而且给出一些要求学生使用的词语、句型、表达式甚至观点；后者指教师只出论题，由学生自由、充分地发表见解。若学生意见相左，还可进行辩论。这种方式适用于中高级阶段口语教学。

21.演讲：即学生自我观点、意愿、主张的口头阐述。演讲也可分层次，比如“幸福是什么”这个题目，可以三言两语，也可以洋洋洒洒。教师的讲评重点在于语言运用得如何，对观点的是非对错少加评论。

22.表演：教师利用现成的教材语料或根据课文内容编成相声、小品或小话剧，给学生分配角色，进行表演，要求不必过高，达到说话训练目的即可。

23.课外语言实践活动：课堂上所有语言交际训练都是模拟性的，现实的交际过程要难以把握得多。学生要想获得或提高口头表达和口头交际能力，必须深入社会生活的方方面面。语言实践中所遇到的干扰和变数，是我们在课堂里无法预料的，极有益于学生社会观察能力和文化适应能力的锻炼和培养。学生在汉语环境中学习汉语，这是一个十分有利的条件，有许多资源可供挖掘利用。因此，我们的口语教学必须树立“环境意识”和“大课堂观念”，要鼓励、引导学生走出狭小的教室，步入更加广阔、开放的社会空间。

三　结语

从上面列举的种种操练方式，我们可以总结出口语课课堂训练的一些基本规律：

1.课堂操练从语言运用的实际出发，它的起点是语音、词句，最高目标是自由表达。这中间有一个漫长的循环递进过程。教师不但要为学生打好基础，搭好台阶，而且还要引导学生一步一步往上走，奔向汉语运用的高峰。

2.无论训练的方式还是训练的目的，都必然地要经历一个由“死”而“活”的过程。“死”，指的是以语言知识项目为中心，以理解、掌握课文内容为目标，以教材为依托进行操练；“活”，就是要最大限度地切合具体语境，接近生活实际。

需要特别指出的是，随着多媒体等高科技手段的广泛应用，传统的语言教学的形式、方法、手段，必须也已经或正在发生根本性的变革。华文教学如何适应这种变革，传统模式应如何创新，或者说，如何在更加现代化的条件下开展和发展华文教学，是一个更加值得深入研究探讨的大问题。

图书在版编目(CIP)数据

华文听说教学研究/张锦玉主编．—北京：商务印书馆，2016
(华文教学研究丛书)
ISBN 978-7-100-11331-1

Ⅰ．①华…　Ⅱ．①张…　Ⅲ．①汉语—听说教学—对外汉语教学—教学研究　Ⅳ．①H195.3

中国版本图书馆CIP数据核字(2015)第127285号

华文听说教学研究
主　编　张锦玉
副主编　刘召兴

商务印书馆出版
(北京王府井大街36号　邮政编码100710)
商务印书馆发行
北京市艺辉印刷有限公司印刷
ISBN 978-7-100-11331-1

2016年8月第1版　开本880×1230　1/32
2016年8月北京第1次印刷　印张9⅜
定价：30.00元